ISBN 978-0-259-56603-8
PIBN 10642797

Forgotten Books is a registered trademark of FB &c Ltd.
Copyright © 2018 FB &c Ltd.
FB &c Ltd, Dalton House, 60 Windsor Avenue, London, SW19 2RR.
Company number 08720141. Registered in England and Wales.

For support please visit www.forgottenbooks.com

English
Français
Deutsche
Italiano
Español
Português

www.forgottenbooks.com

Mythology Photography **Fiction**
Fishing Christianity **Art** Cooking
Essays Buddhism Freemasonry
Medicine **Biology** Music **Ancient
Egypt** Evolution Carpentry Physics
Dance Geology **Mathematics** Fitness
Shakespeare **Folklore** Yoga Marketing
Confidence Immortality Biographies
Poetry **Psychology** Witchcraft
Electronics Chemistry History **Law**
Accounting **Philosophy** Anthropology
Alchemy Drama Quantum Mechanics
Atheism Sexual Health **Ancient History**
Entrepreneurship Languages Sport
Paleontology Needlework Islam
Metaphysics Investment Archaeology
Parenting Statistics Criminology
Motivational

COLECCIÓN

DE

IBROS ESPAÑOLES,

RAROS Ó CURIOSOS.

———

TOMO DÉCIMOCUARTO.

124414

ADVERTENCIA.

GRANDES y portentosas fueron las hazañas de los españoles en el Nuevo Mundo; pero no demostraron ménos valor, esfuerzo y heroismo en las porfiadas guerras de Flandes. Y si la historia recuerda la fama de nuestras proezas en los Países-Bajos durante el siglo xvi, y parece que olvida los gloriosos hechos de nuestros mayores en la siguiente centuria, de seguro se debe á que en esta última época sobrevinieron los desastres; y ya se sabe que la fortuna contraria, lo mismo para los individuos que para las naciones, eclipsa el brillo de las anteriores victorias, y rebaja, ó tal vez anula por completo, los méritos precedentes, por excelsos y relevantes que sean.

Tiene, pues, la historia, como la naturaleza, sus engañosos mirajes ó espejismos, que suelen seducir á la generalidad de las gentes, porque nada hay tan difícil como adquirir el recto juicio histórico, segun el cual, no siempre los hechos más ruidosos ó conocidos son en sí mismos los más grandes é importantes. El lugar, el tiempo, la ocasion, el propósito, los medios, todas las circunstancias exteriores, así como los móviles internos del agente, constituyen la verdadera valía moral de todo hecho, y puede suceder muy bien que el más grande resplandezca ménos, bajo el influjo adverso de la fortuna. Celebra la Historia con entusiasmo los maravillosos triunfos de César, cuya colosal figura domina y oscurece á todos sus contemporáneos; mas no por esto se olvida el gran carácter de Caton de

Útica, ni tampoco puede borrarse de la memoria humana la sublime y clásica protesta de todas las causas vencidas, que contra el rigor de los hados enemigos formuló de una vez para siempre el infortunado Lucano en su verso inmortal:

Victrix causa Diis placuit; sed victa Catoni.

En efecto, la libre voluntad del hombre puede conservar su dignidad suprema áun bajo el peso abrumador de las más trágicas desventuras.

Así sucedió con nuestras empresas en Flandes, cuya ínclita gloria vino á quedar en cierto modo amenguada por el predominio creciente de la Francia, que, desde Lens y Rocroy hasta la batalla de las Dunas y la toma de Dunquerque, vió aumentarse constantemente la prosperidad de sus armas y de su país, miéntras que España á mas andar se acercaba al extremo de su despoblacion y ruina.

Mas nunca, en medio de tantos desastres, faltó el valor nativo en nuestros soldados, como lo acreditan hasta la evidencia las VARIAS RELACIONES que hoy publicamos, todas referentes á sucesos ocurridos en Flandes, y entre las cuales ocupa el primer lugar la RELACION DEL SOCORRO DE BRUXAS, EJECUTADO Y ESCRITO POR D. CÁRLOS COLOMA. Además de su interes histórico, tiene este relato el mérito literario que todos conceden á aquel famoso escritor militar, cuyo estilo es claro, sencillo y noble, bien que poco trabajado; pero la diccion ès castiza y del buen tiempo de la lengua *.

Siguen á ésta otras dos RELACIONES tan curiosas como importantes, y que nunca se han publicado; al ménos creemos poder afirmarlo así con gran probabilidad de no ser desmentidos, despues de las minuciosas y perseverantes investigaciones que hemos practicado con

---

* Ninguno de los escritores que se han ocupado de D. Cárlos Coloma menciona esta Relacion, que se encuentra en la Biblioteca Nacional, sala de *Ms.*—*H.* 65.

este objeto. La primera, escrita por Don Gerónimo Mascareñas, se titula Sucesos de Flandes en 1635, y refiere toda la importante campaña de aquel año, terminando con la feliz evasion del Conde de la Feira y de otros trece compañeros que tenian presos los franceses. El códice original, que hemos publicado íntegro y sin alteracion alguna, segun nuestro propósito y costumbre, se encuentra en la Biblioteca Nacional, sala de Ms., H. 68. La segunda Relacion, escrita por el alférez D. Lorenzo de Cevallos y Arce, se ocupa tambien de los sucesos de Flandes, ocurridos en el año de 1637 y siguientes, hasta fin de Enero de 1641. El autor se manifiesta muy adicto á D. José de Saavedra, Marqués de Rivas, y narra bien, con naturalidad y brío, y sobre todo con ese encanto y colorido local, que sólo un testigo de vista puede y sabe comunicar á los hechos y á las facciones militares.

Por último, contiene este volúmen

otra curiosísima, narracion de autor anónimo y tambien, inédita, que se titula RELACION DEL VIAGE QUE EL SR. D. JUAN DE AUSTRIA HIZO DESDE CATALUÑA Á FLANDES. No es fácil atinar á primera vista de cuál de los dos personajes del mismo nombre se trata; pues, áun cuando el autor comienza su relato con los más minuciosos pormenores, señalando el dia y hasta la hora en que D. Juan de Austria salió del puerto de Barcelona con su flotilla, es lo cierto que no cita 'el año, de suerte que el lector no sabria desde el principio que se habla del hijo de Felipe IV y de la *Calderona*, á no ser por la mencion que hace de las personas que le acompañaban y del Marqués de Caracena, que florecieron en aquella misma época. Se trata, pues, del viaje que hizo á Flandes el dicho D. Juan de Austria en el año de 1656, á consecuencia de haber sido nombrado Gobernador general de los Países-Bajos. El códice, cuya copia nos ha servido para la edicion presente, se conserva en la Biblioteca Nacional, sala de *Ms.*, *H.* 28: fólios, 137-152.

Ahora bien, se repite con demasiada frecuencia que España carece de Memorias históricas, ó al ménos que no existen en nuestro país con tanta abundancia como en otras naciones; pero áun cuando pueda ser cierto que nuestros mayores cuidasen más de ejecutar hazañas que de escribirlas, todavía es innegable que poseemos una gran cantidad de Relaciones de sucesos de muy varia índole, y que, como las de Antonio Perez y otras semejantes, no son en definitiva más que Memorias históricas.

Por nuestra parte, creemos que el mal no ha consistido tanto en la carencia de este linaje de escritos, como en la censurable incuria de no dar á la luz pública los riquísimos tesoros de esta especie que yacen sepultados en nuestras Bibliotecas. A reparar en lo posible este injusto y lamentable abandono se

·dirigen nuestros perseverantes esfuerzos, como ya en otra ocasion hemos indicado al formular nuestro propósito de publicar una escogida y abundante coleccion de Relaciones de sucesos referentes á todas las regiones en que ha dominado el cetro español; la cual esta mos seguros de que será tan curiosa y recreativa como interesante para nuestra Historia patria.

F. DEL V.   S. R.

RELACION

DEL

SOCORRO DE BRUXAS

EJECUTADO Y ESCRITO POR

DON CÁRLOS COLOMA.

—————

(Biblioteca Nacional. sala de *Ms.* — *H* 65.)

RELACION

DEL

SOCORRO DE BRUXAS

EXECUTADO Y ESCRITO POR DON CÁRLOS COLOMA,
MAESSE DE CAMPO GENERAL DE FLANDES, EN TIEMPO
DE LA SEÑORA INFANTA DOÑA ISABEL.
AÑO DE 1631.

—

DESPUES de hecha la paz en Inglaterra, me mandó el Rey venir á estos Estados, en cuyo nombre me avisó la Serenísima Infanta como Su Majestad me habia hecho merced del cargo de Capitan general de la caballería ligera; llegué á Bruselas á los 14 de Março, adonde el Marqués de Leganés, que no aguardaba otra cosa para volverse á España, se partió cuatro dias despues de mi llegada; y la noche ántes de su partida, cogiéndome aparte él, el Cardenal de la Cueva y el Marqués de Aytona, me declararon como mi provision en la caballería ligera se habia trocado por la de Maestre de campo general destos Estados. Mas como no faltó quien me avisase de que se me destinaban compañeros en él, estuve firme en procurar no soltar el de la caballería hasta que, declarándome que estaba proveida en el Conde Juan de Nassao, aceté el cargo que se me daba, con protestacion que no le habia de servir más que hasta ver que se proveian otros sujetos con la misma autoridad que yo; pareciéndome accion digna de un hombre de mis prendas el acetar un oficio menoscabado de como le habian tenido mis antecesores, y así se lo declaré á Su Alteza, suplicándola se sirviese de representarlo al Rey, como me prometió de hacerlo.

Partido el Marqués de Leganés, se leyó en el Consejo una carta del Rey en que mandaba que de allí adelante, siempre que se ofreciera salir en campaña gobernase las armas el Marqués de Aytona, provision digna de sus grandes partes, calidad y experiencia de negocios: tardó pocos dias en llegar aviso cierto de que venia el Marqués de Santa Cruz á gobernar estas armas, que se hallaba ya en Lindo; entretanto comencé á exercer mi oficio y procuré licencia de Su Alteça para irme á hallar en los diques de Anueres y del país de Vas las aguas vivas de la Semana Santa, toda la cual pasé con el Marqués de Zelada y Maestre de campo Ballon, que los tenian á su cargo, y no sin cuidado, por los continuados avisos que se tenian de las grandes fuerças que el enemigo iba juntando, de los extraordinarios aparatos que hacia, y número de vaxeles que preparaba; cosas que, aunque en sí eran bien grandes, las iba por momentos engrandeciendo la fama, como acostumbra. Volví, Sábado Santo, á Bruselas, adonde entró, segundo dia de Pascua, el Marqués de Santa Cruz, con aviso de que dejaba ya muy adelante los tercios de D. Luis Ponce de Leon y de D. Andrea Cantelmo y Conde Juan Baptista Paniguerola, que juntos podian hacer 4.000, entre españoles y italianos; alojóse esta gente en los casares que llaman Dorados en el país de Gueldres, hasta que apresurándose más los avisos de que el enemigo salia en campaña, se les imbió órden de venirse acercando, como lo hicieron; y para tener desde luégo cuerpo de ejército, se mandó salir á D. Francisco Zapata con su tercio, y la mayor parte del de Marcelo del Judice y algunas compañías de valones con ocho pieçezuelas de campaña; el cual, con toda esta gente y seis compañías de caballos se alojó en Walem, hácia mediado Mayo.

Durante este tiempo, con los avisos que de todas partes venian llegando de los aparatos marítimos del enemigo, se comenzó á temer de la costa de Flandes; y para mirar por aquello fuimos los Marqueses y yo á Dunquerque, llevando con nosotros el tercio del Marqués de Zelada, y al Duque de Veragua con las dos compañías de caballos de que es Capitan y la de Mos. de Tarter; visitamos todas aquellas villas y fuertes marítimos, dejándolos al mejor recaudo que fué posible, y toda aquella gente á orden de D. Luis de Benavides, Gobernador de Dunquerque; vueltos en Bruselas, se envió órden al Conde de Fontanas que con toda la gente que pudiese juntar y alguna más que se le embió, tomase el puesto que juzgase por más apropósito, con órden á defender las villas de Brujas y Dama, y los fuertes que están sobre el Canal y villas de la Enclusa, el cual escogió el de Hasgat entre los dichos fuertes y Dama, en donde se acuarteló con cosa de 2.500 hombres y algunas piezas de artillería.

Habíase tomado ántes de mi llegada

de Inglaterra para Bruselas un expediente para levantar golpe de valones nuevos, harto acertado, que fué hazer que todos los Gobernadores de plaças en Artois, Henao y Luzembourgh doblasen sus guarniciones á cargo de las provincias que ofrecieron pagarlas por ocho meses, y de esta gente, que llegaba á 3.500 hombres, se formaron dos tercios; el uno de los cuales se dió al Conde de Fresin, y el otro á Mos. de Henin, que habia sido Sargento mayor de Grobendonc; los demas, hasta el número de 5.000 y más, se levantaron en ocho compañías que se agregaron por iguales partes á los tercios del Conde de Grimborgue y Estasin, formados de nuevo de compañías fuera de tercios, llamados comunmente libres. Habíase mandado pocos meses ántes á D. Felipe de Silva, Gobernador del Palatinato inferior, que levantase allí un regimiento de alemanes altos, como lo hizo, con el cuidado y presteza que acostumbra poner en todo lo que mira al servicio del Rey, y embarcándole el Rin abajo, en número de 3.000 hombres, junto con otros 1.000 valones que entresacó de las plazas de su gobierno, que por todos fueron 4.000, alegró y aseguró al país de Gueldres y en parte á la villa de Rinberque, adonde se creia que

habia de dar el enemigo; el cual, por este
tiempo, para mejor disimular sus intentos, no cesaba de ir imbiando gente y
municiones de guerra al Rin arriba, á
quien siguiendo, hácia mediado Mayo, el
mismo Príncipe de Orange vino á poner
su campo entre Emrique y Vres; el cual
entre caballería é infantería llegaba á
40.000 hombres; y olvidábaseme de decir,
que ya por este tiempo los tres Señores del
Consejo de Estado, de quien, aunque sin
merecello, soy compañero, habian embia-
do á llamar con un correo á toda presteza
al Marqués de Montesilvano, Fray Lelio
Brancacio, destinado tambien para Maestre de campo general, que se hallaba en
Génova; súpelo por una carta del Rey, que
se leyó en el Consejo, en que Su Majestad lo declaraba, y añadia casi estas palabras: «D. Cárlos Coloma: quiero que in-
dispensablemente sea Maestre de Campo
general de este ejército, y que ejerça este
año el oficio, etc.» El mismo título se
le dió al Conde Enrique de Berg, aunque
obligándole á renunciar el cargo de la
artillería, que se dió al Baron de Ba-
lançon.

Iban creciendo por momentos los cuidados, por no llamarlos miedos, de todos
los Gobernadores de plazas de Rinberque

á Gravelingas, sin olvidarse alguno dellos
de pedir dineros, gente y municiones de
guerra y boca, cosa que no ménos por
las notorias sospechas que todos podian
tener de ser acometidos, y por la imposibilidad que habia de darles entera satisfaccion, daba á Su Alteça y á su Consejo el
cuidado y desvelo que se deja considerar..
Entre tanto ordenó Su Alteça, que sin dilacion alguna se hiciese venir la vuelta de
Anveres los tercios que acababan de llegar
de Italia, y los de alemanes del Conde Juan
y Vitanostra; que los de Alonso Ladron y
Mesieres estuviesen á segunda órden, y
que se diese prisa al Baron de Moncle, que
con las recrutas de borgoñones se hallaba
ya en el país de Luzemburque en número
de más de tres mil hombres, para que se
arrimase á Anveres. Tambien se dió prisa á
los valones que se estaban levantando en
Artois y Henao, de los cuales el Conde de
Fresin se sabia venir marchando con su
tercio de 2.000 hombres, gente escogida,
á la plaza de muestra que se le señaló en
Malinas.

. En tanto el príncipe de Orange, viendo que se le alcançaba la treta, y que
en lugar de haber llamado todas nuestras fuerzas á Ultramusa, que era lo que
pretendia, sacábamos de allá las que te-

níamos de sobra, dejando en un cuartel fortificado al Conde Guillermo de Nasao con 8.000 infantes y 1.500 caballos, se dejó caer en el Rin abajo con toda su armada de barcas, en número de 4.800, á cuyo primer aviso nos resolvimos los Marqueses y yo en salir á la defensa el dia de la Ascension y acudir á lo más importante, que era Anueres, temiendo que el enemigo no ejecutase los designios tan premeditados de romper los diques y poner sitio á aquella no ménos importante que noble ciudad, á donde habiendo llegado el dia ántes el Conde de Fresin con su tercio, se le ordenó que pasase á ocupar el dique de Calo, adonde habia desalojado tres dias habia D. Francisco Zapata con cosa de 3.000 hombres que llevaba consigo para asegurar á Usden y al Saso. La misma noche que llegamos á Anueres llegó á sus contornos el Conde Juan de Nasao con su regimiento, que por aquellos dias lo hauia dado el Emperador á su Teniente coronel Roveroy y veintiseis compañías de caballos, y el Teniente general de la artillería, Pascual de Arenas, con veinticuatro pieças de artillería, y aviso de que el dia siguiente marcharia el Maestre de campo Vingarde con lo restante del trayn hasta número de cuarenta y ocho piezas, es á saber: veinte medios cañones, diez y seis cuartos, y las demas piezas de á cinco libras de bala. Viérnes, á 30 de Mayo, al amanecer, se tuvo aviso de Breda como se descubrian desde la torre de aquella villa innumerable cantidad de barcas, y por añadir, que su vanguardia iba pasando ya de Dertriet. Saliendo del cuidado que podia dar Breda, le començamos á tener de lo de más abajo; y así, en amaneciendo, les pareció á los Marqueses que yo me fuese con D. Francisco Zapata, por evitar las competencias, caso que fuese necesario juntarse allí más número de gente, y los Maestres de campo Grobendonc y Rubecourt, parte de cuyos tercios, con la demas gente que digo arriba y sin sus personas, habian estado á su órden en Walem. Llegado el viérnes á la tarde á Husden, hallé que por los avisos que el Gobernador de aquella plaza habia tenido de que el enemigo no se encaminaba á entrar por el estrecho de Saftingen, que es el paso que forçosamente habia de tomar para venir á sitialla, si no es que quisiese arrimársele por Axeles y el país del Saso, se habia ido á poner en Zelsate D. Francisco; estuve aquella noche en San Juan Estien con alguna guardia que se me imbió de la villa, y en amaneciendo, me

fuí á Zelsate, que es un villaje media legua del Saso, cuyo Gobernador, Diego
Sanchez de Castro, harto vigilante y dis-
pierto, que no se habia descuidado en em-
biar á tomar lengua, me avisó de que la
armada enemiga se iba arrimando á Isen-
dique con designio de hacer su desembarcacion en Watenuliet; pasamos Don
Francisco, y él y yo con 300 infantes de
escolta al fuerte de la Felipina, distante
del Saso cerca de dos leguas, desde donde
descubrimos toda la armada, y en cosa de
media hora que nos detuvimos allí, trujeron los soldados del Saso y de aquel
fuerte 24 prisioneros, todos los cuales
asiguraban que el enemigo iba desembarcando á gran furia, y que la voz comun
era que tentarian primero al Saso, y si
aquello no les salia, pasarian á Bruxas.
Con este aviso, por no hallarme con comodidad de escribir, despaché al capitan
Juan de Terrazas, ordenándole matase el
caballo ó llegase en cuatro horas á Anveres, y advirtiese á los Marqueses de lo
que habia visto y oido, y les pidiese de mi
parte que sin dilacion de una hora tan
sola se viniesen acercando con todo el
ejército que se hallaba junto, presupo-
niendo que el remedio de cualquiera de
las dos plazas que el enemigo emprendiese

consistia en la brevedad y en llegar el socorro ántes que tomase la zapa en la mano. Lo mismo escrebí al de Santa Cruz aquel mismo dia desde el Saso, y á la noche desde Zelsate, con ocasion de prisioneros que se iban trayendo, particularmente el domingo, con la relacion que trujo el capitan Cuevas á quien embié á tomar lengua con 30 caballos, de que el enemigo marchaba la vuelta de Eclo con todo su grueso y hasta cincuenta piezas de artillería, y como el camino que todavía hacia cargando sobre su mano izquierda, no diferenciaba por entónces á cuál de las dos partes queria acometer, levanté una trinchera á lo largo del Dique, tomando la ribera por frente desde el fuerte de San Antonio hasta el Saso, repartiendo el trabajo entre las naciones española é italiana y valona, y en ménos de un dia lo pusieron en defensa. El dia siguiente por la mañana, que fué lúnes, un cabo de escuadra del Saso, que habia salido con una partida de soldados, me trujo un conductor de la artillería del enemigo, á quien hallaron en la fraldiquera la relacion de todas las pieças que llevaban, la más gruesa de las cuales no pasaba de diez y ocho libras de bala, con que me comencé á desengañar de que el enemigo ponia su esperança ántes en la presteza y, por ventura, en algunas inteligencias, que no en derribar murallas, si bien afirmaba el dicho conductor que quedaban todavía embarcados veinte medios cañones para poderlos llevar despues en ocupando y fortificando los puestos, si se les daba lugar para ello. Lúnes en la tarde tuve aviso, tambien por prisioneros, que en aquellos dos dias se tomaron más de ciento, que la vanguardia del enemigo alojaba aquella noche en Maldeguen, con que me desengañé del todo de que su intencion no era sitiar al Saso sino á Brujas, ó pasar por el país á Dunquerque, y así se lo escribí al Marqués con D. Baltasar de Guzman, suplicándole marchase con la mayor diligencia que fuese posible á pasar por Guante, que yo haria lo mismo en confirmándose por la mañana los avisos que habia tenido todo aquel dia por diferentes partes, como se confirmaron por relacion de nuevos prisioneros. Halló esta carta á los Marqueses en Esteque, de donde marcharon en amaneciendo, y sus tropas y las mias nos venimos á juntar en Morbeque, donde resolvimos el pasar aquella noche á alojar una legua más allá de Guante, cuidadosos todavía de la artillería que traia el Maestre de campo Vingarde, á quien se ordenó pasasse la Esquelda por Terramunda y viniese á las puertas de Guante, adonde hallaria otra órden, como lo hizo, y á una hora ántes de anochecer, nos hallamos todos juntos en Mariquerque, villaje una legua más allá de Guante, aunque con la gente algo cansada por la jornada y excesivo calor de aquel dia; sin embargo, se marchó el siguiente cuatro grandes leguas, siempre arrimados al canal que va de Guante á Brujas, y deján-dole sobre la mano derecha y adelantán-dome yo con la caballería, ordené el alojamiento más adelante del fuerte del Señor San Jorge, poniendo la gente en escuadron á la entrada de la gran bru-yera, y la caballería en Alteren; aquí pareció hacer alto un dia para recoger la gente y tomar léngua de lo que hacia el enemigo y de lo que avisaba el Conde de Fontana, el cual, dejando el puesto que tenia en Aensgat, se resolvió en meterse con toda su gente en Brujas, dejando buena guarnicion en Dama y en los fuertes; reusaron al principio los de Bru-jas el recibir tanta gente, hasta que viendo que el enemigo los començaba á apretar de veras y el peligro al ojo, se resolvieron en admitilla, aunque, segun se dijo, no faltaron votos en el Magistrado que acon-

sejaron el adelantarse á tratar con el
Príncipe de Orange para sacar mejores
partidos; el cual, entre tanto, sin perder
una hora de tiempo, con 4.000 arcabuceros
de rueda habia pasado el canal que va de
Gante á Brujas, ocupado los fuertes de
Marbruga y Estiembrugue, de donde con
órden que tuvo para ello el Conde de Fontana se habia retirado á la villa el capitan
Guitz que los tenia á su cargo, y fortificado dos cabezas de ambas partes del
canal, sobre que echó con gran facilidad
cada fortificacion capaz de 2.000 hombres
que al punto se començaron á barracar
con la presteza que suelen, y sin detenerse
tomaron tres redutos el dique adelante,
desarmando la gente que en ellos se les
iba rindiendo sin resistencia alguna, por
no ser los redutos cosa de consideracion.

Miércoles por la mañana, despues de
haber oido misa á buen hora, llamó el
Marqués á consejo todas las cabezas del
ejército, que eran las siguientes: el Marqués de Aytona y yo, que me doy este
lugar por el que me toca como Maestre
de campo general; Fray Lelio Brancacio,
Marqués de Montesilvano, que habia
llegado al campo el dia ántes; el Conde
Juan de Nasao, General de la caballería;
el Conde de Salazar, Subteniente gene-

ral; el Príncipe de Barbanzon; los Maestres de campo españoles, D. Francisco Zapata y D. Luis Ponce de Leon; los de italianos, Marqués Sfondrato, á quien se dió el tercio que vacó por muerte de Pablo Ballon; D. Andrea Cantelmo y Conde Panigarola; los de valones, Conde de Grinbergue y Estasin, y Señor de Ribancourt; el Maestre de campo Vinguarde, Gobernador de la artillería, y tres Tenientes de Maestre de campo general, Cristóbal de Medina, D. Estéban Gamarra y Jusepe Rugero. Conformáronse todos los votos en que sin aguardar las tropas que se esperaban se socorriese la plaza á cualquier precio que fuese, valiéndonos del ardor con que los soldados deseaban venir á las manos con el enemigo, y del poco tiempo que habia tenido para fortificarse. El camino más breve, era siguiendo siempre el canal, por el cual era fuerza topar al enemigo atrincherado y con su artillería alojada; el segundo que se ofrecia, era entrando por el País y rodeando á entrar por la Abadía de San Andrés, arrimándonos por la parte de Audemburg. No le faltaban á este camino inconvenientes harto considerables, supuesto que era fuerza dar el costado al enemigo y dejar en su libertad el podernos dar la batalla con fuerzas tan

superiores á las nuestras, que llegando su
infantería á 24.000 hombres, pasaba poco
de 8.000 la nuestra, como se verá por la
relacion que dieron de ello los Sargentos
mayores de los tercios, y se pondrá abajo,
si bien en caballería éramos entónces
casi iguales, y en calidad de artillería superiores; faltaban entre tanto nuevas de
Brujas, y no se sabia si habia admitida
guarnicion competente; y así, para asi-
gurarse de esto como para reconocer las
fortificaciones del enemigo y ver su semblante, se envió al Conde de Salazar con
seis tropas de caballos y 500 mosqueteros
con el Señor de Merode, Sargento mayor
del Conde de Fresin, poniéndose tras esto
el ejército en órden de marchar, al paso,
y en la forma que aconsejase el tiempo.
Despues de partido el Conde de Salazar,
se supo por una carta del Obispo de Brujas
para el de Guante que se hallaba en el
ejército, y sirvió mucho con su industria
y con su consejo, y, últimamente, con una
compañía de cien valones que levantó á
su costa y la pagó por todo el verano,
que aquella vacó, habia admitido 3.000
hombres de guarnicion; nueva que alegró
mucho á todo el ejército, y començó á dar
esperanza de buen suceso, porque viendo
el Príncipe de Orange por una parte que

le faltaba el primer apoyo de su esperança, que era el favor que pensaba hallar en
los burgueses por medio del poco gusto
con que de ordinario reciben guarnicion
que llegue á ser más fuerte que ellos, y
por otra la resolucion con que nos les íbamos acercando, viéndose falto de bastimentos, particularmente de pan, que aunque no hizo gran prevencion de harina,
hornos y panaderos, no le salió ménos
errada la cuenta en esto que en todo lo demas, por la poca práctica que los rebeldes
tienen en esta forma de sustentar sus ejércitos, despues de haber tentado en vano que
los de la villa oyesen un recaudo que les
imbiaba con un trompeta, á quien recibieron con dos cañonazos, sin aguardar respuesta de una carta que el Duque de Ban-
doma escribió al Obispo de Brujas tan
llena de ignorancia como de malicia, cuyo
traslado pondremos despues, mandando
quemar los fuertes y redutos que tenia
ocupados; desamparar los pueblos de ambas partes del canal, y retirar los puentes;
trató de ponerse en cobro, y aquella misma noche se fué á alojar á Maldeguen
y Caprichi, siguiendo los mismos pasos
que habia traido, tan lleno de vergüenza y
rabia como á su venida lo estuvo de mal
fundadas y vanas esperanzas; mas despues

que supo que por causa de haber hecho su retirada tan repentina se habia dejado al pié de mil hombres entre presos y muertos por los villanos del país y soldados desbandados de la caballería. Al primer aviso que envió el Conde de Salazar de que el enemigo se retiraba, me envió el Marqués recogerlo por vista de ojos, como lo hize, y pudiera aquella noche dormir en Brujas si no hubiera llevado órden de volver y tráer conmigo al Conde y á sus gentes, de parte de cuya infantería se volvieron á ocupar los fuertes y redutos sobre el canal, así como el enemigo los iba desamparando, y es cierto que, si no estuviera quemado el puente de Merbruge, se le pudiera haber hecho mucho daño al enemigo en su retaguardia. Tratóse aquella noche en el Consejo de seguille, cuya opinion procuró esforzar mucho el Marqués de Aytona, cosa que, entre otras infinitas razones, en ley de soldadesca, que en aquella ocasion lo negaban, lo acabó de impedir el aviso que se tuvo de que habiendo salido el Gobernador de la Enclusa con 1.000 infantes y cantidad de gastadores, habia fortificado á Miobelbourg, castillo y villa neutrales, por cuyo medio se nos podia impedir con facilidad el seguir por aquella parte al campo enemigo; y así se

ordenó al Conde Juan de Nasao , que con
1.500 caballos y 3.000 infantes con diez piezas de artillería se fuese la vuelta del Saso,
y si le pareciesse que se le podia dificultar
la embarcacion, ocupase el puesto de
Asenede, para que yendo allá con todo el
ejército, que ya se iba acrecentando por
momentos, se le pudiesse pedir estrecha
cuenta de su temeridad. Entre tanto,
marchando el ejército otro dia hasta un
cuarto de. legua de Brujas, consoló toda
aquella noble y católica ciudad, entrando
en ella el Marqués con toda su corte, y
dejando asentado que recibirian 3.000
hombres de guarnicion y tratarian de fortificarse; el cual, despues de haber hecho
rehacer los puentes y visitado á Dama,
marchó con todo el ejército el segundo
dia de Pentecostés hasta medio camino
de Guante, y en dos jornadas hasta San
Nicolás en el país de Vas, adonde llegó el
Conde Juan con sus tropas; despues de
haber llegado muy cerca de las fortificaciones del enemigo sin que saliese un
hombre tan sólo á escaramuzar con él, fué
grande la necesidad que el ejército rebelde
pasó en Walteruliet seis dias que allí se
detuvo por falta de tiempo para volver á
Holanda, donde, aunque la carestía de pan
llegó á precios excesivos, lo que más se

sintió fué el no tener agua dulce para dar
de beber á los caballos, tal, que fué forzoso hazerla traer de Holanda en barcas,
no entonelada, sino suelta, cosa que, por
llegar gastada y mezclada con la de la mar,
causó una mortandad tan grande en ellos.
que se creyó habian muerto más de 1.500
caballos, tanto de servicio como del bagaje. Con éste y otros desaires y pérdidas,
se hizo á la vela la armada del enemigo,
y entrando por el brazo de mar llamado
Rovuart, dió consigo en Gorcon, donde
se volvió á desembarcar su gente y se
acuarteló entre Husden y Bolduque, poniendo su infantería en Drunen en frente
de Banderas, y su caballería en la Len-
guestraet, fortificándose allí muy bien
unos y otros; y no teniéndose por seguros,
de tal manera mudó las cosas un accidente sólo y sin llegar á las manos, que
donde ántes temíamos el ser acometidos,
no ménos que desde Rinbaguen, Gravelingas, diez dias despues entraron ellos en
el mismo cuidado y en órden á guardar
todas sus fronteras, tomaron los cuarteles
que digo para cubrir á Bolduque, Husden
y Santa Getrusdembergue, y estar en igual
distancia de Bergas y Grave, adonde, sin
embargo de esto, enviaron gruesas guarniciones, y para suplir la falta que les

podia hazer tanta gente como habian perdido, mandaron venir á su campo la mayor
parte de la que hauian dejado en el Rin
á cargo del Conde Guillermo de Nasáo.
El Marqués, al primer aviso de que los
rebeldes habian vuelto á Holanda y entrado en Brabante, pasó su ejército el rio de
Anveres por el puente, y le alojó entre
esta ciudad y Liera en treinta villajes que
hay en todo aquel destricto, adonde se
tomó muestra á primero de Julio, y se hallaron pasado de 15.000 infantes y 4.000
infantes, digo, 4.000 caballos, sin los
tercios de irlandeses del Conde de Tiron,
y de ingleses de D. Eduardo Parham, que
llegaron despues, y juntos los dos podian
llegar á 3.000.

Las calidades que ha tenido este socorro de Brujas son dignas de tanta pon-
deracion, que me obligan á discurrir un
poco sobre ellas, y despues de haber dado
infinitas gracias á Dios, que es el autor de
todo bien, hazer un parangon y paralelo
dél á los demas socorros de plazas que se
han hecho de muchos años á esta parte,
para que se vea con cuánta razon se puede estimar en más y reconocella con mayores ventajas de la benigna y poderosa
mano del Dios de los ejércitos, que es el
que da las vitorias y las quita conforme á

sus ocultos juicios y divina voluntad; y por no cansar demasiado á quien leyere este discurso, tomaré tres, los más conocidos de estas guerras, es á saber: el de París; el de Roan, ejecutados por el Duque de Parma, y el de Grol por el Marqués Espínola, para que se vea esto con evidencia.

El socorro de París se hizo con todas las fuerzas de un Rey de España, juntas la mitad de las de Francia, y con todo eso se tentó por vía de diversion, sitiando primero á Laní y despues á Corbeil, por cuyos rios Marna y Sena se le abrió conduta á sus bastimentos, y el Rey, que entónces llamaban de Navarra, se halló con esto necesitado á levantar el sitio.

En el de Roan concurrieron, á más de las dos fuerzas arriba dichas, tambien las de la Iglesia; sin embargo, no se resolvió el Duque de Parma el ir á acometer el enemigo hasta que supo que trataba de aligerarse de embarazos y que los embiaba á Pontalarche, supuesto que ántes se trataba tambien de diversion, y al fin se supo la retirada del de Biarne más de veinte horas despues que la hizo, y hallándose el campo católico á seis leguas de Roan.

El socorro de Grol, tan celebrado, lo

hizo el Marqués Espínola, á la verdad, con resolucion, pero con fuerzas casi iguales, y con gente que habiendo estado poco ántes muy cerca de amotinarse, como despues lo hizo la mayor parte, era lance forzoso el emplealla, y al fin se retiró el enemigo sin pérdida, y ántes que llegase á su vista el campo del Marqués. Parangónese tambien la importancia de estos tres socorros juntos, y lo que en ellos se aventuró con lo que importó y se aventuró en el de Brujas, y sin duda se hallará mucho mayor desproporcion. París y Roan, ciudades tan agenas cuando estaban á nuestra devocion, como cuando dos años y áun ménos despues se pasaron voluntariamente á la de su Rey, que socorridas no se ganaban para nosotros, ni perdidas se perdian por nosotros: Grol, una plaza de mucha consideracion comparada con Brujas, y que si no la hubiera ganado ántes el que la socorrió, por ventura no fuera tan á tiempo su socorro ni tan celebrado si otro le ejecutara; para qué pueda servir de ejemplo el no entenderse, cuando simplemente se dice *el socorro de Grol*, por el que hizo algunos años ántes el coronel Mondragon, estando el Conde de Fuentes con todo su ejército empeñado sobre Cambray, si no por el que hizo el Marqués

Espínola: Brujas, una de las mayores
ciudades de los Países-Bajos, capaz de
hacerla en pocos dias inexpugnable; por
cuyo medio se nos quitaba la comodidad
de socorrer á Dama y á los fuertes, tal,
que de necesidad habian de caer en veinte
dias en manos del enemigo; que sitiado
Ostende por tierra, como con la oportuni-
dad de Brujas lo podia hacer tan fácilmente como por su Armada por la mar,
Neoporte, Dunquerque, Mardique y Gravelingas, sin forma de defenderse de un
enemigo tan poderoso y tan vecino, ayudado de las inteligencias y fuerzas de
Francia, y lo que es peor que todo esto,
las voluntades y discursos de las provincias encaminadas á novedades y resueltas
muchas dellas en comprar la paz ántes
acosta de la obediencia y superioridad del
Rey que de sus haciendas, de sus vidas y
de sus honras, tal, para decirlo en una palabra, no hubiera apoderádose de Brujas
el Príncipe de Orange cuando acudieron á
porfia mucha parte de los Cuerpos, Estados y Colegios del país á sacar las más
aventajadas condiciones que les fuese
posible para conservar sus haciendas y
religion, capa con que á su parecer cu-
brieran las faltas de lo demas, como en
ocasiones y pérdidas ménos apretadas no

han faltado sugetos bien graves que lo aconsejasen y la criasen entre sí. Véase, pues, si se deben dar infinitas gracias á Dios por este suceso, y tenerlo en cuenta de servicio muy particular á los que con tanto celo del servicio de Su Magestad lo encaminaron y diligenciaron.

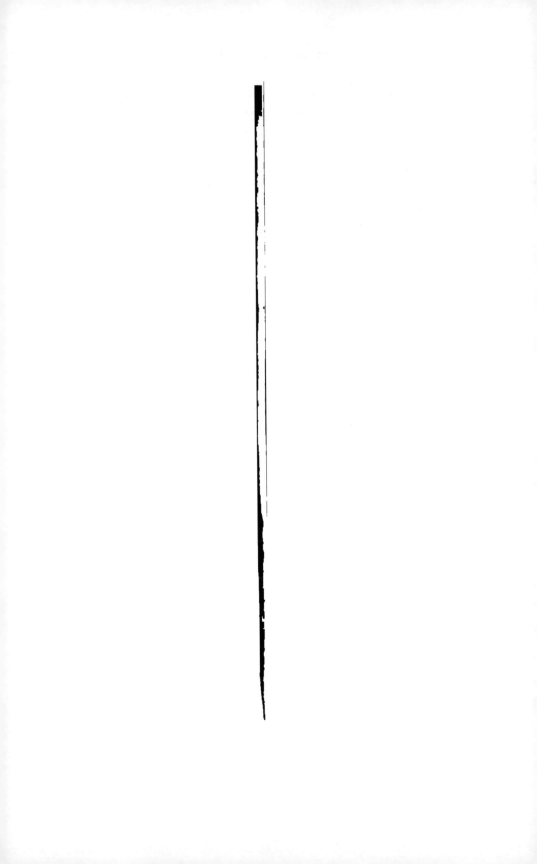

SUCESOS DE FLANDES EN 1635

POR

DON JERÓNIMO MASCAREÑAS.

————

SUCESOS

DE LA

CAMPAÑA DE FLANDES

DEL AÑO DE 1635 EN QUE FRANCIA ROMPIÓ LA PAZ
CON ESPAÑA. POR D. JERÓNIMO MASCAREÑAS.

———

La ciudad de Tréveris es imperial, y por antiquísimas convenciones hechas con los Duques de Lucemburg, está debajo de la proteccion desta Corona, cuya fuerça es tan grande, y une los intereses y conveniencias con tan estrecho vínculo que los federados se consideran como un cuerpo y están obligados á correr una misma fortuna; y á esta obligacion, por ser perpetua y recíproca, no puede renunciar alguno dellos. Aunque Cristófaro Felipe, Arçobispo desta ciudad, pretendió reducir á controversia este derecho;

pero dos de los Príncipes Electores, Comisarios del Emperador, se declararon en favor de la Majestad católica, y en esta conformidad, en diferentes tiempos y ocasiones, aquella ciudad ha sido protegida y amparada por las armas católicas, y sus Arçobispos han recibido grandes beneficios desta Corona, y en reconocimiento desta proteccion, el Magistrado de aquella Ciudad paga al Rey católico trecientos florines de oro en cada un año y se conserva en ella un palacio antiquísimo llamado la Corte de Lucemburg.

Entraron en Alemania los suecos haciendo progresos grandes, y con este pretexto el Arçobispo Elector, sin tener causa ligítima que le obligase á ello, y no pudiendo perjudicar al derecho del Rey católico, movido de las amenaças que los franceses hicieron á su Embajador y de las que le hiço el Sueco á instancia del Rey de Francia, se encomendó á su asistencia en 21 de Diciembre de 1632 y mandó que en sus Estados le reconociesen y que en todas sus plaças fuesen admitidos sus presidios, y en particular dió órden para que se le entregase Philiburg, y siendo tan infames las condiciones de neutralidad propuestas por el Sueco, las abraçó y consintió que su Dignidad quedase defraudada de la ciudad de Espira que aquel tirano reservaba para sí.

Pretendieron los franceses apoderarse luégo de las plaças; pero los Capitanes que las tenian á su cargo rehusaron la entrega, y es verosímil que tuvieron órdenes secretas para ello, porque la forma de los tratados era tal que descubria la violencia con que habian sido otorgados. Es cosa natural que los hombres se arrepientan de lo que obran con miedo, y como los franceses sabian que haberse puesto el Arçobispo Elector debajo de su proteccion no lo habia hecho de su voluntad, sino forçado con sus amenaças y las del Sueco, viendo que no les entregaba las plaças y que procedia lentamente, se persuadieron á que habia mudado de parecer, y añadiendo una violencia á otra dieron órden á los mariscales de la Força y Sfiat que arrimasen á Sarburg, porque el Arçobispo atemorizado pusiese en su poder el fuerte de Hersmantain, como lo hizo con grave sentimiento del Emperador.

No era menor el que tenian el Capítulo y Magistrado de Tréveris y todos los vecinos de aquella ciudad, porque decian que su ligítimo y verdadero protector era el Rey cathólico y que no habian de

admitir otro: que era fea ingratitud del
Arçobispo Elector poner en olvido tantos
beneficios recibidos, y que siendo aquella
ciudad miembro del Imperio, seria torpe
coligacion la que hiciesen contra el Emperador y Casa de Austria, poniéndose
debajo de la tutela de sus enemigos. Aña-
dian que el Arçobispo habia acetado los
Capítulos de la neutralidad con el Sueco,
y consentido en la injusta usurpacion de
la ciudad de Espira con tan grave daño
de su Iglesia, y que por esta causa, conforme á las leyes del Imperio, habia de-
caido de su Dignidad; y las cosas llegaron
á términos tan apretados que el Capítulo
de Tréveris hizo contra el Arçobispo una
privacion titular. Esto dió motivo á que
el Elector acusase á sus vasallos de rebeldes y procurase echar fuera el presidio
español que estaba en la ciudad. Pero
ellos justificaron su inocencia ante los
Electores de Maguncia y Baviera, Comisarios imperiales, y lo más que pudo al-
cançar fué que, dando bastante siguridad
de que los trataria humanamente y no
admitiria otro presidio, saliese el del Rey
católico.

El Arçobispo, mal contento de la resolucion de los Comisarios, á título destas
inquietudes hizo recurso á la fuerça va-

liéndose de las armas de Francia. Mandó aquel Rey al Mariscal de Estré y Conde de Susa que allanasen la ciudad y castillo de Tréveris y echasen fuera la guarnicion española; y en 4 de Agosto del año de 1632, el Vizconde de Arpaen, que entónces gobernaba aquellas armas, escribió á los Priores y Confesores que su venida sólo habia sido para reponer en su silla al Arçobispo, y que traia mandato de su Rey para compelerlos á ello: que el Arçobispo los trataria benignamente, y que no se resolviendo dentro de un dia, haria venir el ejército y daria á saco aquella ciudad. Los de Tréveris respondieron que se reconocian por humildes y aficionados vasallos del Arçobispo Elector, como lo fueron de sus predecesores: que su Eminencia podria entrar y salir libremente en aquella ciudad, como suya: que ellos nunca conspiraron contra él, como habian mostrado ante los Electores de Maguncia y Baviera, y le respetaron siempre. Y como aquella ciudad estaba debajo de la proteccion hereditaria del Rey Católico y con presidio suyo, y con órden del Emperador que, quitándose aquella guarnicion, no entrase otra, y que si el Rey Cristianísimo estuviera informado de lo que habia pasado no diera órden de sitiar aquella ciudad ni usar contra ella de hostilidad alguna, y que no estaba en su mano sino en la de S. A. la Señora Infanta el quitar la guarnicion. Los Franceses (aunque esta respuesta era tan justificada) no se dieron por satisfechos, y con su ejército forçaron al presidio español y Conde de Isemburg, Cabo imperial, á que saliesen de la ciudad, poniendo en ella guarnicion francesa. Continuaban la guerra los Suecos con desigual fortuna. El Elector, conociendo cuán torpes eran las condiciones de la neutralidad que habia aceptado, se iba retirando de su cumplimiento. Parecíale que el Francés, cumpliendo con su obligacion, le libraria de las invasiones de los Suecos; pero ellos mal satisfechos de sus traças le ocuparon á Philiburg, plaça de importancia, y que despues le compró el Rey de Francia por una gran suma de dinero.

Ninguna duda puede haber que el Elector no pudo renunciar á la proteccion hereditaria que tenia con el Rey Católico por la ciudad de Tréveris, y que el Rey de Francia no debia aceptar su asistencia, y que en haberlo hecho y compelido con amenaças al Arçobispo Elector á que se pusiese debajo de ella, ofendió gravemente á esta Corona. Y el Elector no

habia interpelado á la Señora Infanta para
que le socorriese, y como miembro del
Imperio no debia ni podia desamparar su
causa ni apartarse de los Príncipes de la
Liga Católica, sino correr con todos y
con el Rey Católico, que le tenia debajo
de su proteccion, una misma fortuna. El
haberse obligado con sus enemigos entre-
gándoles sus plaças y recibido sus presidios, echando fuera los de España contra
las constituciones y órdenes imperiales y
su propio juramento, y admitida la neutralidad del Sueco con tanto detrimento
de la religion católica y de su Iglesia,
fueron acciones muy inexcusables, y es
sin duda que, como los otros Príncipes
Electores, despues que se consolidaron con
el Emperador, aseguraron la causa comun y no corrieron riesgo en la propia,
tampoco le padeciera el Elector de Tréveris si no se dividiera del Imperio ni de
los otros Príncipes, sus compañeros, y
que ántes, si uniera sus fuerças con ellos,
las cosas de todos hubieran corrido con
más prosperidad, y la experiencia mostró
que el Sueco no trataba de acometer á
Tréveris, como nunca lo intentó, aunque
tuvo guarnicion del Rey Católico.

Así se conoce que no haber invadido
el Sueco esta plaça, no fué por respeto

del Rey Cristianísimo, pues tenia presidio
español; y si fuera ésta la causa, tampoco
los Suecos hubieran ocupado á Philiburg,
que estaba en poder del Arçobispo Elector
y debajo de la proteccion de Francia, y
todavía se la ocuparon sin que aquel Rey
se lo estorbase ni hiciese resentimiento
alguno, ni la procurase recobrar para el
Arçobispo, ántes, con pésimo ejemplo,
estando obligado á defenderlo y defenderle
sus bienes, compró de los Suecos á Philiburg con intento de privar á la Iglesia
para siempre de aquella misma plaça de
que era protector. Con esto se manifiesta
que el ánimo de los Franceses no era de
amparar á este Príncipe, sino de usurparle
sus plaças, y que su proteccion, no sólo
ha sido inútil, sino dañosa al Arçobispo,
porque Francia no le defendió de las invasiones del Sueco; y si quiso y no pudo,
no se debió encargar de su defensa estando en términos verdaderos de la color
que se tomó contra España dañosa, porque á su sombra los Franceses se han ido
apoderando de sus plaças, cuya recuperacion no será ménos dificultosa de su mano
que fuera del poder de los Suecos.

En lo que toca al presidio fué no ménos declarada la ofensa que se hizo á esta
Corona, porque estando la guarnicion de

España sin daño de nadie dentro de una plaça de su proteccion, ¿á qué título podia el Rey de Francia ordenar á su ejército que la acometiese y echase fuera, mayormente estando los de Tréveris prontos á recibir al Arçobispo, reconociéndole por Señor con todo el rendimiento, y habiendo advertido al Vizconde de Arpaen como aquella ciudad estaba debajo de la proteccion de España y el presidio por órden de la Señora Infanta?

No pudieron, pues, formar queja alguna de lo que despues se hizo con su guarnicion, que estaba allí sin causa ni necesidad contra las órdenes del Emperador y de los Comisarios imperiales, y contra la voluntad del pueblo y Cabildo, y en perjuicio del derecho de la proteccion, que pertenece á esta Corona, habiéndose introducido con las armas con que fué expelido. Por ventura, ¿el Rey de Francia tenia alguna prerogativa ó preheminencia para que no se haga con sus presidios lo que él hace con los desta Corona? Principalmente que lo que obraron sus armas fué contra toda justicia y buena correspondencia, en tiempo que no estaba aún rota la guerra, y lo que ejecutaron despues las católicas, siendo provocadas, fué con grande justificacion,

porque haber echado su guarnicion de
Tréveris y puesto la, de España, no fué
más que reducir aquella plaça á su proteccion y natural estado y gozar el Rey
Católico del derecho-de proteccion que
en ella tenia. El mismo curso de las cosas
manifestó despues que el motivo que tomaron para esta proteccion fué afectado,
pues el presidio del Rey Católico estuvo
en Tréveris y mantuvo aquella plaça con
toda quietud y seguridad hasta que fué
asaltado por el ejército francés.

Y si el haber recibido debajo de su
mano el Rey de Francia las plaças del Arçobispo hubiera sido sólo para defender-
las y asegurarlas de las armas del Sueco,
despues que estas fueron deshechas y cesó
el peligro, fuera justo que las hubiera
restituido á su dueño y dejádole en su libertad, y no sólo fué retenerlas con sus
guarniciones y á su disposicion, como si
fueran suyas, y debiera imitar el ejemplo
del ejército imperial, que todo lo que fué
recuperando restituyó á sus verdaderos señores, por donde consta que los Franceses
se apoderan de las plaças de sus amigos
y usan de ellas como si fueran suyas.

Ejecutóse, pues, la interpresa de Tréveris y prision de su Elector, en 26 de
Março del año de 1635, por órden del Em-

perador y del Infante Cardenal D. Fernando, Gobernador de los Estados de Flandes. Siendo aquel Elector Príncipe y miembro tan principal del Sacro Imperio, faltando á la fidelidad que debia al Emperador como súbdito, y lo que es más, á las obligaciones de su dignidad y puesto, se habia unido y tomado la proteccion del Rey de Francia, enemigo declarado de la Casa de Austria y primer móvil de la venida del Rey de Suecia y guerra de Alemania, metiendo guarnicion francesa el año de 1631 en Tréveris y Philiburg, plaça la más fuerte de su Estado, que habia ganado poco ántes por interpresa el Duque de Lorena.

Habia dias que el Marqués de Aitona escuchaba esta interpresa á un capitan valon de la guarnicion de la villa de Lucemburg. Comunicó el Marqués á Su Alteza luégo que llegó á Flandes, que por estar facilitadas algunas dificultades con la gloriosa victoria de Norlinguen, se resolvió fácilmente en que se ejecutase, considerando la importancia de aquel puesto para darse la mano nuestras armas desde los Países-Bajos con las del Rey de Hungría, que ya con su ejército se venia avecindando al Rin, y quitarle al Francés la ocasion de poder comunicar las suyas con los protestantes.

Determinaron, pues, el Emperador y el Cardenal Infante castigar la rebeldía del Elector, y para esto dieron órden al Conde de Embden, Gobernador del país de Luzemburg, procurase ganar aquella ciudad. El Conde lo encargó á su Teniente coronel Henolst y al caballero Ser Fontana, que lo ejecutaron con facilidad, llevando Henolst alguna infantería en barcas por el rio Musela. Entraron de noche, y arrimando petardos, ganaron una puerta por donde entró Ser Fontana con seiscientos caballos que estaban prevenidos, degollando la mayor parte de ochocientos franceses de la guarnicion, aunque se defendió valerosamente, matando muchos de los imperiales, y entre ellos á D. Alonso de Luna, Sargento mayor del Conde de Ostrat. Quedó preso el Elector y saqueado su palacio y algunas casas, porque la burguesía no tomó las armas.

Luégo que el Marqués de Aitona tuvo aviso del suceso partió de Bruselas, dando órden marchasen los tercios de Alonso Ladron, de españoles; del Marqués Sfrondato, de italianos, y los de Ribacourt, Fressi y Ostrat, de valones; el de Preston, de irlandeses, y el de Brens, de loreneses, y dos mil caballos á cargo del Conde de Bucoy. Puso guarnicion en la ciudad y en órden las cosas del país, y dejando todo encargado al Conde Embden y la gente alojada en los contornos de Anamur, volvió á Bruselas, trayendo consigo al Elector hasta Namur, haziéndole servir y respetar como á la persona de Su Alteza, abatiéndole las banderas y haziéndole las demas caricias militares que suelen acostumbrarse con Príncipes y Generales. Detúvose cuatro dias en este lugar, y de allí le llevaron á Tiburen, casa de placer de Su Alteza, para que por su cuenta le hiziese el gasto. Fué á visitarle el Infante á Tiburen, tratándole con gran respeto y regalo. Despues convino sacarle de allí y en la misma forma le pasaron á Gante.

Las causas que obligaron á que el Arçobispo Elector pasase á Flandes fueron, no sólo convenientes sino públicas y necesarias, porque como su Cabildo y toda aquella ciudad tenian los ánimos irritados con este Príncipe por haberlos acusado de rebeldes, y por los trabajos y miserias que los Franceses conducidos por él les habian hecho padecer, maquinaban contra su persona, y para asegurarla deste peligro y que la malicia de los émulos desta Corona no tuviese ocasion de formar alguna falsa calumnia, se tuvo por conveniente que el Conde de Embden les

retirara para tratar de sus negocios, y Su
Alteza le acogió con toda benignidad y le
trató con toda aquella cortesía que en otro
cualquier tiempo pudiera pretender, mandando que por las partes por donde pasase se le abatiesen las banderas y se le
hiziese salva de artillería y se usasen con
él otras honrosas demostraciones.

En está accion intervino la autoridad
del Emperador, soberano señor de aquel
Príncipe, que se hallaba por tantos caminos ofendido juntamente con esta Corona,
teniendo en las plaças imperiales y en la
de Tréveris, que estaba debajo de la proteccion del Rey Católico, presidios de sus
enemigos que molestaban al país de Lucemburg y al Abad de San Maximin, Príncipe del Imperio, cuya Abadía está debajo
de la proteccion del Rey como Duque de
Lucemburg; y estando la guerra viva
como estaba, no se puede reducir á términos de duda, que aunque fuera contra
la voluntad del Arçobispo se pudiera detener justamente su persona, pues las
leyes de la guerra no reservan nada de
cuanto es necessario para conseguir el fin
á que se endereza; y no sólo seria lícito
detener, sino privar de la vida á los Pre-
lados y personas eclesiásticas si su detencion fuera necesaria, y áun los niños in-

fantes no gozarian del privilegio de su
inocencia si no se pudiera hacer de otra
manera la guerra, porque es tan fuerte y
universal su derecho, fundado en principios naturales, que á nadie exceptúa de
sus reglas, y la Constitucion pontificia que
prohibe que se puedan hacer represalias
en los bienes y personas de los clérigos, no
procede cuando ellos mismos son causa-
dores del daño, como sucedió en este caso.

Y aunque de los delictos feudales come-
tidos por los eclesiásticos haya de conocer
su juez en cuanto á las penas personales,
pero entónces no se trataba de pena ni
castigo, sino sólo de asegurarse el Emperador y Casa de Austria de no recibir
daño del Arçobispo de Tréveris, y no se
puede negar que lo recibieron grande, con
sólo tener en sus plaças presidios de Francia, y que lo recibieran mayor si se conti-
nuaran las asistencias que aquel Príncipe
dió á los Franceses, pues pudieran hacer
levas, alojar su gente y valerse de los víveres y municiones del país, y gozar de otras
comodidades y darse la mano con los
Suecos y Holandeses por el país de Juliers, y aunque las armas del Rey Católico
deshicieron la guarnicion que estaba en
aquella ciudad, se pudiera recelar no pro-
curara el Arçobispo Elector hazer lo mis-

mo que en la ocasion referida, trayendo
otro ejército de Francia, faltando á obligaciones tan antiguas confirmadas con
tantos beneficios y unídose con los enemigos del Imperio contra sus leyes y víncu-
los del juramento, y admitido neutralidad
con el Sueco, y, apartado de los Príncipes
de la Liga Católica, no se podia fiar que
no causaria nuevas perturbaciones y volveria á encender mayores fuegos en Alemania.

Y aunque el Elector atribuia todas sus
acciones á los miedos que le habian puesto
los Franceses y á las fuerças y violencias
que habia padecido con sus amenaças, y
dió señales de grande arrepentimiento
quejándose de los desprecios y ultrajes
que sufrió de los Ministros de Francia y
de la dura opresion á que habian redu-
cido su persona y Estados, procurando
obligarle á que renunciase su Arçobis-
pado y Dignidad Electoral en favor del
Cardenal de Richilieu, y publicaba tenia
por feliz el estado en que se hallaba,
siendo tratado con tanta humanidad y
decoro y gozando de entera libertad, yendo á los lugares donde quiso, de manera
que su asistencia en Flandes se le daba
injustamente nombre de cautiverio; pero
no fuera prudencia en cosas tan impor-

tantes y que miran á la incolumidad del Imperio pender de agena confianza; y así se muestra la justificacion con que procedió en este caso, como en todos, la Casa de Austria, y que el derecho de las gentes no fué violado, ni Francia tuvo ocasion de sentimiento, ni le puede formar de la respuesta que dió el señor Infante Cardenal á su injusta demanda, habiendo sido muy conforme á su valor y prudencia.

Fué tanto el corrimiento que al Rey de Francia y á su valido les causó ver que les quitaron de entre las manos un hombre de aquel porte, que tanto habia ayudado sus designios, y que por más seguro de su propia voluntad se habia puesto en ellas, que al mismo tiempo que en Bruselas por su agente, ya con ruegos, ya con amenaças de romper la guerra, procuraba con Su Alteza la restitucion deste Príncipe, prendió al Conde de Salazar, que pasaba por París por la posta á España, y mandó salir de su corte á D. Cristóbal de Benavente, Embajador que era en ella, que se vino luégo á Bruselas y asistió toda la campaña con Su Alteza; puso un ejército en campaña de treinta mil infantes y diez y seis mil caballos, y con él se arrimó á la frontera de Lucemburg. Y si bien es más de creer que esto se encaminaba á asistir á las cosas de Alemania que para romper con nosotros, en aquel tiempo, por la ocasion que se le había dado, se debieran de haber cautelado un poco más.

Lo último que se ha de intentar entre los mortales es la guerra, por ser madre de tantas calamidades, y para llegar á romperla es necesario que precedan muchos requisitos, todos los cuales, faltando en este caso para hacer más inícuo el rompimiento, costumbre observada ha sido y es entre los Príncipes que proceden con sinceridad, cuando alguno hace preparamientos que pueden dar sospechas de nuevos designios, preguntarle para qué se arma y prepara, como el Rey Francisco I al Emperador Cárlos V cuando se estaban haciendo grandes aprestos y prevenciones, como fueron necesarias para la expedicion de Túnez; y aunque aquella poderosa armada pudo causar en las costas de Francia grandes celos (bien diferentes que la del Marqués de Santa Cruz) y corria voz que iba sobre Marsella, no por eso el Rey Francisco hizo demostracion de hostilidad ni rompimiento.

Cuando Francia pretendiera que habia recibido de España alguna ofensa, debiera representar al Rey, nuestro señor, amigablemente su queja y pedir la enmienda ántes de romper la guerra, como está prevenido y expresamente capitulado en las paces de Verbins, pues no puede ser justa sino en caso que se deniegue la debida satisfaccion; y aunque la queja fuera bien fundada, y tal la causa que bastara para llegar á semejantes extremidades, habia de preceder la denunciacion necesaria de la guerra, conforme á derecho divino y de las gentes, porque el vínculo de la sociedad humana y el parentesco que la naturaleza constituyó entre los hombres, no permite que se pueda hazer la guerra sin primero denunciarla. Esto lo han observado religiosamente todas las naciones, y más en particular los romanos, que juzgaban por alevosa y proditoria la guerra en que no precedia ligítima difinicion; y esto no se puede reducir á controversia habiendo entre estas Coronas, no sólo amistad, sino las obligaciones de hermandad por afinidades duplicadas.

Reconocieron esta obligacion los Franceses, enviando á Bruselas un hombre incógnito, con vestidura, toga y bonete á lo antiguo, que se intitulaba Rey de armas de Francia, con nombre de Alançon; pero como no llevaba pasaporte, cartas de creencia ni insignias del oficio de Rey de armas, y la cota no tenia el blason que publicaba, 'el Señor Infante, porque no le sucediese lo que al Rey de Ingalaterra, á quien un hombre no conocido hizo una falsa denunciacion de guerra en nombre del Rey de Francia, suspendió el darle audiencia, ofreciendo se la daria cuando viniese en forma conveniente. Pero cuando hubiera observado todas las solemnidades necesarias y notificado la guerra al Señor Infante, no cumplieran con lo que estaban obligados, porque la intimacion se ha de hacer dando tiempo competente al Príncipe denunciado para que pueda prevenirse, que es el fin para que se denuncia la guerra, y los Franceses primero hicieron invasion en los Estados del Rey Católico ocupando á Agunon en el Ducado de Lucemburg, y saqueado otros villajes, que intimasen la guerra.

Y aunque procuraron excusar esta accion, diciendo que el Rey Cristianísimo habia publicado un edicto para que su ejército no entrase en los países obedientes; pero esto tiene repugnancia en lo capitulado con los Olandeses, en que se previene que el rompimiento habia de ser con toda la celeridad posible; y habién-

dose visto efectos contrarios á lo que pu-
blicaban los Franceses, han de confesar, ó
que el edicto se publicó para que debajo
de su seguridad y de la fe Real el Señor
Infante estuviese descuidado, ó que sus
Cabos no obedecieron las órdenes de su
Rey; y pues es creible que esto no se de-
jara sin severa demostracion, y no se vió
alguna, no seria arrojamiento afirmar que
el edicto fué caprichoso y que se publicó
para hallar desapercibido al Señor Infante
y valerse desta causa cuando los sucesos
de sus armas no fuesen conformes á sus
deseos.

Nadie sino el Rey Católico tiene derecho de romper la guerra ni hacer paces
en sus reinos y provincias, por ser esta
regalía reservada á los Príncipes sobera-
nos; y por la misma razon no se puede
denunciar la guerra sino al mismo Rey,
que como dueño de todo y supremo Señor
de su Monarquía, es sólo el que tiene fa-
cultad de aceptarla ó dar satisfaccion y
evitarla; y así, la denunciacion que se procuró hacer al Señor Infante no fué á persona ligítima; y no pudiendo los Franceses
dejar de reconocer esta verdad, dieron
cuenta al Rey, nuestro señor, por medio
del Secretario de la Embajada del rompimiento que habian hecho; pero esto

mismo descubre que de su parte se ha faltado en el tiempo, en el modo y en la
sustancia de la intimacion.

Tenia el Francés desde que perdimos
á Mastrique (plaza de las que el Olandés
ocupaba más cercana á Francia) tratado
con aquellos Estados rebeldes que, al paso
que mejoraban los progresos de las armas
de los Suecos en Alemania, juntando las
fuerzas por aquella parte, la más descu-
bierta de riberas de aquellos Estados, les
seria fácil, acometiendo juntos las provincias obedientes, hacerse dueños de todo
en breve tiempo. De hecho les hubiera
sucedido, si su deliberacion, como fué en
tiempo que íbamos de victoria en Alemania por la de Norlinguen juntando sus
fuerzas por aquella parte, hubiera sido
un año ántes.

Todo el invierno antecedente se habia
tratado entre el Rey Cristianísimo y los
Olandeses de hacer guerra á las provincias obedientes en la misma forma que
despues lo vimos ejecutado, dividiéndolas
entre sí como si fueran suyas, aplicando
al Rey de Francia la de Flandes hasta
Blankemburg, y á los Olandeses todas las
demas plazas que están junto á la ribera de
San Uvin y otras marinas, Dame y Blanc-
kemburg; y asimismo se repartian á Fran-

cia las provincias de Artois y Henao hasta Namur, y á Olanda á Hulor, Malinas y Brabante, incluyendo á Bruselas, como consta de la Liga que se concluyó en París á 8 de Febrero y se ratificó á 8 de Marzo deste año. La ocupacion de Tréveris se hizo á 26 del mismo, y lo que obraron las armas de Francia coligadas con las de Olanda, fué en conformidad y ejecucion de lo que tenian entre sí capitulado ántes del suceso de Tréveris, con que no podrán los Ministros de Francia negar que el rompimiento que hicieron no fué por contemplacion del Arzobispo Elector, pues lo tenia ántes capitulado, y lo que sucedió despues no podia justificar la resolucion que primero habian tomado.

Y aunque digan los Franceses que hubieran diferido el rompimiento con esta Corona si no fuera por el suceso de Tréveris, esto tambien repugna expresamente á lo tratado con los Olandeses, pues al fin de un capítulo de la Liga se leen estas palabras: *«Y aquello que se ha dicho arriba se deberá ejecutar de nuestra parte, y de aquella de los Señores Estados con toda priesa y celeridad posible para que no se entienda, porque si los Ingleses lo llegaren á penetrar, es cierto que procurarán impedirlo con todas sus fuerzas como cosa que si se efetúa será tan perniciosa y perjudicial para su Reino.*» Con que se conoce que los Franceses no se movieron por favorecer al Arzobispo Elector, y que el pretexto que tomaron fué por paliar lo que tenian maquinado contra esta Corona y la de Ingalaterra, cuyos rebeldes han acogido siempre con grandes demostraciones de amor.

Con la pérdida de Tréveris este juego que el Francés pudiera comenzar de intento le comenzó de picado, y aunque con principios de ganancia, le sucedió como á tal. El ejército que estaba en los confines de Luzemburg en el número que he dicho, á cargo de los Mariscales de Francia, Bressé y Xatillon, aquel católico y sobrino del Cardenal Richilieu, y éste hereje, si bien mayor soldado, usando de las invenciones francesas para encubrir la declaracion de la guerra, mandaron echar bando que ningun Cabo de su ejército intentase acto de hostilidad sobre los vasallos de Su Majestad. Dentro de pocos dias (puede ser que teniendo aviso que el Príncipe de Orange, General de los Estados de Olanda y Zelanda, estaba ya prevenido segun el Tratado para juntárseles) comenzaron á entrar por Luzemburg, y enderezándose hácia la villa de Tiunvile, cinco leguas distante de Anamur, y con voz de que aquel ejército era de Olanda, quemaba y asolaba, nombrándose por el Príncipe de Orange, si bien los Cabos siempre tuvieron entre sí la ambicion que bastó para separarles en las resoluciones, lo que pienso fué causa de que no se efectuase más en nuestro daño su designio. Deliberó S. A. para oponerse á este ejército que del nuestro (que previniéndose para salir en campaña se hallaba en número de 20.000 infantes y 5.000 caballos) se sacasen 9.000 hombres, así infantería como caballería, á cargo del Príncipe Thomás, y por su Maestre de campo General D. Manuel Pimentel, Conde de la Feira y Castellano de Amberes, inclusos en la infantería dos tercios muy lucidos de las naciones española é italiana; sus Maestres de campo, Alonso Ladron de Guevara y el Marqués Sfrondato, y la caballería á cargo del Conde de Bucoy, Gobernador de la provincia de Henao. Con tan pequeñas fuerzas, no obstante que el enemigo venia tan pujante, fué necesario hacerle oposicion, no pudiendo desmembrar más el ejército que habia de cubrir las fronteras de Olanda, y por tener entre manos el Marqués de Aytona otra interpresa en la provincia de Flandes

sobre el fuerte de la Filipina (distante
cinco leguas) que había ganado el enemigo el año de 33. Fué D. Cristóbal Álvarez, Sargento mayor del tercio de Don
Francisco Zapata, con seis compañías de
su tercio y tres del Marqués de Celada,
y 200 hombres del castillo de Ambers.
Llegaron de noche y tomaron puesto en
el dique junto al fuerte. El dia siguiente
llegó el Conde de Fontana con los tercios
de Mos. de Gustin, y Crequi, de valones,
y el de D. Eugenio de Onel de irlandeses
y artillería. Fué tal el valor de los españoles que le acometieron, que con ser
como otro Ostende, incapaz de quitársele
socorro, ni teniendo más terreno para
acercársele que un dique, en él hicieron
pié arrimados con trincheras y estacadas,
siendo por todos lados batidos del enemigo
con barcas y charrúas, de que arrojaban
granadas y otros instrumentos de fuego,
sin la contínua batería de mosquetería y
artillería. Pero hallándose más dificultad
de lo que se pensó y que no se le podia
quitar el socorro por agua al fuerte (que le
metia el enemigo cada hora todo el que
era necesario), avisaron á S. A. dello,
que envió luégo al Conde de la Feira,
Maestre de campo General y Castellano
de Amberes, para que viese el estado que

aquello tenia, y segun él ordenase lo que
conviniese. El Conde lo vió todo, y vuelto
á Bruselas se envió órden se retirasen.
Costó esta faccion en ménos de seis dias
más de 200 españoles, y entre ellos personas de cuenta: el Sargento mayor Cristóbal Álvarez que lo era del tercio de
españoles de D. Francisco Zapata; el Capitan D. Gaspar de Borja, á cuyo cargo
iban cuatro compañías del tercio del Marqués de Celada; el Capitan D. Antonio
Tassis, paje que fué de Su Majestad; Don
Francisco de Briçuela, paje de Su Alteça,
y Manuel de Miranda, Alférez de la compañía del Marqués de Celada. Hubo tambien muchos heridos, y entre ellos el Capitan D. Antonio de Isasi, D. Jusepe del
Pulgar y el Capitan Márcos de Lima. Señalóse el Capitan D. Pedro de Cepeda, que
en esta ocasion fué herido de una granada y otras heridas menores, sin que se
hubiese querido retirar, y de esta manera
en la última salida que hizo el enemigo á
los nuestros, que tenian adonde retirarse,
sustentó sólo las trincheras á picazos
grande rato, dando lugar con esto á que
nuestra gente se presentase en escuadron
y se retirase con órden, de lo cual le dió
las gracias el Marqués de Aytona y el Duque de Lerma. Señalóse tambien el Ayu-

dante Bernabé de Vargas, á quien dieron luégo compañía de infantería.

Partió el Príncipe Thomás á los 13 de Mayo con un trozo de ejército, y el Conde de la Feira, Maese de campo general, á los 17, para que con la gente que el Marqués de Aytona dejó alojada en los contornos de Anamur se opusiesen al enemigo, que entró quemando y destruyendo el país; y habiéndola juntado, que serian 7.000 infantes y 2.500 caballos, marcharon á Bens, cinco leguas de Anamur, donde ya habia llegado el ejército francés. Determinó, ya que no podia hacerle cara, tomarle el costado por irle dando al pasar en la retaguardia. Marchando así ceñido con él dos dias entre Anamur y Lieja, tres leguas distante de Anamur.

Á los 20 de Mayo, la vuelta de medio dia, bien informado el Francés de cuán pequeño era nuestro ejército, fingiendo miedo hasta allí por empeñarle, hicieron alto detras de una colina, y formando bien en órden sus batallones, encubiertos de ella, esperaron á nuestra gente, que, deseosa de descanso, como los que habian caminado en cuatro dias noche y dia, que puestos tambien en batalla, dicen, no con el concierto que requeria la vecindad del enemigo, se pusieron á descansar, cuando

él, que todo lo habia hecho en demostra-
tracion de miedo, habia logrado contener
á los nuestros tan cerca, hizo volver las
cosas siendo todo uno el mostrarse encima
de la colina y acometerlos.

No creyó el Príncipe Thomás que el
enemigo traia tanta gente, porque de los
avisos de Olanda se sabia que el Príncipe de Orange no habia pedido al Rey
de Francia más de 10.000 infantes y 2.000
caballos, y aunque á las dos de la mañana
le dijeron algunos que eran 30.000 infantes y 5.000 caballos no le dió crédito y
mandó marchar hácia ellos, formando un
escuadron volante de todas naciones, que
se encargó á D. Antonio de la Rua, Sargento mayor de Alonso de Ladron. Cuando
descubrieron el gran número de enemigos,
y que nuestra caballería á la primera carga
volvió las espaldas, aunque el Conde de
Bucoy y su Teniente, el de Vilerval, hicieron lo posible para detenerlos, mandaron
se metiesen nuestros escuadrones en unos
setos que estaban al lado izquierdo, y se
comenzaron á desordenar, y luégo cargó
la caballería é infantería francesa (como
era tan grande el número) por todas partes, que los desbarató con facilidad.

El desórden que causó este improviso
fuera bastante á darles la victoria, áun

cuando la desigualdad de la caballería no fuera tan grande. Dieron la carga mal dada algunas tropas tornándola todas á los bosques y á Anamur. De la infantería solamente pelearon dos tercios de españoles é italianos, y esto de conocido más por la reputacion que por la victoria, con obstinado valor. Murieron de lo más florido de ambos tercios 1.200 hombres. Del tercio de Alonso Ladron murieron muchas personas particulares, y entre ellos Don Francisco Valvis, D. Juan Ramirez, Don Gabriel Cobos de la Cueva, D. Diego de Guipúzcua, D. Diego Dávalos y Toledo, Diego de Chacar, Pedro de Ayala, D. Diego de Contreras y Grao de Ribas, todos Capitanes vivos. Reformados, murieron D. Juan de Ayerbe, D. Miguel de Riaño, D. Pedro Suarez, Sebastian Saun, D. Pedro de Salazar. Capitanes vivos fueron presos, D. José de Saavedra, hermano del Conde de Castellar, que en defensa de su puesto recibió trece heridas; Hernando de Santiago, D. Luis de Barrio, D. Diego de Zúñiga, D. Diego de Contreras, D. Juan Asensio, Sebastian Saun. Reformados, Fernandarias de Saavedra, D. Diego de Goñi, D. Álvaro Perez de Navia. Del tercio de Sfrondato mataron dos Capitanes y los demas fueron presos, y tres del tercio del Conde de Ostrat. Mataron tambien al Teniente de Maese de campo general, Cristóbal de Medina, y á D. Diego de Castro, nieto del Conde de Basto, al Baron Dem, y Caballero Motier, Capitanes de caballos; y de los dos tercios 1.200 hombres, los más, gente particular y Oficiales reformados.

El Conde de la Feira se apeó, y con la espada en la mano se puso delante del escuadron volante, y herido y atropellado cayó en un zanjon entre muchos heridos y muertos, donde le acabaran de matar si no fuera porque el Alférez D. Diego de Villagomes le dio á conocer á un Sargento Francés, que le ayudó á levantar y le llevó preso. Prendieron tambien á los Maestres de campo, Alonso Ladron, Marqués Sfrondato y Brons, y al Conde de Vilelval muy mal herido; y á D. Crisanto Soler, Capitan de caballos, que peleó con una pica por no tener allí compañía; á Lorenzo Perez de Tavora y á Francisco de Tavora, hijos del Conde de San Juan, y hasta 700 soldados y Oficiales reformados y vivos, y al Ayudante Gabriel de Leon, á quien Su Alteça dió luégo compañía, y á Lorenzo Perez de Tavora, y á Fernandarias de Saavedra de los Capitanes que mataron del tercio de Alonso Ladron, y las demas reformó. Perdiéronse las banderas, artillería y bagaje. Mostráronse en esta ocasion los del país de Lieja piadosos con los españoles, ayudando á escaparse á muchos prisioneros, y curando con grande caridad muchos heridos que quedaron en el campo por muertos. Perdiéronse 16 piezas de artillería, grandes y pequeñas; todas las banderas, 26.000 ducados en dinero y los papeles y bagaje. El Conde de Bucoy se salvó con el Príncipe Thomás, habiendo cumplido uno y otro bien con sus obligaciones.

El Francés, orgulloso con esta victoria, fué siguiendo su camino á Mastriq, donde al mismo tiempo se venia encaminando el ejército Olandés en número de 14.000 infantes y 4.000 caballos. Halló la nueva desta rota á Su Alteça con tan pequeño ejército, como ya se ha dicho, y éste dividido en sus guarniciones y en la faccion de Filipina. Con el primer aviso que llegó, se despacharon órdenes que saliese de todas las guarniciones la mayor parte de la gente sin perdonar áun á las fronteras, y se enderezasen á la villa de Terlimont, donde ya se hallaba Su Alteça y se habia resuelto la plaza de armas. Junto el ejército en número de 18.000 infantes y cerca de 8.000 caballos, se empleó en fortificar

algunos puestos en la pequeña ribera del
Mer por la parte que corre en el Balon
Bravante, no tanto con intencion de defenderlos, como por esperar lo que el enemigo determinaba.

Á los 27 de Mayo se juntaron los dos
ejércitos francés y olandés cerca de Mastriq, donde por la arrogancia de los Franceses, que ya lo daban todo por suyo, fué
persuadido el Príncipe de Orange á pasar
la Mosa en busca de nuestro ejército.

Comenzaron á los 30 de Mayo el Olandés por de dentro de la villa y el Francés
por fuera, que áun el paso no les fiaron.
Su Alteça, considerando la ventaja que el
ejército del enemigo hacia al nuestro en
número de 30.000 hombres, y puesta la
mira en la conservacion del país, que
consistia en conservar sus fuerzas hasta
que le viniera el socorro que esperaba de
Alemania, donde á toda diligencia habia
partido el Conde de Fuenclara para signi-
ficar al Rey de Hungría el aprieto en que
se hallaba y el en que estaban aquellas
provincias, determinó recoger su ejército
de las fortificaciones y con él tomar
puesto donde pudiese sustentarse algunos
dias; y así, siguiendo esta resolucion,
marchó á uno que se habia elegido junto
á Lovayna que, con una ribera que tenia

por frente, en pocos dias se fortificó de costado y retaguardia.

Llegado el enemigo cerca de Terlimont, que gobernaba D. Martin de los Arcos, viendo que nuestro ejército se escapaba de venir con él á las manos, cebó su ira en la flaqueza de aquella villa, cuyo Gobernador trató de rendirse por ser la plaza flaca sin defensa alguna, y miéntras estaba á una puerta capitulando con el Príncipe de Orange entraron por la otra los Franceses. Y como esta villa fué la primera que cayó en su poder de las deste país, experimentó las crueldades é insolencias que de gente tan perversa é irritada se puede considerar, no respetando al Santísimo Sacramento, sacándole de las custodias y echándole por tierra, y lo mismo á las imágenes y reliquias de los santos, y vestidos con las vestiduras sagradas burlándose de ellas por las calles; afrentando doncellas y religiosas, no perdonando sacrilegio alguno, quemaron todos los templos y lo más principal del lugar, encerrando ántes que pusiesen fuego en ellos, á los religiosos y religiosas, viejos y niños, y áun á las mismas mujeres de que se habian aprovechado mataban despues. Dieron siete mosquetazos á una imágen de Nuestra Señora, que causó á los católicos grande sentimiento y nueva conmemoracion de sus siete dolores. Á los religiosos, de dos en dos, los metian en las picas y los mataban; á las monjas, despues de forzadas, las quemaban vivas, á otras llevaban en cueros atadas á las colas de sus caballos. Quemaron todas las iglesias é hicieron de las imágenes grandes ultrajes. Sacaron las custodias, y las formas que habia dentro las echaban en los sombreros y daban á comer á los caballos. En tales obras pías y en otras semejantes que usaron en los casares de afuera y en las villas de Diste y Ariscol, que tambien tomaron, gastaron veinte dias, que fué permision evidente de nuestro Señor para darnos tiempo de fortificarnos y que se nos acercase el socorro y á ellos el castigo.

Por este tiempo se publicó un manifiesto del Rey de Francia, su fecha de 6 del mes de Junio deste año, en que dió las causas del rompimiento desta guerra, que por ser papel tan esencial, y porque despues se ha de referir tambien la respuesta que á él dió el Señor Infante Cardenal, y la que se dió por parte de España, es preciso referirle en esta historia, y es como se sigue:

DECLARACION DEL REY DE FRANCIA

SOBRE EL ROMPIMIENTO DE LA GUERRA CON EL REY DE ESPAÑA, EN 6 DE JUNIO DE 1635.

«Luis, por la gracia de Dios, Rey de Francia y de Navarra. Á todos los que vieren las presentes, salud, etc. Las grandes y sensibles ofensas que esta Monarquía ha recibido en diversos tiempos de la de España son tan conocidos de todo el mundo, que es cosa inútil renovar esta memoria. Largo tiempo habemos disimulado los efectos de los zelos y ódio natural que los españoles tienen contra los franceses, que ha sido miéntras no han logrado las secretas pláticas que ellos traen siempre para detener el curso de nuestra prosperidad. Mas luégo que ha pasado su ambicion á querer oprimir descubiertamente á los Príncipes aliados desta Corona, y que despues de todos los esfuerzos inútiles que han hecho para desmembrarla, no han encubierto el designio que tenian formado de atacarla á fuerza abierta, al mismo tiempo que el mal estado de sus cosas debiera disuadirlos, no pudiendo, sin faltar á nuestro Estado y á nosotros mismos, dilatar el emplear las fuerzas que Dios nos ha dado, no solamente en estorbar sus empresas, sino prevenirlas con una justa guerra, á que toda suerte de razones y de leyes nos obliga á meter primero en sus estados que esperarle en los nuestros. Razon habia de esperar de algunos años á esta parte que la alianza contraida entre Francia y España por dos recíprocos matrimonios, habiendo fortalecido los antiguos tratos de paz, pudiera finalmente asegurar el reposo de la cristiandad que las divisiones destas dos Coronas tuvieron turbado tan largo tiempo, y se podia prometer con alguna apariencia esta buena dicha tan deseada de todo el mundo (si como para llegar á ella la Francia habia sinceramente olvidado las quejas antiguas), si la España hubiera usado el injusto deseo que ha conservado siempre de usurpar los Estados de sus vecinos para establecer el estado desta Monarquía universal á que ella aspira. Mas habiendo mostrado la experiencia que ni la alianza hecha con ella ni los buenos oficios con que ha sido asistida en diversos tiempos, no han podido detener el curso de su ambicion demasiada ni los efectos de su mala voluntad, y que en lugar de apaciguar su ánimo, han servido de facilitar los medios

de ejecutarlos secretamente por las muestras más dañosas, ha sido imposible no
pensar de guardarse de los daños de una
amistad de tanto perjuicio, que las obligaciones de una tan santa union acompañada con diversos beneficios no han
podido hacer verdadera, y que por la demasiada y larga confianza de muchos años
ha sido fatal á este Estado. Trae ésta en la
memoria de todos con cuánta generosidad
el Rey difunto, de gloriosa memoria,
nuestro muy honrado Señor y padre, que
Dios perdone, se empleó para que los españoles, la tregua de que tenian tanta
necesidad de las Provincias unidas del
País-Bajo, y no hay quien no sepa que en
las primeras revueltas de Alemania, nuestro solo medio hizo dejar las armas á todos aquellos que un justo medio se las
habia puesto en las manos contra el Emperador por defensa de sus privilegios; y
que la negociacion de nuestros Embajadores, habiendo establecido la dignidad
del Imperio, afirmó á un tiempo la Casa de
Austria que el poder del partido contrario tenia á la sazon muy quebrantada. La
primera recompensa que la Francia recibió poco tiempo despues fué la ocupacion
de la Valtelina contra los Grisones, amigos y aliados desta Corona, que se hizo

en medio de la paz y sin otro pretexto
sino que aquellos pasos eran necesarios
para la comunicacion de las fuerzas de
España y de Italia con las de Alemania y
Flandes; y habiéndoles obligado á dejar la
empresa la guerra que se les hizo para
recobrarla, á voto de todo el mundo y con
cuantos artificios é interpretaciones cau-
telosas han rehusado de ejecutar el tratado que se hizo en Monzon, no obstante
los protestos que despues se le han hecho,
y en particular pendientes las últimas ne-
gociaciones de la paz de Guierasio, de que
esto seria bastante causa de una muerte ó
nueva guerra. Las diversas empresas que
han hecho contra el Duque de Saboya, difunto, miéntras fué aliado de Francia: la
opresion violenta del Duque de Mántua,
solamente porque nació francés y tiene
sus Estados en una situacion cómoda para
juntarlos con los de Milan, el Duque de
Lorena ha armado cinco veces contra
Francia por su persuasion: los tratados
hechos y formados con los cabezas de los
herejes de nuestro reino para formar en
él un cuerpo perpetuo de rebelion y de
herejía, al mismo tiempo que nos ofrecian
asistencia contra ellos, en que el porta-
dor, habiendo sido condenado por senten-
cia de uno de nuestros Parlamentos, pagó

con su sangre el escandaloso comercio de
que era tercero: las contínuas pláticas
por medio de sus Embajadores para sem-
brar division hasta dentro de nuestra familia real: el intento de armar la Francia contra ella misma por un tratado, cuyo
original, firmado de ellos, cayó dichosamente en mis manos, cuando no habia
ninguna apariencia de que se tomasen las
armas por una parte ni por otra, en que
sólo Dios estorbó el efecto por el buen
natural y buen consejo de aquellos á quien
su Divina Majestad dió á conocer que seguir un tan mal partido era hacerse daño:
asimismo, últimamente, la asistencia de
gente y dineros dados á todos aquellos
que han podido hacer movimientos en
este Estado, y los obstinados desvelos de
armar contra nuestros aliados á todos
aquellos que se han dejado llevar de sus
persuasiones, han sido los más ordinarios
frutos que se han cogido de su amistad.
Contentábamos hasta ahora de hacer inútiles todos estos intentos con sólo poner
en salvo á nuestros amigos y á nuestro
Estado de los males que ellos prevenian,
mas habiendo reconocido que esta mode-
racion no ha servido más que de adelantar su osadía para emprenderlo todo por
la opinion que les han enseñado los ejem-

plos de lo pasado, de que todo se olvida-
ria por medio de la paz cuando no les
saliese bien el designio, sin tener que temer otra cosa, habiendo sido constreñidos
de llevar más adelante de lo que hasta
ahora habíamos hecho el resentimiento
de las ofensas recibidas, con fin de hacer
cesar de una vez la costumbre que han
tomado de ofender é injuriarnos con
tanta facilidad; y, á la verdad, despues de
haber experimentado que el detenimiento
con que procedimos en el nuestro viaje
de Susa, cuando el paso de los Alpes,
abierto por la fuerza de nuestras armas,
habia puesto el estado de Milan, destruido
entónces de fuerzas y gemidos, como á la
discrecion de nuestro ejército victorioso,
no pudiendo líbrar de ninguna manera á
los grisones, nuestros aliados, de la invasion que se les hizo al mismo punto que
volvimos á nuestro reino, ni á la Italia del
fuego de que la quisimos librar que las
armas extranjeras metieron allí el año siguiente á la persuasion de aquellos mismos
que habíamos perdonado, despues de haber
conocido que la neutralidad guardada religiosamente divierte todos los malos sucesos de las armadas de Austria en Alemania, que nos habian facilitado asaz los
medios de vengarnos de tantas injurias;

no haber procedido siempre el deseo de
una paz pública al de una justa venganza,
que no ha desviado á los españoles de las
conjuraciones contínuas que hacen contra
nuestro Estado, ni disminuyendo la eficacia con que de ordinario procuran levan-
tarnos nuevos enemigos para hacer con
mano ajena y con máscara de paz una
guerra encubierta, tanto más dañosa cuanto
sus artificios han sido en todo tiempo
mucho más para temer que sus fuerzas; y
porque por este medio piensan hacer que
gocen sus Estados de la paz en el mismo
tiempo que dan á sentir á los nuestros todas sus incomodidades y todos los peligros de la guerra. Despues de todo esto, el
dia de hoy, que su pasion no consiente que
se encubran más designios, y que por mar
y por tierra se previenen descubiertamente contra nosotros, y que en el mismo
tiempo que nos hacen cargo de la
union que tenemos con algunos Príncipes y Estados protestantes, antiguos aliados desta Corona, no se guardan ni rehu-
san de ofender á algunos de ellos, condiciones contrarias en todo á los intereses
de la religion católica, no obstante
que haya sido siempre esta la mascára con
que han procurado encubrir la injusti-
cia de sus acciones, y que no hay

cosa que no hagan para unir con ellas
á los mismos con que nos culpan que
tengamos alianza, y que no tuvieron vergüenza de prometer en un mismo tiempo
condiciones incompatibles á dos partidos
contrarios para engañar al uno y despues
al otro, y servirse en este medio de todas
sus fuerzas para acometer á nuestro reino
por diversas partes; y no siendo cuestion
dificultosa de resolverse, si debemos esperar el fuego que quieren ponernos ó ir
primero á apagarle, creeríamos ser en
alguna manera cómplices de los males,
si con justa providencia no empleásemos
en buena sazon los más poderosos reme-
dios que fuese posible para librarlos,
expusiéramos nuestra propia persona para
defenderlos, como ya habemos hecho tantas veces; ya no estamos resueltos de todo
corazon á hacer ahora más cuanto no vié-
ramos por todas partes peligros tan presentes, es imposible ó no conocer que la
España ha destinado en todo tiempo á
Flandes por su plaza de armas, y que
quiere establecer allí la silla de una guerra
inmortal, no tanto por sujetar aquellos
pueblos que ha reconocido libres y sobera-
nos por los tratados que ha hecho con ellos,
cuanto por tener á nuestro Estado en per-
petuos celos, y de aquella parte hacer contí-

nuas interpresas en nuestras plazas fronteras (si. bien las principales han sido descu-
biertas), y teniendo sus tropas armadas,
hallarse siempre en estado, ó de suspen-
dernos si reparamos en la seguridad pública, ó de convenirnos durante la paz en
gustos iguales á los de la guerra. ¿Quién
no juzgará, pues, que no solamente es
honroso, sino útil, procurar una seguridad
más favorable por las armas é intentos de
adquirir una verdadera paz por los esfuerzos generosos de una guerra abierta, que
dejar más largo tiempo consumir inútil-
mente las fuerzas de nuestro Estado y des-
fallecer nuestros súbditos debajo del peso
de las cargas que sufren, miéntras dura
esta paz dudosa é incierta que conviene
conservar con 150.000 hombres, en medio
de tantas razones justas que nos obligan
á comenzar la guerra, ó, por mejor decir,
á defendernos de aquella con que nos ame-
nazan? Los Nuncios de Su Santidad son
fieles testigos de la disposicion con que
habemos siempre recibido la plática de la
paz y cuán favorablemente hemos aceptado las proposiciones que nos han hecho,
aunque ellos mismos han podido conocer
que están destruidos de los medios necesarios para llegar á un tan buen fin, que
son pruebas ciertas del paternal celo y

bondad de Su Santidad. Y pudiera ser que
hubiéramos dilatado por algun tiempo el
meter nuestras armas en los Estados de
nuestros enemigos, y que despues de haber
asegurado nuestras plazas con las armas
en los Estados, y puesto nuestras fronteras con fuerzas poderosas, nos hubiéramos contentado de esperar las suyas mirando sus movimientos; mas el derecho de
las gentes violado por el ultraje hecho á
nuestro muy caro y muy amado primo, el
Elector de Tréveris, en que son interesa-
dos todos los Príncipes de la cristiandad;
la subpresa de su villa, capital donde vivia
en reposo, sin revolver ni dar zelos á sus
vecinos; la detencion de su persona, que
se habia puesto debajo de nuestra proteccion en el tiempo que no la podia recibir
de otro algun Príncipe; la negativa de su
libertad con equívocos injuriosos, que
parecen que nos hacen autores de su cap-
tividad, como si para aumentar la ofensa
que se nos ha hecho tomando una plaza
donde habíamos puesto guarnicion para
la seguridad del dicho nuestro primo, y á
su ruego ellos quisieron de lozanía de
corazon añadir desprecios, teniendo prisionero á un Arzobispo Elector del Imperio, y la mofa por una respuesta llena de
engaño y de oposicion; tantas injurias no

han permitido dilatar más nuestro justo resentimiento, y no pudiéramos acordarnos de la gloria que nuestros predecesores adquirieron en tantos y tan largos viajes y peligrosas guerras intentadas para mantener la honra de la Corona y defender á sus aliados, si no nos moviéramos con su ejemplo, ni entendiéramos que mandábamos esta nacion belicosa que ha sido siempre el acogimiento de los afligidos y el abrigo de los Príncipes oprimidos, si todos nuestros buenos y fieles vasallos no tomasen parte en el sentimiento de una ofensa que se nos ha hecho, solamente para ayudarnos á que se nos dé satisfaccion en medio de tantas consideraciones, que muestran como el sentimiento de una continuacion de antiguas ofensas, renovadas por injurias recientes, nos ha obligado justamente á la rotura contra el Rey de España. Antes que dar principio á ningun acto de hostilidad enviamos un Rey de armas á declaralle la guerra en la persona del Cardenal Infante, que gobierna todos sus ejércitos, para que la entrada del nuestro en el País-Bajo no le hallase desapercibido; á lo cual nos hizo Dios merced que nos resolvimos en tan buena sazon, por el conocimiento que por un maravilloso efecto de su providencia nos habia dado de todos los designios de nuestros enemigos, que en el mismo tiempo que ellos entendian hacer entrar en nuestros reinos las fuerzas de Flandes, conducidas por el Príncipe Tomás, las de Alemania, gobernadas por el Duque Cárlos de Lorena, y que asaltase nuestras costas de Provenza la armada naval, que con designio muy precipitado aparejaba mucho tiempo há, por su asistencia divina habemos deshecho enteramente lo primero; obligando al segundo á una vergonzosa retirada despues de una notable pérdida; y hemos dado tan buena órden para recibir á la tercera, si ella desembarcase en nuestros puertos, que con la continuacion del socorro del cielo, que ya ha comenzado á darla á sentir los efectos deste enojo con la pérdida y naufragio de las galeras y bajeles de que estaba compuesta, esperamos que su desembarcacion no será más feliz que su navegacion. Por estas causas, y por otras grandes y justas razones que á ello nos mueven, de nuestra propia ciencia, pleno poder y autoridad real, hemos declarado y declaramos por las presentes, firmadas de nuestra mano, haber determinado y resuelto hacer de aquí adelante guerra abierta por mar y por tierra al dicho Rey de España, sus súbditos, tierras y vasallos para tomar recompensa en ellos de los daños, injurias y ofensas que nuestros Estados, súbditos y aliados han recibido; todo en la misma manera que lo han hecho los Reyes nuestros predecesores, con firme esperanza que la misma bondad divina que ve lo íntimo de nuestro corazon, y que ha mostrado el conocimiento que tiene de la justicia de nuestros designios con la ganancia de una célebre batalla al principio desta guerra, nos continuará su asistencia y nos hará merced, por medio de los felices sucesos de nuestras empresas, que podamos asentar en la cristiandad una paz segura y estable, que es sólo el fin que tenemos. Y para llegar á él más prontamente, convidamos y exhortamos á todos los Príncipes, Estados y Repúblicas que aman la paz y tienen interes en la libertad pública, que tomen las armas y se junten con nosotros para el establecimiento de una paz general. Y en tanto, ordenamos y encargamos muy expresamente á todos los nuestros súbditos, vasallos y criados y adherentes, que habemos y tenemos declarados por enemigos de nuestra persona, y del dicho nuestro Estado, como lo son del reposo público, dándoles para hacerlo poder para entrar con fuerzas en las dichas tierras, asaltar y sorprender las villas y plazas que están debajo de su obediencia; tomar dineros y contribuciones; hacer prisioneros sus súbditos y criados; ponerlos á talla y tratarlos segun las leyes de la guerra; prohibiendo, en virtud de las presentes, muy expresamente á todos los dichos nuestros súbditos, vasallos y criados tener comunicacion é inteligencia con el Rey de España, sus adherentes, criados y súbditos, y revocando como revocamos desde la fecha de la presente toda suerte de permisiones, pasaportes ó salvaguardias concedidas por Nos y por nuestro Lugar-teniente general, y otros contratos á la presente declaracion, declarándolos por nulos y de ningun valor, y mandando que no sean obedecidos. Y porque hemos resuelto, en conformidad del tratado hecho por Nos con nuestros muy caros, grandes amigos, aliados y confederados los Señores Estados de las Provincias unidas del País-Bajo, hacer el primer esfuerzo de nuestras armas juntamente con ellos en las dichas Provincias de los Países-Bajos que están á la obediencia del Rey de España, tanto por probar á poner fin á una tan larga é importuna guerra, como por librar los dichos Países de los males que sufren y de la esclavitud en que los españoles los tienen, despues de tantos años como de su parte contribuyen lo que deben para adquirir su libertad, hemos declarado y declaramos haber resuelto y convenido con los dichos Señores Estados, en caso que los pueblos del dicho país, luégo que nuestros ejércitos hubieren entrado en él, hagan efectivamente retirar los españoles y sus adherentes de sus villas y plazas, dentro de dos meses despues de la publicacion de la presente declaracion, que las dichas Provincias quedarán juntas y unidas en un cuerpo de Estado libre, con todos los derechos de Soberanía, sin que se les pueda hacer alguna mudanza en lo que toca á la religion católica y apostólica romana, que será conservada en dichas Provincias en el mismo estado que ella está al presente, prometiendo para este efecto ampararla y defenderla, pendiente el curso de la presente guerra, y en todos los tratados de paz y otros que podrán hacerse despues para conservarla en su entero ser, con las mismas franquezas, autoridades, derechos, libertades y pre-rogativas que gozan al presente los Prela-dos eclesiásticos, ó juntos en un cuerpo ó comunidades, ó particulares; declarando demás de esto, en conformidad de lo asen-

tado y acordado con los dichos Señores
Estados, de hacer liga ofensiva y defensiva
con ellos, y de emplear juntamente con
los dichos Señores Estados todo lo que de
Nos dependiere, hasta que gocen del efecto de la presente declaracion; y asimismo
comprenderlos en todos los tratados de
paz que adelante se hicieren, sin desear
más seguridad de su fe que algunos re-
henes por algun tiempo, á donde fuere
particularmente convenido, con cargo que
ellos contribuyan solamente de buena fe
todo lo que pudieren para su propia defensa; y en caso que en una misma vecindad vengan á entregarse cuatro ó cinco
villas juntamente, ó la una despues de la
otra, hemos convenido en que puedan formar luégo un cuerpo de Estado libre, y
que sean conservados y mantenidos en
esta calidad con los Gentiles-hombres que
se hallasen arraigados en los términos y
vecindades de ellas, con los mismos derechos y prerogativas que se ha dicho; protestando por todo, y tomando á Dios
y los hombres por testigos, que como no
habemos llegado á las armas, sino á la
extremidad para nuestra defensa y la de
nuestros amigos y aliados, sin otro designio que alejar de nosotros las incomodidades de una enfadosa guerra; quitando,

si es posible, de las manos de los que
quieren hacer inmortal, los lugares
que se sirven para nuestro mal, tend
mos gran pesar si los que deben aprove-
charse de estos designios en los Países-
Bajos, oponiéndose al bien y á la libertad
que procuramos para su patria, se hacen
culpables, no sólo del daño que recibirá
el público, sino tambien de los partidos y
ruinas que causarán en ellos mismos; y
así, damos órden á nuestros amados y fieles los jueces de nuestras Córtes del Parla-
mento que hagan leer las presentes, publi-
carlas y registrarlas, cada uno donde se
extendieren sus órdenes y jurisdiccion; y
que lo contenido en ellas se guarde, ob-
serve y cumpla segun su forma y tenor,
sin contravenir ni permitir que se que-
brante en alguna manera. Mandamos demás de esto á nuestro muy caro y muy
amado primo el Cardenal Duque de Richelieu, Par de Francia, gran Maestre, Jefe y
Superintendente general de la navegacion
y comercio deste Reino; á nuestros muy
caros y muy amados primos los Mariscales de Francia, á los Gobernadores y Lu-
gar-tenientes generales en nuestros ejércitos y provincias; á los Mariscales de campo,
Coroneles y Maestres de campo, Capitanes, cabos y conductores de la gente de

guerra, así de á caballo como de á pié, de cualquier nacion que sea, y á todos los demas Oficiales nuestros á quien perteneciere, que cada uno en su jurisdicion haga ejecutar lo contenido en las presentes letras. En testimonio de lo cual hemos mandado que se ponga en ellas nuestro sello. Dadas en Castelner, á seis dias del mes de Junio del año del Señor de 1635, y de nuestro reinado 26.—Luis.»

Reconociendo el Príncipe de Orange y los Mariscales la deliberacion de S. A. en conservar su ejército, procuraron buscarle por si podian obligarle á lo que deseaban, pero no por parte que perdiesen nada de la ventaja que nos tenian; y así eligieron puesto para pasar la ribera que teníamos por frente, á dos leguas del grueso de nuestro ejército. Llegó este aviso al de Aytona al punto que ya el enemigo iba pasando, el cual, enviando al Duque de Lerma con mil caballos y la mosquetería del tercio del Marqués de Celada, de que aquel dia tocó la vanguardia al capitan D. Antonio de Saavedra, hizo mover el ejército á aquella vuelta; pero habiendo hecho reconocer el Duque lo fuerte que el enemigo estaba, y ya pasado, avisó al Marqués pidiendo más gente para rechazarle, el cual, puesto en el designio de ántes, que era de conservar el

ejército, envió órden al Duque de que
retirase, lo que hizo el Duque desempe-
ñándose lo mejor que pudo de los pues-
tos· que muy cerca del enemigo tenia
ocupados, y de la escaramuza que ya comenzaba á encenderse de la mosquetería
y caballería con pérdida de pocos soldados. Incorporado el Duque con el ejército,
que fué á tres horas de noche, se declaró
la deliberacion que se habia tomado de
sustentar las plazas de Lovayna, Bruselas
y Malinas, y así comenzó el ejército á
media noche á marchar la vuelta de Bruselas con acuerdo de que, metiendo 5.000
hombres en Lovayna con buenos cabos,
y que se hubiese de perder (que por su
flaqueza no se creia otra cosa) se detuviese el enemigo y no le costase tan
barato como él imaginaba.

Gran miedo cobró todo el país con este
movimiento del enemigo, pues á diez y á
veinte leguas dentro de lo más seguro des-
amparaban los ciudadanos más principales sus casas, sacando lo precioso de sus
haciendas. Mas S. A. los envió á animar y
pidió á las provincias obedientes ayuda, á
que todas acudieron con gran voluntad y
amor por el grande que tenian á este Príncipe; particularmente de las de Henao y
Artoes vino mucha nobleza á servir sin

sueldo, aunque se hubo de volver presto porque el Francés con otro ejército entró por aquella frontera, que por todas partes el Rey de Francia (trataba de) hacer el daño posible hasta atreverse á tentar al Maestre de Campo D. Luis de Benavides, caballero tan conocido y soldado de tanto valor y experiencia como es notorio, Gobernador de Cambray, por medio de un religioso le entregase aquella fuerza, ofreciéndole grandes estados y puestos. Mas D. Luis con buena maña le hizo firmar al religioso cuanto le habia dicho, y luégo le envió preso á S. A. que le mandó llevar al Castillo de Amberes. Envió S. A. á Artoes al Conde de Fresi con 3.000 hombres, porque el enemigo hacia mucho daño, y se habia puesto sobre Cambresi, y el Conde de Fontana quedó en el país de Vas con 4.000 por si el Holandés intentaba algo por las marinas de Flandes.

Engrandeció tanto el enemigo esta que llamaba victoria, que sus Generales escribieron á Francia y Holanda, y de estas partes á toda Alemania é Italia y lo demas de Europa, que ya nuestro ejército estaba deshecho, ellos señores del país y S. A. huido á Dunquerque para embarcarse á España, y todos los españoles degollados; y áun se dijo fué este el pretexto

que tomó Richelieu para mover en Alemania los ánimos del Duque de Lucemburg y
otros protestantes que estaban ya en partidos con el Emperador para poner otra
vez sus armas en campaña para facilitar
en Italia la declaracion del Duque de
Parma; pero Dios dispuso las cosas de
modo que esta furia francesa convirtió su
arrogancia dentro de pocos dias en una
huida vergonzosa.

A los 20 de Junio levantó el enemigo su campo y se encaminó hasta la
ribera de Lovayna. El Marqués de Aitona
fué luégo hácia allá con el tercio del
Marqués de Celada y otros de naciones,
y el Conde Juan de Nasao, con la caballería, hasta un puentecillo que estaba
fortificado y le guardaban alemanes. El
enemigo venia marchando con todo su
ejército tendido por las colinas de la otra
parte de la ribera, y nuestra gente de
ésta, á vista el uno del otro; en llegando
ambos á emparejar con el puentecillo
hicieron alto, y estuvieron así más de dos
horas, hasta que se descubrió que más
arriba, obra de una legua pequeña, pasaba
gente el enemigo á esta parte por este
puentecillo que habia hallado sin defensa.
Habia ido hácia allá el Duque de Lerma
con alguna caballeria, á cargo del Comi-

sario general de ella D. Juan de Vivero, y trescientas bocas de fuego del tercio de Celada, á cargo del capitan D. Antonio de Velandia. Mas cuando llegó el Duque, ya el enemigo habia pasado más de cuatro mil hombres, porque desde el amanecer habia comenzado á pasar, como no halló resistencia, y se habian puesto en escuadrones en sitios fuertes, con que no se les pudo acometer.

Viendo el Marqués que pasaba más gente del enemigo, envió órden al Duque se retirase, mandando al capitan Don Diego de Luna, que llevó la órden, le dijese que no podria socorrerle porque el Conde Juan estaba muy atras con la caballería. Retiróse el Duque, y el Marqués hizo lo mismo con toda la gente, dejando de retaguardia alguna caballería y el tercio del Marqués de Celada, que estuvo en escuadron toda la noche por si el enemigo intentaba algo. Mas no trató si no de pasar más gente aquella noche: marchó todo el bagaje y artillería la vuelta de Bruselas, y á la mañana S. A. con todo el campo, dejando en Lovayna á Mons. de Grobendone con los tercios del Baron de Vesmal, su hijo, y Ribacourt de valones, y el de irlandeses de Freton, en que habria 4.500 hombres y alguna ca-

ballería, acuartelóse junto á las murallas,
y otro dia pasó el ejército de la otra parte
de la villa é hizo frente de banderas entre
ella y nuestra Señora de Caque con toda
su artillería.

Pasado el enemigo la ribera se enderezó
con más espacio que convenia á Lovayna,
haciendo corredurías con su caballería,
destruyendo y quemando el país, saqueó
á Triburen, casa de placer de los duques
de Brabante, de grande recreacion y muy
bien adornada, y llegó con la caballería á
vista de Bruselas. Puso esto en gran confusion y miedo á la burguesía que temia
el saco y que S. A. se retiraria á Amberes
ó á Dunquerque. Mas S. A. llamó al Magistrado y los animó, asegurándoles no les
desampararia, y guarneció las puertas y
medias lunas de españoles é italianos, y
la burguesía cubrió la muralla y se dieron prisa á acabar las fortificaciones que
estaban imperfectas, acudiendo al trabajo
los de la villa y todas las religiones con
grande voluntad. S. A. rondaba en persona todas las noches la muralla, con
que burgueses y soldados cobraban grande ánimo y consuelo, que de los unos y
de los otros era grandemente amado el
Infante.

Viendo el enemigo embarazado su

designio, víspera de San Juan por la mañana, hizo frente á Bruselas con su caballería é infantería para dar con esto lugar á que su bagaje y artillería fuese marchando más segura. Salieron partidas nuestras, hubo escaramuzas, y este dia, entre muertos, prisioneros y heridos, fué grande el número que retiraron. Hablábase variamente en el intento del enemigo. Unos decian iba á Malinas, y esto no daba cuidado por tener S. A. dentro al Marqués de Leida con 3.000 infantes, y por tener esta ciudad unas inclusas que, en levantándolas, se inundan las tres partes de ella en agua y sólo tiene una por donde la pueden acometer. En esta forma fueron marchando hasta que se conoció que era hacer frente para que el bagaje y artillería fuese marchando, y al dia siguiente fué sobre Lovayna y la empezaron á sitiar el mismo dia de San Juan por la mañana.

El enemigo goloso del saco de Lovayna y muy necesitado de víveres, creyendo hallar allí con que matar su hambre, lo que fuera cierto si la tomara, puso sitio sobre esta villa, una de las mayores de las diez y siete provincias y de gran número de pueblo, por ser la Universidad principal de ellas, y de quien se prometió el ene-

migo ser señor en pocas horas, y con tal
ánimo la apretaron divididos franceses y
holandeses en diferentes ramales de trincheras. Pero el Baron de Gravedon que
entró á tomar cargo de la defensa de esta
plaza, por ganar lo que habia perdido
en el rendimiento de Bolduc, de que era
Gobernador el año de 29, y con asistencia de D. Pedro de Villamor, Comisario general de la caballería que se halló
con S. A. en la batalla de Norlinguen,
que con 500 caballos de aquellas tropas
entró por medio del enemigo en la villa,
con municiones y pólvora á la gurupa, les
hizo tal defensa y tan vivas salidas, que
en nueve dias, ayudando la necesidad que
padecian y las correderías por las partidas de nuestro ejército que cada dia hacian
sobre ellos, les costó 12.000 hombres. Tal
irritó á los de Lovayna el ejemplo de
Terlimont y tal el castigo que Dios quiso
dar á aquella canalla, que una plaza de
las más flacas de aquellas provincias, y la
más incapaz de poderse defender seis
horas de un mediano ejército, rechazó por
su bondad á uno victorioso y el mayor
que entró en aquellas provincias despues
que empezó la guerra, y les puso en ocasion de perderse, dando lugar á que llegase nuestro socorro.

En esta ocasion, á los 24 de Junio, declaró el Señor Infante Cardenal la guerra contra Francia, la cual se publicó en estos dias durante el sitio de Lovayna, y fué en la forma que se sigue:

Declaracion de S. A. el Señor Infante Cardenal de la guerra contra la corona de Francia.

D. Fernando por la gracia de Dios, Infante de España, Gobernador y Capitan general de los Países-Bajos y de Borgoña: Habiendo Francia empeñado todo su crédito en jurar y mantener la paz que el Rey D. Felipe II, nuestro Señor y abuelo (que Dios perdone), tuvo por bien de concluir en Vervin para desarraigar los daños que las desórdenes de la guerra habian ocasionado en la mayor parte de la cristiandad, los que se interpusieron en los tratados de ella de parte de nuestro Santo Padre, despues de haber exhortado á los Diputados de los Reyes á mantener religiosamente un tratado tan importante al honor de Dios y sosiego comun, le sellaron con amenaza de la maldicion de Dios sobre el primero que le quebrantase. Y es cosa sabida, que apénas fué publicado cuando Francia, para sacar fruto dél en provecho

sólo suyo, pasó la guerra á los Países-Bajos con la continuacion de los tra
antiguos, y con la conclusion de o
nuevos, todos contrarios á los de Vervin
con socorros continuados de hombres
dineros dados á los rebeldes de Dios y
S. M. para darles modo de comba
á un mismo tiempo contra la reli
y la soberanía (como sucedió) con may
res fuerzas y calor que no habian podid
hacer en lo pasado.

El Rey D. Felipe III, nuestro Señor
padre, y los Serenísimos Archid
(que Dios perdone) quisieron ántes disi
lar estas contravenciones que valerse
ellas (como bien podian para conservaci
de su derecho), anteponiendo el reposo
mun á sus intereses particulares, hast
tanto que el cielo ó el tiempo proveyese
de remedio, y tambien en una ocasion e
que el Rey de Francia Enrique IV
movia para alborotar á toda la Europa e
vez de dejarla gozar de una calma uni
versal, que tan justamente podia prom
terse del tratado de las treguas hecho co
intervencion de sus Diputados.

Habiendo su muerte no esperada mu
dado el estado y cara de los negocios, y dis
poniéndose la Francia á inquietarse entr
sí misma, le pareció á S. M. cosa digna d

su grandeza y del título que tenia de
Rey católico, sublimar su bondad con
moderar su poder y hacer bien por mal,
asistiendo al Rey de Francia que al presente reina, en vez de socorrer á sus súbditos mal contentos, que no quiso ni áun
escuchar lo que le representaron, no obstante las instancias que ellos hicieron en
resguardo de sus propios intereses por no
ofender la justicia. Esta asistencia fué
repetida en varias ocasiones, y si despues
la templanza no fué tan exacta, no salió
con todo de los límites de la razon, que los
Príncipes provocados del injusto proceder
de sus vasallos no pueden siempre menos-
preciarle en perjuicio de sus súbditos.

Otro tanto, contra nuestra voluntad, es
preciso decir de parte del Rey, mi Señor,
el cual con mayor sentimiento podia
hablar en esto si los Príncipes grandes no
temiesen obscurecer el lustre de su generosidad con dar en cara con los beneficios
mal empleados. Pero seria más flaqueza
que discrecion el callar que los que están
inmediatos á la persona del Rey de Francia que hoy reina, que en lugar de hacer
estimacion y reconocer estos beneficios,
habiéndole persuadido á tomar el primer
camino, le persuadieron al fin á correr á
rienda suelta contra la Casa de Austria,

para gozar de más·adentro la paz dentro
de su Reino, violándola fuera dél, como·se
ha visto hacer en varias ocasiones. por
cartas, comisiones, embajadas y tratados,
para alborotar y. levantar los Estados y
súbditos de S. M., hacer tentativas y tratos
en las ciudades más importantes, introduciendo derechos contra el tratado de Vervin, violando la seguridad del paso debido
á los correos de S. M.· y haciendo entrada de gente de guerra en el Ducado de
Lucemburg y Condados de Artoes y de
Borgoña, verificándose todo esto por la
notoriedad del hecho y otras experien-
cias evidentísimas.

Pero como el vicio no combate jamás
tanto la virtud que él mismo no se des-
truya más fácilmente, así la desconfianza
que se ha reconocido entre los Franceses y rebeldes en la ejecucion de las
promesas recíprocas de su último tratado, sirve de ejemplo á todo el mundo de
no arrestarse ni fiarse de aquellos que las
hacen ordinariamente á los otros. Porque
habiendo dividido las Provincias obedientes ántes de haberlas ocupado para tratar-
las con el exceso de sacrílegas maldades,
violencias y crueldades (que dificultosamente creerá la posteridad) que poco há
se cometieron por ellos en la villa de

Tirlemont, contra Dios, contra sus Sacramentos é iglesias, sacerdotes, monjas, viejos, mujeres y niños, el Rey de Francia, para allanar la dificultad que tenian los rebeldes de salir en campaña, les calificó la entrada que hizo su ejército en el País de Lucemburg, por rompimiento formal de Corona á Corona, y pareciéndole peligrosa, por respeto de sus propios súbditos, hacerla sin premisas y apariencia de buenos sucesos de sus malos designios, encubrió esta entrada el primer acometimiento de Orchimon con el nombre y las armas del Príncipe de Orange, hasta que vista su ventaja y desconfiádose no obstante esto de su primer modo de proceder, tomó por pretexto pedir al Arzobispo de Tréveris, Príncipe y Elector del Imperio.

Y áunque este particular debia obligar al Rey de Francia á no innovar cosa alguna, á lo ménos hasta que nosotros hubiésemos tenido respuesta de los avisos que habíamos dado al Emperador y al Rey de lo que habia sucedido últimamente en Tréveris (que fué lo que respondimos á su residente), quiso con todo eso, contra todo derecho y uso de guerra, declararla debajo deste pretexto, que no subsistia cuando él la resolvió por el último trata-

y esto sobre contestacio
nes formales del proces
órden, no debíamos me
ningun otro Príncipe cri
rido abrazar su causa, p
ella conocido justicia al
espantar que el Rey é
querido emplear sus arm
un miembro ó súbdito de
el Emperador, su Señor,
sejos reconocidos del di
sus Jueces competentes,
título de amistad, ó d.
ella mereciera este nomb
sistir sin fundamento
brantándola debajo del t
federacion posterior á la
los matrimonios de los
sus Coronas, tan estrech.
tes al reposo y bien c
tiandad.

Por estas razones,
todas cosas á Dios y al
Rey, mi Señor, ni yo
causa de la infraccion
de la paz, ni de los male
ceder de la guerra emp
de Francia, y valiéndon
cedido para esto de S. N
parecer de sus Consejos

muchos daños y males que la guerra produce, y Francia debe temerse de la justicia y de la potencia de las armas de S. M., la cual, no habiendo podido recibir apénas nuestro aviso del suceso de Tréveris, bien se podia· por términos de derecho dejar de enviar la susodicha persona, y tambien áun más en términos de cortesía, enviándonos á pedir ántes de haber tenido respuesta de S. M. un Príncipe y Elector del Imperio, que no es súbdito del Rey de Francia, ni de las leyes de su reino, y que negaba y niega abiertamente estar debajo de su proteccion, alabando á Dios y el dia en que le libraron de los malos tratamientos y de las insolencias francesas, para ser bien recibido y tratado y poder tratar en cualquiera parte (como lo hace) de negocios importantísimos á la cristiandad, con la cortesía que no podrá hallarla ninguno mayor en su propia casa.

Así, habiendo sido siempre el Rey y sus predecesores protectores de la ciudad de Tréveris, y el Emperador y los suyos Jueces de las diferencias que hay ó haber pudiere sobre esto, y habiendo hoy Su Magestad Cesárea tomado conocimiento deste punto, véase si la proteccion tiene lugar contra la persona del Elector,

y esto sobre contestaciones é instrucio-
nes formales del proceso, hechas de su
órden, no debíamos maravillarnos 'que
ningun otro Príncipe cristiano haya querido abrazar su causa, por no haber en
ella conocido justicia alguna. Pero es de
espantar que el Rey de Francia haya
querido emplear sus armas á abatirla por
un miembro ó súbdito del Imperio contra
el Emperador, su Señor, y contra sus consejos reconocidos del dicho Elector por
sus Jueces competentes, y combatirla con
título de amistad, ó de Liga, como si
ella mereciera este nombre y pudiera sub-
sistir sin fundamento de justicia, que-
brantándola debajo del título de una con-
federacion posterior á la de la paz, y de
los matrimonios de los dos Reyes, y de
sus Coronas, tan estrechas y tan importantes al reposo y bien comun de la cristiandad.

Por estas razones, protestando ante
todas cosas á Dios y al mundo, que ni el
Rey, mi Señor, ni yo somos autores ni
causa de la infraccion ni rompimiento
de la paz, ni de los males que pueden proceder de la guerra empezada por el Rey
de Francia, y valiéndonos del poder con-
cedido para esto de S. M., hemos, con el
parecer de sus Consejos y en nombre y de

parte suya, declarado y declaramos al dicho Rey de Francia y á sus Estados y
súbditos, vasallos y adherentes, por enemigos de S. M. y de su Corona; y, en consecuencia, guerra abierta contra ellos por
mar y tierra, contra ellos tambien, como
contra violadores del derecho de las gentes, amparadores de herejes y perturba-
dores de la religion católica apostólica
romana, y del bien y reposo destos Estados obedientes, ordenando á todos los súbditos y vasallos de S. M. que ejecuten contra el dicho Rey de Francia y sus Estados,
súbditos, vasallos y adherentes toda la hostilidad que el rigor de la guerra puede en
cualquier modo permitir, con expresísima
prohibicion de no tener comunicacion,
comercio ni inteligencia, ni tratar en ninguna manera con ellos, ni pagarles contribucion alguna, ni disimular que les sea
pagada directa ni indirectamente, pena
de la vida. Revocando por esta desde ahora todas las permisiones, pasaportes y salvaguardias concedidas á los Franceses y
dichos sus adherentes, de cualquier estado,
calidad ó condicion que sean, los cuales
queremos que sean apresados luégo al
punto con sus bienes, derechos, muebles,
créditos y acciones, sin excepcion alguna,
ni ménos aquellos que pertenecian en este

país al dicho Rey de Francia. Declarando todos los dichos bienes muebles, raíces, acciones y créditos por confiscados, y que con los que los escondieren ó pusieren en cabeza de otros se hará ejemplar castigo, segun lo pide la calidad del caso; advirtiendo que no serán comprendidos en dichos embargos de Franceses los que fueren especificados en una lista que está hecha, ni otros que han tenido de algunos años á esta parte domicilio permanente en estos Países, si no es que haya sospecha de ellos. Bruselas 24 de Junio de 1635.—Pro.vid. El Cardenal Infante.—Por mandado de S. A, Verreyken.»

Atendian en este tiempo las villas vecinas, y en particular Bruselas, á fortificarse, y los tercios de españoles á las guardas de sus puertas que metian en el campo, cuando á los 2 de Julio llegó el Conde de Fuenclara con aviso de que el Conde Picolomini, General del Emperador y el segundo en sus ejércitos, iba pasando la Mussa á Namur con su vanguardia, á donde traia 2.000 dragones ó mosqueteros á caballo y 4.000 crovatos con el General el Conde Isolano, que era de todos los de aquella nacion que servian al Emperador, y que les seguian á dos jornadas 4.000 corazas y 6.000 mosqueteros escogidos en la infantería del ejército de Ungría.

Atemorizó al enemigo esta nueva tanto, que levantó luégo su campo de junto á Lovayna, y vuelto á repasar la ribera, se enderezó á Diste y á Aríscot, donde tenia pasos en la del Demer; y mudado el orgullo en que hasta allí estaban, dieron todo el pensamiento á la fuga y retirada, dándose tanta priesa, que con dilacion de un dia que hubo de nuestra parte en seguirle, no se le pudo coger la vanguardia.

Comenzaron á mejorar con esto nuestras cosas y á empeorarse las del enemigo, porque en su campo se comenzó á padecer falta de pan, y á deshacerse huyéndosele y viniéndose á rendir muchos franceses, y nuestra caballería que corria la campaña hacia gran daño á los que salian á pecorea; y los villanos del país mataban gran número sin quererlos tomar en prision, aunque se rendian, en venganza de las crueldades que con ellos habian usado; en tanto grado, que hubo villano que llenó un saco de orejas de ellos y le trajo á mostrar á Bruselas á S. A. (que habia estado estos dias indispuesto, y no obstante que estaba dos veces sangrado, se levantó á ver el socorro de Alemania y á recibir á Picolomini). Viéndose con 22.000 infantes y 14.000 caballos,

aunque el enemigo tenia mucho mayor
número de gente, y la infantería alemana
no habia llegado, determinó ir á buscarle
y socorrer á Lovayna. Salió el Marqués
de Aytona á los 4 de Julio la vuelta de
Malinas con el ejército, y se acuarteló
junto á aquella villa, y llegaron 1.500 españoles que pocos dias ántes habian desembarcado en Dunquerque, á cargo del
capitan D. Alonso de Losgaya, y se inclu-
yeron en los tercios viejos con los de
Alonso Ladron y Marqués Sfrondato, y
las compañías de su guardia, de que era
capitan el Marqués de Orani.

S. A., sin esperar las corazas ni la infantería que venia de Alemania, se enderezó á buscar al enemigo, con gran deseo
todo el ejército de venir á las manos en venganza de Terlimont y la rota del Príncipe
Tomás. Marchando de noche y de dia salieron de los pasos estrechos, pusiéronse
en los páramos de la campiña de Brabante,
dejando atras á los enfermos y heridos, y
todos los que en fuga no podian seguir:
S. A., seguro de que el enemigo se alarga-
ba y que habia dejado guarnicion en Diste,
viendo que no podia darle alcance con
todo el ejército, envió toda la caballería,
que, ya junta la de Alemania, serian 16.000
caballos á cargo de los Condes Picolomini

y Juan de Nasao, General de la de aquellos Estados, y 6.000 mosqueteros de todas
naciones á cargo de D. Andrea Cantelmo.
Marchóse todo aquel dia y noche, y al
siguiente se descubrió al enemigo con su
caballería de retaguardia, y el Príncipe de
Orange en ella, que no quiso esperar el
choque de la nuestra; y así, manteniendo
algunas escaramuzas con los crovatos por
recoger lo posible su gente, se fué acercando á Ramunda, plaza suya, de las que
por la traicion del Conde Enrique, el año
de 32, ganó sobre la Mussa, con pérdida
de 500 ó 600 hombres, y algunos 200
carros de bagaje de los cansados y rendidos de su ejército.

Llegó Picolomini á Diste á 10 de Julio y
luégo comenzó á batirla, y aquella noche se
le abrió trinchera por cuatro partes. Los españoles se arrimaron al foso. Murieron algunos de ellos y fue herido el capitan Don
José de Vergara, de un mosquetazo por
los pechos. El Maesse de campo Cárlos
Guasco, con gente de su tercio, ganó una
media luna que habia á la puerta de Si-
quem, con que al dia siguiente se rindió
la villa, saliendo la guarnicion, que eran
2.000 hombres, toda gente escogida, con
banderas, armas y bagaje, y se le dió
convoy para Bolduque.

La caballería y bocas de fuego que fueron en seguimiento del enemigo, volvieron habiéndole hecho poco daño, y partió el Duque de Lerma con un trozo á Estavanverti. Detúvose S. A. en Diste quince dias, alojando el ejército en los contornos, esperando la infantería de Alemania, y envió al Baron de Va   zon, General de la artillería, con 8.000   ntes y 2.000 caballos á la frontera de Artoes, por haber avisado el de Fresi que cargaban más franceses por aquella parte; y se supo que una partida de Breda, de 150 hombres, rompió una tropa de caballeros franceses, que, á la nueva que tuvieron de la rota del Príncipe Tomás, y que su ejército estaba ya en Bruselas (como en toda Francia se publicaba), vinieron por mar á Bergas, é iban á juntarse con él. Nuestra gente los esperó en un paso estrecho, y prendió 200, toda gente particular, cuyo despojo y rescates importó gran suma.

Vuelto Picolomini al ejército (que en el ínterin habia ganado á Diste) y hecho segura relacion á S. A. del miedo que llevaba el enemigo, y lo destrozado de su ejército, de que le faltaban más de 15.000 hombres; S. A., por dar gracias á nuestro Señor, como se debia de una victoria tan grande sin sangre, y alegrarse

con el país de haber sacado las provincias
obedientes de una tan grande afliccion,
partió de allí á Bruselas, dando órden al
Duque de Lerma que con el tercio de infantería española del Marqués de Celada,
y el de italianos de Cárlos Guasco, y hasta
4.000 alemanes de la guarnicion de Güeldres, y otros regimientos, y 2.000 caballos crovatos á cargo de su general Isolano, fuese á meterse en Estephansbert,
isla que hace la Mussa, dividiéndose más
abajo de Mastriq; y puesto que el año siguiente, despues de la pérdida de aquella
plaza, habia hecho fortificar el Marqués
de Aytona, así por tener paso á la ribera
como para cortársele al enemigo á que
por agua pudiese abastecer á Mastrique, y
que nuestras armas se diesen la mano con
las guarniciones de entre Mussa y Rin, que
al presente eran la villa de Juliers, cabeza
de aquella provincia, y Güeldres, que es
tambien la capital de aquel Ducado, cuya
conservacion era tan importante como se
experimentó.

El fin de enviar al Duque con este
trozo de ejército á Estephansbert, fué por
dar calor con él á las plazas dichas; y
por ser aquel puesto tres leguas distante
de Ramunda, donde he dicho se habia
retirado el enemigo, y con aquella gente,

aunque poca, se le podia impedir con correrías el forrajear y refrescar su caballería. Hízolo el Duque con grande cuidado,
rompiendo cada dia los forrajeadores, y
trayéndose los que se alargaban ó estaban
con poco cuidado en sus cuarteles, siendo
muy á propósito para esto la caballería
crovata, suelta al acometer; y porque nunca se retiran en órden, raras veces son
ofendidos en grueso, salvo si dan en emboscada.

Al mismo tiempo que esto se hacia,
fué el Duque enviando á la villa de Güeldres infantería alemana en pequeñas partidas, porque fuesen ménos sentidos del
enemigo, que estaba con su campo entre
nosotros y aquella plaza, que al presente
se hallaba con poca guarnicion por haberse
sacado ántes para engrosar el ejército.
Años ántes se habia tocado en una interpresa considerable que se podria hacer
sobre el fuerte del Esquenque, y por traicion del Conde Enrique, estando áun sin
declararse, fueron castigados en Holanda
por aviso suyo los que de aquellas provincias se atrevieron á fomentarlo con los
ministros de S. M.

El fuerte del Esquenque tomó el nombre de su fundador Martin Esquenque, de
Neydaken, caballero de Wesfalia, que el

año de 1586, á 3 de Diciembre, le fundó en una isleta que hace el Rin, no léjos de Levite, en el Ducado de Cleves, para estorbar la entrada de los españoles en la Betua (isla á quien Tácito llamó de los Batavos) por órden de Roberto Dudley, Conde de Levestria, inglés, á quien la reina Isabela habia enviado con los socorros á los rebeldes de Holanda. Era Martin Schenck confidente ántes de España, en cuyo servicio habia militado muchos años con loa y opinion hasta el de 1585 que dejó sus banderas, y desatado el cíngulo militar, se pasó á las de los rebeldes y al falso elector de Colonia, Gebhardo Tavesessio, entregando á Bliembeck.

Está situado el fuerte del Schenck en la punta superior de la dicha isla de Betua, y donde dividiéndose el Rin en dos brazos la comienza á formar, y tomando el siniestro, que corre sobre el Ducado de Cleves, el nombre de Val, continúa el curso á la diestra, sobre el Condado de Zutfent. El terrero, continuando desde el fuerte á la Isla por mil y quinientos pasos, es sólo un dique de diez en ancho con otro tanto de arenal, más ó ménos segun la inundacion. Despues comienza á ensanchar la Isla, que corre hácia la mar hasta emparejar con el Condado de Holanda.

Es el fuerte inexpugnable, por ser todo rodeado de agua, hecho en forma cuadrangular; por una parte, de un ángulo á otro, le ciñe una punta de diamante, y á esta otra punta ciñe, las cuales, rodeadas de artillería, las hacen espantosas y formidables, y á esta parte cae Emerich. Sin esto, á los cuatro ángulos saca otras cuatro puntas, que estrechándose cada una saca otra más pequeña con proporcion.

Monsieur de Nolste, Gentil-hombre del país de Brabante, y Teniente coronel del regimiento de alemanes del Conde Denden, cuyo padre habia sido degollado en Holanda, por éste y otros tratados, traia aún viva la plática de interprender este fuerte; y comunicando con el Duque, con quien á la sazon se hallaba en Estephansbert, y visto el Duque que era cosa que se podia efectuar, determinó se intentase. Para este efecto se escogieron los mejores soldados, y se hicieron tres cuerpos de 500 cada uno, dando al Lugarteniente, coronel Anholt, que lo era del Conde Embden, cargo desta empresa con todas las provisiones y municiones necesarias para ella. Partió el dicho Lugarteniente de Gheler, viérnes á la noche, que fué á 27 de Julio, señalando para hallarse juntos todos el bosque de Cleves; y una

hora despues de media noche se fueron
al Rin para echar las barcas al agua,
que llevaban sobre carros y estaban para
esto prevenidas, con las cuales juntaron
otras que tomaron en Grithuesen de algunos pescadores y llegaron al fuerte del
Schenck, y acercándose alguna parte de
la gente á la puente, tocaron una arma
falsa. Los de dentro, que para su defensa
eran solos 200, acudieron luégo para defenderla, y al punto lo restante de la
gente, repartida en tres partes, dió en un
mismo tiempo con grande ánimo y valor
el asalto á la fortaleza, subiendo los primeros la muralla el lugarteniente Lan-
ghortst; el Capitan de los soldados marítimos, German Moularet; Juan Decheus,
por sobre nombre el Duque de Alba, y
otros; pero el llamado Duque de Alba fué
rebatido dos veces de los defensores, el
cual ni por eso dejó de acometer otra vez,
y tomando posesion de la muralla, subiendo encima de ella, de la cual, con
otros, embistiendo la fortaleza desbarata-
ron y destruyeron todo aquel presidio,
dejando sólo á vida las mujeres, muchachos, panaderos y los que hacian la birra,
quedando áun el Gobernador con 13 heridos, el cual, aunque en camisa, escaramu-
zó un buen rato. En la escaramuza, que

duró una hora poco más ó ménos, quedaron muertos 20 españoles, y entre estos dos Lugartenientes y un Alférez, con muchos heridos. Ganáronse 40 piezas de artillería, 12.000 sacos de trigo, 4.000 barriles de pólvora, 4.000 granadas y buena cantidad de dinero. Fué esta empresa de grande consideracion por ser el Schenck la llave de Holanda y estar situado sobre la punta de la dicha isla Batavia, la cual tiene cerca de veintidos leguas de largo y cinco de ancho, rica, fértil y abundantísima de todo lo necesario. Por todas partes la riega el Rin, si bien la parte derecha que tira al mar tiene este nombre, y la siniestra de Waal, y está vecina de Cleves, mediante el rio Waal, y la otra mediante el Reno. Así supiéramos disponerle y aprovecharnos de una ocasion que jamás pudieran alcanzar nuestras armas sino por un tal accidente.

Llegó el aviso al Duque en Estephansbert, y fué tanta la alegría de aquel trozo de ejército, que no se puede encarecer. No acababan de dar crédito á esta nueva los que tenian conocimiento de aquel puesto, y sabian que con usar bien de él teníamos el paso de Waal y el Rin, y vecinos por tres leguas á las plazas que el enemigo tenia sobre el Ysel, y por diez á la Frisa, y cortadas las del Rin y la Mussa, facilitando en cinco dias lo que en tiempo del Príncipe de Parma y los demas que intentaron buscar al enemigo del otro cabo del Rin, era para el ejército jornada de un mes, lo que más es, metidas nuestras armas en el corazon de Holanda, cogidas por las espaldas las fortificaciones de sus riberas, vecinos á villas opulentísimas no fortificadas; y, en suma, sacado el peso del ejército de encima de las provincias obedientes y puesto por yugo á las rebeldes.

En la mesma desconfianza del suceso estaba el Marqués de Aytona, que entonces se hallaba aún junto á Diste con lo restante del ejército, y S. A. vuelto á él sin moverse, porque habia sido justo no desviarse de la atencion que se debia á una guerra declarada en Francia, y más cuando algunas de sus tropas se acercaban al país de Artoes y Henao, y que no se podia alargar el grueso del ejército diez leguas de aquella plaza. De Holanda nos habíamos de proveer de víveres, y estando ella tan falta de ellos como se considera la habria dejado la hambre del enemigo. Aunque el Duque de Lerma desde la primera deliberacion á la ejecucion de la interpresa habia pedido al Marqués que se le acercase gente con que darla calor si

efectuase, ó á lo ménos el conde Juan con
la caballería, no lo consiguió; no quiero
que sea por celos de cuál llevaba la gloria
como á mucho ántes seria en el Marqués,
por la duda que ofrecen las cosas que se
desean mucho: con el aviso cierto del
Duque, mandó el Marqués que la caballería que áun estaba dividida en sus cuarteles marchase á incorporarse con el
Duque, el cual á toda diligencia, atrope-
llando la dificultad que ofrecia de hallarse
el enemigo entre nosotros y el fuerte con
ménos de 3.000 infantes y los crovatos que
he dicho, se arrimó á Güeldres.

Marchóse apriesa, y al dia siguiente se
pasó la Mussa por Estebensbert, de donde
habia partido ya el Duque de Lerma con
su trozo á meter gente y municiones en el
Schenck, y metió en él doce compañías
del tercio del Marqués de Celada, y tres
en Goch, villa neutral del Ducado de Cleves, que está dos leguas de la capital y
tres del fuerte, habiendo enviado primero
al Baron de Vesmal con 3.000 infantes
sobre Arquelens, que la ganó con facilidad. A los 3 de Agosto envió S. A. al
Marqués de Leyden con otros 3.000 infantes entre españoles, italianos y naciones á ganar á Estralem, villa pequeña del
Ducado de Güeldres. Plantóle batería, y

fuése arrimando la gente al foso, y aunque se comenzó á defender disparando á menudo su artillería, se rindió el mismo dia, y el siguiente salió la guarnicion, que era de 300 hombres. Quedó por Gobernador el capitan Mallea con su compañía de caballos y 300 infantes de naciones. Volvió el de Leyden al campo donde estaba ya con su trozo el de Lerma, y todo junto fué la vuelta de Güeldres, donde estuvo dos dias, y fué el Maesse de campo Cárlos Guasco con alguna gente á ocupar á Arsen, castillo puesto sobre la Mussa.

S. A., habiendo determinado enviar el Baron de Valanzon, General de la artillería de aquellos Estados, con hasta 6.000 infantes y 3.000 caballos al opósito del Francés, con lo demas de su ejército salió con brevedad increible al mismo paraje que el Duque, habiendo movido en cinco dias el peso de un ejército tan grande veintidos leguas. Llegó S. A. á Góch y se acuarteló junto á la villa. Estuvo aquí diez y siete dias enviando convoyes con lo que era menester al Schenck. Así como el de Orange tuvo nuevas de la pérdida (que le alteró notablemente y en toda Holanda causó tan grande miedo, que hasta de cerca de la Haya enviaron á pedir salvaguardia); partió con gran priesa de cerca de Ramunda á Nimega. De allí pasó el Waal, y se metió en la Betua con su ejército y el del Rey de Francia y se fué acercando al fuerte.

Los que juzgamos de afuera, no sabemos hallar la razon por qué convino más ganar las villas de Arquelens y Obstrac (deteniéndonos tres dias en 'este puesto), que enviar la gente necesaria al que se habia tomado para impedir que el enemigo ocupara los que eran de consideracion, para que aquel fuerte tuviera las utilidades que arriba he apuntado, lo que se pudiera haber hecho con 2 ó 3.000 hombres enviados á tiempo.

El enemigo, medroso por el suceso de ántes y atónito por el presente, no se atreviendo á hacer cara ni al Duque ni á los crovatos, ni á tropa alguna nuestra por pequeña que fuese (como era razon creer); y así, puesto todo el ánimo en atajar un mal tan sensible, y el peligro evidente en que estaba toda Holanda, se determinó á pasar el Waal, dejando la poca y destrozada infantería francesa que de un tan poderoso ejército le habia quedado entre Nimega y Grave, plazas suyas; y pasando la caballería desta nacion por la isla de la Betua al costado de las plazas que tiene sobre el Rin, y quedándose con su ejército dentro de la Isla, determinó el modo y la defensa de su país; y viendo la flojedad con que se asistia al puesto, donde él imaginaba todo el ejército, y que se tomaba con diferentes veras de las que él pensó el ofenderle con aquella parte.

A los 4 de Agosto hizo el enemigo embestir con un puesto que nuestra gente habia tomado, seiscientos pasos del fuerte, el dique adentro, donde por falta de gente estaban solos 200 alemanes con un Capitan, ménos fortificados de lo que convenia, y así cargados por 1.500 del enemigo, y con ellos el Conde Guillermo de Nasao, primo del de Orange, y segunda persona en el manejo de las armas de los rebeldes, y descubiertos á la mosquetería enemiga que se habia alojado del otro cabo del Rin y los cogia de costado, les fué fuerza desamparar el puesto, el cual cobró el enemigo, cobrando aliento y recuperándose del temor que tenia de nuestra entrada en la Isla.

Fué menester llegar al ejército el aviso de que el enemigo se acercaba para que se determinase en enviar más gente, y así tuvieron órden doce compañías del tercio del Marqués de Celada para ir allá en socorro, donde llegaron en una noche, y al otro dia el Duque de Lerma, que

8

considerando el designio del enemigo
que á este mismo tiempo que se fortificaba en la anchura del dique habia arrojado gente de la otra parte del Rin y se
comenzaba tambien á cubrir, por lo que
fué fácil de conocer que se oponia á im-
pedirnos el paso del Rin y la entrada de
la Isla dicha. Debió de convenir que el
Duque volviese á comunicar á S. A. y al
Marqués de Aytona la forma en que hallaba aquello, y en resoluciones de lo que
convenia se pasaron cinco ó seis dias.
Ultimamente, se juzgó por la ejecucion
que se contentaron con defender el fuerte
de la fuerza que el enemigo podia hacerles
por trincheras por aquel poco terreno que
habia. No sé si consideró que no siendo
aquel puesto puerta para las Islas y paso
para el Rin habia de ser la calentura lenta
para consumir muchos millones y un
ejército todos los años.

A los 8 de Agosto vino D. Andrea Cantelmo, Maestre de campo de italianos, con
su tercio, y hasta 4.000 hombres de todas
naciones para encargarse de lo que se habia
de hacer en aquel puesto, y con órden de
que se tomase unos seiscientos pasos el
dique adentro y debajo de las fortificaciones del enemigo, que ya á este tiempo
andaban muy altas y jugaba artillería de

ellas, para que allí se hiciese una cortadura, por donde dándose la mano el Rin
y el Waal, aislase el fuerte é impidiese al
enemigo el podérsele acercar cubierto.

Ejecutóse esto á los 9 de Agosto, tocando á dos compañías el avanzar á este
puesto que ofreció tanta dificultad de to-
marse, y en las horas de una noche de
aquel tiempo lo cubrieron y pusieron en
defensa, sin otro reparo que la zapa y pala
y sin que en las veinticuatro horas mata-
sen un hombre, con ser á ménos de tiro de
pistola del enemigo y haber costado despues más de quinientos hombres el sus-
tentarlo, quizá más por capricho del que
lo disponia que porque fuera necesario,
si se atendiera al principal punto que
debe un Cabo, que es hacer el servicio
conservando la gente que se le entrega.
Este dia vino el Príncipe Thomás y el
Marqués de Aytona desde el cuartel de
S. A., que ya se habia acercado á Goch,
cuatro leguas del fuerte, á ver lo que en
aquel puesto se hacia, y dicen que fué tal
el pesar que recibió el Marqués de ver
perdida la ocasion que tuvo entre manos,
y que el enemigo se fuese cerrando en los
dos puestos que he dicho, que volvió
al campo con calentura, y á los 17 murió
con gran sentimiento de S. A y de todo

el ejército y países, así por sus grandes partes como por la falta que hacia en semejante ocasion. Llevaron su cuerpo á Bruselas con pasaporte del Príncipe de Orange, con sola la compañía de su guardia y los criados de su casa.

De Goch envió S. A. al país de Artoes 2.000 crovatos, gente á propósito para correrías, que con la gente que tenia allá Balanzon hicieron grandes entradas en Francia, quemaron los burgos de la Capela y muchos casares, corriendo hasta Bolonia y cerca de Amiens, robando innumerable ganado mayor y menor, haciendo muchos prisioneros, y trayéndolo todo á nuestras fronteras, con que se satisficieron bastantemente del daño que habian recibido de los franceses. A los 23 salió S. A. de Goch, y fué media legua de allí á Udem; hizo la infantería frente de banderas junto á la villa, y la caballería se alojó en Calcar y en sus contornos, donde estuvo el ejército treinta y tres dias.

Tres meses consumió D. Andrea Cantelmo en hacer esta cortadura y otras pequeñas fortificaciones que, á discurso de soldados pláticos é ingenieros, era faccion de quince dias, y al cabo de noventa áun no quedaron en mediana defensa, y en particular quedaron con poca ó ninguna dos puestos á la parte del Waal de los que más se podia temer, que era una casa fuerte y una inclusa, que eran los principales (si quedaran de forma que obligaran al enemigo á ocho dias de trinchera) para imposibilitarle el sitiar el fuerte por esta parte hasta muy en el verano.

Los Estados rebeldes sentian ágriamente que hubiese tomado S. A. puesto tan importante en Holanda, y más en tiempo en que se vieron tan poderosos en nuestros países, que pensaron ser señores de ellos, y se veian ahora de suerte que tenian harto que hacer en conservar los suyos. Apretaban al príncipe de Orange le tomase sin reparar en costa ni riesgo de su ejército, y las ciudades del Rin sentian tambien mucho se les hubiese cerrado el paso á Holanda. El de Orange daba á todos muy buenas esperanzas que saldria con la empresa, asegurándole que para principio de Octubre ganaria el fuerte, sobre que habia grandísimas apuestas en Alemania y en Holanda.

El enemigo aseguró su designio con dos fuertes reales que fabricó, uno en la punta donde acaba lo angosto del dique y comienza á ensanchar la Isla, y otro al opósito del otro cabo del Rin debajo de la mosquetería del nuestro, y otras muchas fortificaciones de reductos y baterías, de donde á cañonazos y con bombas y artificios de fuego rompió todas las casas del fuerte, que eran muchas y buenas, batiendo los parapetos y estacadas y barcas que pasaban con una contínua lluvia de cañonazos y mosquetazos, obligándonos muchas veces á meter las guardias de noche.

En las trincheras se trabajaba de ambas partes, ellos en acabar sus fuertes y los nuestros la cortadura. Hicieron algunas salidas y fueron rechazados. En una mataron á D. Antonio Trexo, caballero del hábito de Santiago, hijo mayor del Marqués de la Rosa, y al Capitan Truillos, cuya compañía dió S. A. á D. Juan de Samoya, caballero del mismo hábito. Hirieron de un mosquetazo al caballero Melei, Sargento mayor de Esfrondato, que aquel dia gobernaba las trincheras. Embióse para que asistiese á ellas á Damian de Lara, Sargento mayor de Don Francisco Zapata, con dos compañías de su tercio y otras dos del de Celada, cuyo Sargento mayor, Pedro de la Cotera, fué á Goch con cinco que quedaban de su tercio y todas las banderas de él.

Aunque S. A. se vió con tantos cuidados en Brabante, no dejó de tener el que convenia de las cosas de Flandes y de ordenar se hiciese el daño posible á los de Holanda. Para esto mandó se apartase en Dunquerque con gran secreto una armada de 14 galeones y 6 fragatas, con que salió del puerto Mons. de Gavareli, Superintendente de la armada de Flandes, por ausencia del Marqués de Fuentes, General de ella: á los 15 de Agosto fué la vuelta del Norte en busca de las pesceras; á los 25 dió sobre ellos, echó á fondo peleando tres navíos armados y rindió otro que estaba en guardia de las barcas de la pesquería, que eran 400. Desbaratólas todas y las redes, tomando 160 con más de mil prisioneros: de estos se enviaron en un navío de Amburgo 300 viejos y muchachos, y con 721 volvieron victoriosos á Dunquerque. Llegó esta nueva á S. A. estando en Udem, que le causó tanto contento cuanto tristeza en las Islas, porque el trato más grueso y en el que más se interesa el comun de ellas es el comun de la pesquería.

En este ínterin, S. A., que con el ejército habia estado á cuatro leguas y á cinco de nuestra gente dando calor y víveres á la que estaba en esta faccion, determinó tomar el castillo de Xenape, pasar sobre la Mussa, y levantar la fortificacion que allí solia tener el enemigo pocos años ántes. Pasó á los 27 de Setiembre, lo que se hizo

en breve tiempo por la presencia de S. A.
que asistió en persona á ello. Tambien
mandó S. A. á D. Andrea Cantelmo fortificase la villa de Cleves para que pudiesen
quedar en ella á la mira de lo que el enemigo hacia sobre el fuerte, 3.000 hombres,
y habiendo enviado el Marqués de Lede
con hasta 4.000 hombres á ganar la villa
de Limburque por hallarse ya á los fines
de Octubre y entrar el invierno á toda prisa, determinó su retirada, dejando entre
Mussa y Rin al General de la artillería que
para este efecto habia mandado volver de
la frontera de Francia, para que en todo
acontecimiento ó movimiento del enemigo se le pudiese oponer juntando la
gente que quedaba en aquellos presidios;
y así, á los 27 de Octubre partió de Xenape la vuelta de Diste trayendo la gente
del Imperio, que volvió á pasar la Mussa
á Estefansbert, y se enderezó á los cuarteles que tenia señalados sobre el país de
Juliers y Lieja á invernar.

Viendo S. A. de cuánta importancia
era conservar el castillo de Xenape, así
para cortar el paso de Holanda á Ramunda y Venló como para abreviar el de
nuestros países al Esquenque sin rodear
por Estefansbert, determinó fortificarle,
y se comenzó á trabajar con mucha priesa,

haciendo una fortificacion real capaz de más de 2.000 hombres y una inclusa en el rio Niers, que por allí desagua en la Mussa, para llenar los fosos de agua.

A los 29 de Setiembre llegó D. José de Saavedra de Mastrique, que se habia puesto en ejecucion un canje que habia ajustado el Duque de Lerma por órden de S. A. con el Mariscal de Bresse, por un sobrino suyo que estaba preso del Conde de la Monteria en Anamur. Vino tambien con D. José el capitan Fernando Arias de Saavedra que habia sido canjeado con un corneta. D. José besó la mano á S. A., que se dolió mucho de ver lo maltratados que venian, pues el vestido que traia D. José se le habia dado un burgués de Mastrique por amor de Dios, apiadándose de verle entrar desnudo y descalzo, y en brazos de dos Alféreces, camaradas suyos, que por ser muchas y peligrosas las heridas no podia ir de otro modo; y estando en este tiempo vaca la compañía de corazas de D. Alberto le hizo merced S. A. de ella, enviándole á decir con el Príncipe Tomás que esta compañía se la daba por sus méritos, sin tener atencion con su sangre ni con la hacienda que gastaba en su lucimiento, que para eso seria necesario darle mejor cosa, y que entónces

no la habia vaca, y que le daba palabra
de suplicar á S. M. le hiciese merced.

A los 5 de Octubre partió el Marqués
de Lede, de Xenape, con 1.000 infantes
y 400 caballos y dos piezas de artillería, y
habiendo llegado á Juliers dió la vuelta
sobre Limburque, donde llegó á los 16. El
dia siguiente tomó los puestos y llegaron
1.000 hombres de Tréveris con D. Márcos
de San Martin, Teniente coronel, y 1.000
de Lucemburg y otros 1.000 que le envió
el Baron de Balanzon (que volvia de Artoes á juntarse con el campo y artillería
de la Baña y Anamur) que con tanta
órden guió S. A. esta empresa. Comen-
zóse á cercar la villa y el enemigo hizo
salida, en que perdió alguna gente y mataron á algunos de los nuestros. A 21 se
ganaron las fortificaciones de afuera y se
fué apretando la villa con baterías y bombas, hasta el 31, que de noche se ganó por
asalto, degollando hasta 30, que los demas
se retiraron al castillo. Arrimóse á él
nuestra gente, y otro dia se le plantó
batería, con que á los 2 de Noviembre, á
las diez de la noche, se rindió, y á la mañana salió la guarnicion, que eran 30
hombres, con las mismas condiciones que
los de Diste y Estralem. Hallóse en el castillo gran cantidad de pólvora y cuerda

y otros pertrechos de guerra, y abundancia de víveres. Fué luego el Marqués sobre
Falcamon, que se rindió plantándole batería, y las demas villetas de aquel Ducado, con que todo él quedó por S. M., y
Mastrique cortado por todas partes.

El tiempo que S. A. estuvo en Udem y
Xenape hubo algunos encuentros con el
enemigo y en ellos varios sucesos. El capitan D. Francisco Pardo rompió con 40
caballos de su compañía 50 del enemigo,
que no esperaron sino 10: yendo el Teniendo coronel del Baron de Sabac á correr la campiña con 200 caballos de su
regimiento, los cogió el enemigo descuidados en un casar y degolló la mayor
parte, con dos Capitanes y el Teniente
coronel. Estaba Isolani, General de los
crovatos, acuartelado con su gente hácia
Grave; el enemigo, con intento de romperle, salió de aquella villa con 700 caballos y golpe de infantería: aquella noche
acaso se pegó fuego en una casa del cuartel de Isolani, con que mandó montar
toda su gente y envió 200 caballos á correr la campaña, que toparon con el enemigo; el cual, pareciéndole que le habian
sentido, pues los nuestros estaban en
arma, se comenzó á retirar y los crovatos
á cargarle. Quedaron algunos muertos

del enemigo y otros prisioneros, y de los nuestros tambien murieron algunos. El capitan D. Alonso Verdugo iba de Xenape á Cleves con 140, comboyando á dos Comisarios que iban á pasar muestra y algunos carros; una tropa de caballos del enemigo, no muy grande, los rompió en el bosque de Cleves por ir con poca órden: llevaron preso al Capitan muy mal herido, y á un Comisario y todos los caballos de los carros. Embióse allá al capitan D. Matías de Lizarazu con su compañía á recoger las listas del Rey, y las trajo al otro dia todas al campo. Asistió S. A. con tanto cuidado á la fortificacion de Xenape, yendo cada dia dos veces á verla y animar á los que trabajaban, que aunque era tan grande, por fines de Octubre estaba ya en defensa con sus parapetos levantados y puestas las estacadas alta y baja; y así, viendo que el enemigo habia retirado la mayor parte de su gente, dejando en las fortificaciones de junto al Esquenque 4 ó 5.000 hombres, y que el invierno iba entrando, determinó retirar su ejército. Dejó en el Esquenque 2.500 hombres, y por Gobernador á Hesnolst, y en Cleves 1.000 con D. Francisco Toralto, Sargento mayor de D. Andrea Cantelmo, á quien se dió patente

de Maesse de campo. En Xenape quedó
el Maesse de campo Freton con 1.500
hombres. A Güeldres se enviaron seis
compañías de españoles de los tres tercios,
y quedó allí por General de la Ultra-
Mussa el Baron de Balanzon, con que
S. A. salió de Xenape y pasó la Mussa á
los 30 de Octubre y fué la vuelta de Vuerta.

El Duque de Lerma vivia enfermo, y
con el trabajo del camino y rigor del
tiempo se le agravó el mal de suerte, que
no pudo atender á su cargo de Maesse de
campo general, y por eso se despachó órden obedeciesen todos al Príncipe Tomás.
De Vuerta se tomó la vuelta de Diste y se
reformó la caballería que S. A. llevó de
Italia. Reformándose tambien algunos regimientos de alemanes. A los 10 de Noviembre partió S. A. con el Príncipe
Tomás y toda su corte á Nuestra Señora
de Monteagudo. De allí, por Malinas, fué á
Amberes, donde entró á los 11. El ejército quedó alojado en los contornos de
Diste á cargo del Conde Juan de Nasao,
donde estuvo dias aguardando órdenes
para partir á los alojamientos. La enfermedad del Duque de Lerma fué siempre
en aumento. Obligóle á quedar en Nansu,
villeta neutral del país de Lieja, donde
murió á los 12. Causó grande lástima ver

morir un tan gran señor en lo mejor de
su edad, en un pobre villaje, ausente de
su mujer é hijos. Llevaron su cuerpo á
Bruselas acompañándole el Conde de San-
tamur, Capitan de su guardia, y sus camaradas y criados. Depositáronle en la
Compañía de Jesús, dónde estaba tambien
el cuerpo del Marqués de Aytona.

Envióse la órden del ejército para que
se retirase al tercio de Alonso Ladron y
otro de naciones, y 500 caballos habian
ido ya al país de Limburg, y se alojaron
en las villetas y casares de aquel Ducado
los demas, y la caballería en sus guarniciones antiguas. La infantería y caballería
de Alemania en el Ducado de Juliers y
país de Lieja, contribuyendo todo el de
Lieja para su sustento, y el Conde Picolomini, con su corte, en Tisgrana, con
que S. A. Real, victorioso y triunfante,
entró en Bruselas á los 13 de Noviembre,
donde fué recibido con gran aplauso y
regocijo de los países obedientes, habiendo
echado de ellos dos tan pujantes ejércitos
de enemigos y ganándoles tantas plazas
importantes. Y por remate y fin de tan
feliz campaña, á los 14 se libró el Conde
de la Feira milagrosamente de la prision
en que estaba en Mastriq desde la rota del
Príncipe Tomás, rompiendo una pared

que salia á un convento de frailes, por donde salieron á la iglesia, y de allí atravesando toda la villa y esguazando la ribera, llegaron á nuestro fuerte de Lavaña 14 personas, que fueron el Conde y los tres Maesses de campo Alonso Ladron, Marqués Sfrondato, y Brens, D. Cárlos de Austria, Lorenzo Perez de Tavora, Francisco de Tavora y D. Bernabé de Salazar, que fué el que más trabajó en esta faccion, y los demas criados. Alegró sumamente á S. A. este suceso por tener cerca de sí persona de tanta prudencia y valor como el Conde, y más en tiempo que le habian faltado el Marqués de Aytona y el Duque de Lerma, y que los franceses no le habian querido rescatar por ningun dinero aunque se les habia ofrecido una gran suma, y tenian ya en Mastrique siete compañías de caballos para llevarle á Holanda y de allí á Francia. Mandó S. A. fuese D. Juan de Vivero con 1.000 caballos á comboyarle hasta Bruselas; donde entró á los 24 con grande alegría de todo el ejército y país, así por la importancia de la persona del Conde como por lo bien que era visto y amado de todos.

SUCESOS DE FLANDES

EN 1637, 38 Y 39

POR

EL ALFÉREZ D. LORENZO DE CEVALLOS Y ARCE.

(Biblioteca Nacional, sala de *Ms.*—H. 6.)

RELACION

DEL SOCORRO QUE YNVIÓ S. M. DESDE EL PUERTO
DE LA CORUÑA Á LOS ESTADOS DE FLANDES,
AÑO DE 1637,

escripta por un Alférez reformado, llamado Don Lorenzo de Cevallos y Arce, del tercio del Vizconde D. José de Saavedra, Marqués de Rivas, en la cual van escritas las campañas de el año de 1638 y 39, poniendo los sucesos de la frontera de Francia en particular, como testigo de vista, y los demas por mayor, sabiéndolos de personas fidedignas; y la campaña de 1640 escribe con la misma calidad, con los sucesos de la frontera de Holanda, por haberse mudado al tercio viejo con su Maestro de campo; y pide al lector le perdone lo que faltare al lenguaje cortesano, por lo que tiene de verdadero.

EL motivo que he tenido para escribir esta relacion ha sido el haberme importunado un amigo de Madrid á que le diese cuenta de los sucesos de estos Estados; y para ponerlos con más fundamento, los pongo desde mi venida á ellos. Y tambien me ha movido á escribir esto

el ver la malicia del mundo en el estado
que está, pues hay muchas personas que
se fian más en lo que saben escribir que
en lo que saben hacer, y otras que fundan
su esperanza en el favor que han sabido
granjear con adulaciones, y no en el que
debieran adquirir con obras y servicios.

Es la ciudad de la Coruña la ordinaria
residencia de los Capitanes generales del
reino de Galicia, y lo era al presente
D. Pedro de Toledo y Leiva, Marqués de
Mancera, del Consejo Supremo de Guerra
de S. M., al cual le habia venido órden
para prevenir todas las municiones y bastimentos necesarios para el apresto y partida de la armada; y juntándose la leva de
la gente de diversas partes, como de Castilla, que eran 1.000 hombres que habia
inviado el Condestable, y 1.200 que habian
llegado de Cádiz, levantados por diferentes
señores de la Andalucía, y la resta levan-
tada en el reino de Galicia, así por el Gobernador y Capitan general dicho, como
por el Conde de Altamira y otros señores
y ciudadanos de aquel reino. Habia grandes dificultades en apresurar estas prevenciones por la tardanza que habia habido
en juntar la dicha gente, y por la dificultad
en traer los bastimentos de Neda, el Fer-

rol y Betánzos, y por sér siempre menestér viéntos del Norte, los cuales eran cóntrarios éntónces, y buenos para la partidá de la armada, con que fué causa de tardarsé mucho tiempo la ejecucion della.

Nombráronse para la partida las personas siguientes: D. Lope de Hoces y Córdoba; caballero de la órden de Santiago y señor de la villa de Ornachuelos, y de los Consejos de Guerra é Indias de S. M., por Capitan general; y D. Andrés de Castro, caballero de la órden de Alcántara, tio del Conde de Lemus, y General de la escuadra de Galicia, por su Almirante; y por Maestro de campo de toda la leva, D. José de Saavedra, caballero de la órden de Santiago; Vizconde de Rivas, hermaño del Conde de Castellar, que habia servido en los Estados de Flandes y sido soldado Cápitan de infantería y de caballos en ellos: Iban tambien D. Juan Pardo, Almirante de la escuadra de Galicia; y Don Juan de Hóyos, General de la escuadra de las montañas, con seis navíos della, ambos del hábito de Santiago; y el capitán Francisco de Frixo y Sotomayor, Gobernador de la infantería de la escuadra dé Galicia.

Estando todos estos señores juntos en la Coruña, vino órden de S. M. para que

hiciesen consejo entre ellos sobre la partida de la Armada, y todos inviaron sus
votos firmados, y la mayor parte eran en
que no se debia partir hasta la primavera
siguiente, por haber entrado ya el mes de
Noviembre y ser los vientos muy peligrosos
y recios para poder pasar el canal; sólo el
Marqués de Mancera y el Maestro de campo D. José de Saavedra fueron de opinion
que se debia aventurar la partida por la
mala comodidad que tenian los soldados
en la Coruña, pues no habia dia que no
se muriesen veinte ó treinta de enfermeda-
des, causadas de miseria y necesidad, y
tambien por lo preciso que era este socorro
en Flandes; y estando en esta controversia se resolvieron de despachar á S. M. un
correo suplicándole fuese servido de mirar
las opiniones de todos y resolver lo que
tuviese por mejor para su real servicio.

El correo se dió tan buena prisa, que
en pocos dias volvió con la respuesta, que
fué mandar que con el primer viento que
hubiese favorable se hiciese á la vela la
armada, porque S. A., el Sr. Infante, le
habia escrito el aprieto en que estaban,
por haber tomado los holandeses á Breda,
y los franceses á Landresi, y á Chasteau
de Cambresi y la Capela, con que se veia
en grande necesidad de ser socorrido:

con esta órden se embarcó toda la gente y bastimentos y municiones, víspera de Nuestra Señora de la Concepcion, y el mismo dia invió á llamar el General Don Lope de Hoces á todos los pilotos y cabos de la mar y de la infantería, para que dijesen su parecer, y todos fueron de acuerdo que inviase una fragata para ver si el mar estaba á propósito para partir, que en pareciéndoselo así al Capitan de dicha fragata disparase una pieza para señal de que la armada partiese, ó si no estaba á propósito, que se volviese; con que en oyendo Don Lope el ruido del cañonazo, mandó disparar dos piezas de leva, y al punto levantó el áncora y se hizo á la vela. En esta armada habia 38 navíos, y muy pocos de importancia para poder pelear ni hacer resistencia de consideracion; y pienso que solos 12 pudieran defenderse, que eran cinco de Dunquerque y siete de la escuadra de Galicia, porque todos los demas eran navíos embargados de mercaderes y fragatas pequeñas: mas, fiados en la Vírgen de la Concepcion, iban todos con muy buen ánimo, y á las diez del dia, llegando junto á la torre de Hércules, nos dió una calma que duró hasta el dia siguiente; mas la confianza que habian tenido en la Santísima Vírgen nos valió de modo que nos

vino un viento tan favorable que levanta-
mos el áncora y nos hicimos á la vela, y
en cinco días dimos fondo en el puerto de
Dunquerque, y sin tener tormenta en el
viaje ni visto enemigo, sino sólo una flota
holandesa que iba haciendo su viaje con
su mercancía, y al punto que nos vió se
sotaventó para escaparse de nosotros, con
que habiendo echado todos los navíos el
áncora, invió á llamar el Sr. D. Lope de
Hoces á D. Pedro Zapata, caballero de la
órden de Santiago, Gentil-hombre de la
boca de S. M., y Capitan del tercio de
D. José, é hijo del Conde de Barajas, y se
invió á S. A. con los despachos del Rey y
nuevas de su feliz llegada; el cual, habiendo hecho todas las diligencias que
pudo por darse prisa, volvió con cartas
de S. A. para todos, en que les hacia muchas honras, y en particular á D. José,
por la brevedad con que habia solicitado
la venida de este socorro. Digno es de
ponderar el lucimiento que llevaba el
Vizconde Don José de Saavedra en la Almiranta de Dunquerque, llamada *Santa María Stela Maris*, y al que la gobernaba,
que era el capitán Matías Ranblaut, á Don
Pedro Zapata; D. Pedro de Sotomayor,
dos frailes, uno Dominico y otro Carmelita descalzo, á D. Diego de Figueroa, so-

brino del Conde del Puertollano, Juan Báutista Panceri, el capitán D. Lope de Morales, y su capellan mayor Quiñones, á todos los llevaba por camaradas y les hacia el gasto y á sus criados, con que fué excesivo. Trajo tambien órden para que se desembarcasen las cajas de moneda que venian, y se entregasen al Pagador general D. Juan de Lira, y para que el tércio de D. José se desembarcase y alojase en las siete castelerías de Flandes, que son: Spre, Casel, Ballu, Guarneton, Bergas, Furnos y Borbourges. Eran las compañías del tercio 24; la del Maestro de campo, la de D. Pedro Zapata, la de Don Luis Caravajal, la de D. Juan Guerrero, la de D. Alvaro de Miranda, la de D. Gil Valentin de Sotomayor, la de D. Pedro de Sotomayor, la de D. Juan Freixo, la de Don Cristóbal Cónfusco, la de D. Sebastian de Osárta, la de D. Antonio Giron, la de Don Francisco Delgado, la de D. Antonio Gentil, la de D. Juan Perez de Leon, la de Cristóbal de Veimar, la de Gomez Juárez, la de D. Martin de Segasticabal, la de D. Juan Baço y Moreda, la de D. Diego de Abengoçar Coronada, la de Domingo de Gáribay; la de Pedro de Reyes, la de Francisco Perez, la de D. Juan Antonio de Benavides y la de D. Francisco Rome-

ro; estos dos últimos se quedaron en España presos por órden de S. M., por quejas
que habia habido de ellos en los tránsitos·
de su camino á la Coruña. Venia por Sar-

de Zúñiga, que habia sido Capitan en estos
Estados, y el Maestro de campo Prouez;
las ayudantías, y muchas banderas y gi-
netas, y otros oficios de la primera plana

viejos.

No sábré encarecer el gusto que todos recibieron en estos países con la venida de un tan gran socorro de navíos y
gente, por la mala fortuna de la campaña
antecedente, que les tenia á todos con gran

mejores sucesos por esta causa, como su-
cedieron adelante. S. A. invió á Diego de
Hernani, del Consejo de Guerra de S. M.
y su Contador, con carta para D. José de
Saavedra, para que tomase muestra á su
tercio, el cual se la dió con todo rigor y
puntualidad; y se hallaron en las 24 compañías 4.200 hombres, soldados efectivos
sin los Oficiales; y el dicho Contador les
dió algunos vestidos de municion y cose-
letes, que no los traian, y se reformaron
seis compañías en esta forma: la de Don
Antonio Giron, en el pié del castillo de

Gante; la de D. Francisco Delgado en el Saso; la de D. Juan Perez de Leon en Juliers; la de D. Francisco Romero en Liera; la de D. Antonio Gentil en el tercio del Conde de Fuensaldaña, y la de D. Diego de Abengoçar en el tercio del Marqués de Velada y Ramos; y las otras compañías se dieron para reforzar las de los Gobernadores de Ostende, Nioport y Gravelingas; la compañía de Pedro de Reyes quedó de guarnicion en el pié de la villa de Ostende, y la de D. Cristóual Contefieso en el fuerte de Philipi, que nuevamente se habia hecho junto á Gravelingas; y la de D. Juan Baço y Moreda se agregó al tercio del Conde de Fuenclara en lugar de la que se habia reformado del Gobernador Márcos de Lima, á quien poco habia que cortaron la cabeza por la pérdida de la Capela : quedaron en el tercio 15 compañías, en las cuales habia 2.100 hombres que se habian empezado á reparar del trabajo del camino y principio del invierno con los vestidos de municion, y más de un mes que habian estado alojados. Considerando esto el Maestro de campo, y que estando tan divididos no se podian ejercitar en saber disparar y entrar la guardia, hizo ínstancia á S. A. para que le metiese en guarniciones allí cercanas, para que pudiese sa-

car su tercio más disciplinado á campaña;
con dicha diligencia le llegó órden para
que pudiese sacar su tercio; digo para que
entrase con su tercio de guarnicion en las
villas en cuyas castelerías estaba alojado; y
estando ya para marchar, llegó la órden
para que hiciese alto, por cuanto aquellas guarniciones se habian dado á Cárlos
Guasco, Maestro de campo de italianos, el
cual las habia negociado con mucho favor
que tenía con el Señor Príncipe Tomás, y
con el Teniente de Maestro de campo general D. Estéban Gamarra, y no faltó quien
murmurase que era pasion que el Señor
Príncipe Tomás tenia favoreciendo á los
italianos; pero los más eran de opinion
que esto se habia hecho por un presente
que habia dado el Guasco á la mujer de
Gamarra; y el Maestro de campo D. José
de Saavedra sintió infinito el que se le
quitase la guarnicion por darla á otro, y
que se le hiciese tan mal hospedaje de
recien venidos sus soldados; disimuló su
sentimiento. Estando en esto, llegó órden
de S. A. para que inviase á su Sargento
mayor con dos compañías á la villa de Sant
Omer, y seis á la villa de Aire; y su compañía con su persona á la villa de Dolens.
Estas guarniciones son las peores del país;
por estar con el de Artois, que está el más

arruinado de estas provincias por las muchas entradas y corredurías que han hecho los franceses en él. Conocido por el Maestro de campo, que los burgueses de estas villas no podian asistir de ninguna manera á los soldados, y que no habia áun órden para darles pan de municion ni plazas, se resolvió de partirse á Bruselas á besar la mano á S. A. y representarle la necesidad en que estaba su tercio, y que se sirviese de hacerle merced de mandar se le ajustase como á los demas; y S. A., como tan gran Príncipe, considerando que el celo con que se le importunaba por esto era por la conservacion de esta gente que tanto trabajo y dinero habia costado á España, mandó luégo que se le diesen á D. José libranzas sobre el Pagador general para que de la caja Real le pagase tres medias pagas y cuatro meses de plazas, y al Aman de Hornes, Proveedor general de víyeres para que le hiciese bueno el pan de municion desde el dia que entró en dichas guarniciones; mas los pagamentos que vienen por la Pagaduría siempre llegan tarde, que si no fuera por los socorros que el Maestro de campo y sus Capitanes dieron á sus soldados, hubieran perecido, porque hasta la mitad de la campaña siguiente no recibieron ningun dinero del Pagador.

En este tiempo los Cabos de la Armada que había venido de España, despues de haber descansado con el buen hospedaje del Marqués de Fuentes, se fuéron con él á Bruselas á besar la mano de S. A., el cual los recibió con el agrado que acostumbraba y como un tan amable Príncipe; y á D. Lope de Hoces y á Don Andrés de Castro les dió á cada uno una tapicería muy rica, y á los demas les dió muy buenas joyas, con que despues de haber visto las mejores villas del país, se volviéron á Dunquerque á tratar de su vuelta á España; envióles una órden del Señor Infante para que entregasen, de la dotacion de los navíos, 600 hombres á Pedro de la Cotera, Teniente de Maestro de campo general, el cual, luégo que los hubieron entregado, los invió con sus ayudantes á los castillos de Amberes y Cambray, y él quedó en Dunquerque hasta la partida de la Armada, el cual llevó en lugar de la gente que se le habia quitado, dos tercios de irlandeses de los Condados de Tirol y Triconel, en que habia más de 2.000 hombres, y con el primer buen viento que hizo partió D. Lope, y con gran felicidad y breve tiempo llegó al puerto de la Coruña, cargado de navíos de presa de franceses y holandeses que en el camino habia tomado.

Despues de esto S. A. mandó reformar un regimiento de alemanes del Conde de Hochstrate, y otro de loreneses de Monsieur Bruns, y la gente se agregó á diferentes regimientos. Tambien se reformaron 20 compañías de caballos, 4 de españoles, 4 de italianos y 12 del país, y la gente se agregó á las demas compañías de caballos del ejército.

Este invierno se fueron á España muchas personas particulares, y entre ellos tres Capitanes de caballos reformados, que son: D. Jerónimo de Aragon, hermano del Duque de Terranova, D. Pedro Giron, hermano del Duque de Osuna, y D. Martin de Sarria, caballero de la órden de Calatraba. Capitanes en pié de caballos se fueron: D. Fernando Tejada y Mendoza, y su compañía se dió á D. Antonio Viutrom; y D. Alvaro Sarmiento, hermano del Conde de Salvatierra, cuya compañía de caballos corazas se proveyó en su Teniente Duque, dándole patente de arcabuceros de infantería del tercio del Marqués de Velada; fuése D. Antonio de Saavedra, cuya compañía se proveyó en el capitan D. Rodrigo Ladron, y la de D. Jacinto de Lares, á D. Juan de Santander; y la de

Pedro de Vaigorre se dió á Jacinto Lopez, Ayudante de teniente de Maestro de campo general; y del tercio del Conde de Fuenclara se fueron el capitan D. Francisco de Torres Castrejon, cuya compañía se proveyó en D. Pedro de Figueroa, caballero de S. A.; y el capitan D. Martin de Sepúlveda, cuya compañía se dió al alférez Juan del Rio; y del tercio del Conde de Fuensaldaña, se fué el capitan Pedro Cuche, cuya compañía se dió al capitan Juan Adame Vela, y por muerte de Don Luis de Lara se dió su compañía á D. Juan de Paz, Alférez del dicho Maestro de campo; y por muerte del capitan Gayença se dió su compañía al capitan D. Martin de Zayas Baçan: en el tercio de D. José de Saavedra, se proveyó la compañía de D. Juan Antonio de Benavides, que, como he dicho, quedó en España, en el capitan Mateo de Torres; fué tambien á España á negocios del Señor Príncipe Tomás, Cárlos Guasco, Maestro de campo de italianos; fué tambien Francisco de Galarreta, que hacia oficio, en el ínterin, de Secretario de S. A., cuyo cargo quedó ejerciendo, tambien en ínter, D. Martin de Ibarra, Secretario de cámara.

En este tiempo llegaron nuevas á S. A. de Alemania, que el general Juan de Uberta rompió una armada francesa, y con la gloria de la victoria se retiró á su cuartel, y durmió con tanto descuido que fué roto por el Duque de Ruan y llevado preso á Francia, donde está al presente.

En este ínterin llegó D. Felipe de Silva de Milán, donde era General de caballería, y pocos dias despues llegó un correo de España en que S. M. le hacia merced del castillo de Amberes; y aunque rehusó el aceptarlo, al fin obedeció, y lo tiene al presente; é hizo su Teniente á Bernabé de Vargas, cuya compañía se dió á D. José del Pulgar, Alférez del Marqués de Velada, en cuyo tercio era Capitan. A el Conde de Feria, que tenia el castillo de Amberes, le vino merced del Vireynato de Navarra, mas no tuvo efecto, como adelante se dirá. Despues de esto, considerando S. A. que era menester mezclar la gente vieja con la nueva, mandó se le diesen seis compañías al tercio de D. José de Saavedra, dos de cada tercio viejo, y que él diese otras seis en su lugar; hízose el trueque en esta forma: del tercio del Marqués de Velada vinieron los capitanes Alonso Lopez de Torremocha y Gaspar de Vega, y fueron en su lugar los capitanes D. Martin de Sagasticauelo y D. Sebastian de Ozaeta; y del tercio del conde de Fuenclara vinieron los capitanes

D. Miguel de Lezcano y D. Pedro Zavala, con sus compañías, y fueron en su lugar las de Gomez Juarez y de Domingo de Garicabay; y del tercio 'de Fuensaldaña vinieron Juan Adame Vela, y D. Francisco Castrejon, y fueron en su lugar D. Alonso de Miranda y Cristóbal de Veimar.

A este tiempo llegó á Dunquerque un tercio de ingleses con 800 hombres, y su Maestro de campo, Gach, habia sido Sargento mayor de D. Guillermo Tresin; poco despues llegó al mismo puerto el Marqués de Cerralvo, que venia por Embajador á S. A., y traia consigo á su mujer y á el Conde de Villalobos, su hijo, y un hijo del Marqués de Velada, y D. Antonio de Benavides, hijo del Conde de Santistéban del Puerto, canónigo de Toledo, que venia por Camarero y limosnero mayor de S. A.; y D. Gaspar Nieto de Trejo, caballero de la órden de Alcántara y del Consejo de Indias de S. M., que venia por Superintendente de la justicia militar; y Don Alberto Coloma, caballero de la órden de Santiago, hijo segundo de D. Cárlos Coloma. Despues llegaron nuevas de Milán cómo el Marqués de Leganés, Capitan general de aquel Estado, habia sitiado y tomado á Breme en pocos dias, que fué una gran dicha, con que los franceses quedaron sin ningun puesto en el Estado de Milán; y al Gobernador le dieron por infame, degradándole de la nobleza y borrándole sus armas, y á tres hijos que tenia los caparon, y á dos hijas las metieron monjas, á fin que no quedase generacion de un hombre que tan mal habia cumplido con sus obligaciones, defendiendo una plaza de tanta importancia, de modo que no dió lugar á que se pudiese socorrer rindiéndola tan aprisa.

Al fin de Abril llegó un extraordinario de España, y las nuevas que trajo fueron que S. M. mandaba al Baron de Valanzon que se contentase con su sueldo pagado cada mes y del Consejo de Estado de este país, y su cargo de General de la artillería se dió al Conde de La Fontaine; y el que él tenia de Superintendente de Flandes se dió á D. Andrea Cantelmo, y juntamente le hizo merced S. M. de una patente de General de la artillería; y el gobierno de Damas, que tambien el dicho Conde tenia, se dió á Monsieur Crequi, Maestro de campo de valones, y este tercio se dió á Monsieur de Molenghien, Teniente coronel del Conde de Isimburgue, y el tercio que tenia de valones el dicho Conde, se dió á Monseñor de Enin.

En este ínterin, habiendo tenido S. A.

... el fuerte de la Cruz estaba des-
prevenido, mandó al Maestro de campo que
acase la más gente que pudiese, Bertus,
[ue tenia á su cargo los fuertes de Santa
María y de la Perla, y 200 españoles que le
ió el Teniente del castillo de Amberes,
el tercio del Conde de Fuenclara, y que
ocurase tomar el fuerte por interpresa,
rvando para ello pontones y todas las de-
as cosas necesarias: intentó el tomarle,
.nas con tan mala disposicion y cuidado,
que vino á estar advertido el enemigo de
ello, con que el Maestro de campo se volvió
sin haber hecho nada, y de pesadumbre,
segun dicen, se murió, y se dió su tercio á
su Sargento mayor, Catris.

Despues de esto, habiendo habido nuevas que el francés queria entrar en el país
de Artois para tomar á Duai, y meter
en contribucion á Flandes, mandó S. A.
al conde de Isemburgue, Gobernador y
Capitan del dicho país, que saliese en campaña y ocupase el puesto de Arleis, puesto importante, para impedir al enemigo
la entrada, y pertenece á la jurisdiccion
de Cambray; la gente que se juntó con él
fueron los tercios del Marqués de Velada
y Conde de Fuensaldaña con sus Sargentos mayores, y pocos dias despues volvió el de Fuensaldaña á Cambray, llama-

do de su Maestro de campo, que gobernaba en el ínterin y temia les vendrian á
sitiar el enemigo si no se hallaba con harta
gente para defenderse, y el tercio del
Marqués de Velada partió á Flandes á
órden del Conde de La Fontaine, con que
no quedó el dicho Conde de Isemburgue
sino con dos tercios de italianos de Don
Francisco Toralto y de Cárlos Guasco y
parte del tercio del Baron de Vesmal, y el
Teniente general de la caballería D. Juan
de Vivero con parte de la que tenia á su
cargo de la frontera de Francia; y estando fortificando este puesto llegó órden á
D. José de Saavedra que estaba en Flandes con su tercio y habia rehusado obedecer al Conde de La Fontaine, por no estar
aún público su cargo de General de la artillería, para que marchase al dicho puesto de Arlux, y que dejase cuatro compañías en Sant Omer; así lo hizo, y marchó
con las once que le quedaban, y siguiendo los tránsitos que le habia inviado el
Conde de Isemburgue pasó por la villa de
Betuna, donde halló aquel Magistrado muy
alborotado por las nuevas que les acababan de dar de que el Mariscal de Chatillon entraba con gran furia en el país,
habiendo tomado á San Pauz y á San
Martin y á otros lugares y villajes que iba

el Conde Detre, viéndose en el mismo
aprieto que los de Betuna, por no tener
ninguna infantería dentro, escribió á Don
José que le inviase alguna gente á toda
prisa, porque, si no, no era posible mante-
nerse, por la facilidad de la burguesía en
rendirse; y viendo el dicho Maestro de
campo la prisa que corria hacer este socorro y servicio á S. M., se resolvió, aunque no tenia órden, á inviarlo, para lo cual
invió al capitan Mateo de Torres y á los
capitanes D. Juan Freixo y D. Pedro de
Sotomayor, que con trescientas y cincuenta
bocas de fuego procurasen entrar en la
villa de Aire á toda diligencia; y ejecu-
tólo con tanta puntualidad el dicho Mateo
de Torres, que ántes que fuese de dia llegaron á las puertas y fueron recibidos del
Gobernador con mucho gusto; y sabido
por el Mariscal, mudó de parecer de atacar esta villa, estando ya para inviar un
trompeta á decirles que se rindiesen y que
les haria muy buenos partidos; y quedó
desesperado viendo que este tercio le habia impedido el designio de llevarse estas
dos villas de calle, que lo tenia por cierto,
y D. José despachó á toda diligencia á
D. Juan Ladron de Guevara, su Ayudante, al Conde de Isemburgue á darle cuenta de todo lo que habia pasado, y que la

orzosa habia sido causa de ha-
 er   .urado aquel socorro que se metió
n·   sin órden, y que avisase lo que
us.aon que hiciese; el cual le respondió
ándole muchas gracias por el servicio
in particular que habia hecho; pues por
ı medio estaban seguras tres villas, las
ejores de su gobierno, que eran Sant
ner, Aire y Betuna, y que lo· escribi·
ı á S. A. para que tuviese memoria de
..acerle merced por tan señalado servicio;
y mandó tambien el dicho Conde que entrasen allí dos compañías de caballos de
italianos de D. César Toralto y del Marqués Paravecino, á órden del dicho Don
José de Saavedra para que las inviase á
tomar lengua del enemigo, y el Magistrado de Betuna le invió á mandar le obe-
deciese y respetase como si fuera Gobernador de la dicha villa en propiedad.

En este tiempo, la guarnicion de Aire
no estaba ociosa, pues habiendo conocido
el Gobernador que la gente del enemigo
corria hasta las puertas de la villa robando cuanto podia, mandó saliesen doscien-
tas bocas de fuego con los capitanes Torres y Freixo, y que una partida de la caballería de las compañías de D. Tomás de
Avalos y de D. Márcos Antonio de Capua
se dejasen ver, y luégo que los descubrió

el enemigo, los acometió á gran prisa
pensando hacerlos prisioneros, y ellos recibieron la carga hasta la emboscada que
estaba prevenida, de donde nuestros soldados dispararon á tan buen punto, que
quedaron más de ochenta muertos y heridos y la resta huyó, y de nuestra gente
no se perdió ninguno, y llevaron 30 prisioneros y 50 caballos á la villa de Aire.

En este tiempo llegó de España D. Miguel de Salamanca, caballero de la órden
de Santiago, por la Francia, con pasaporte que habia alcanzado de aquel Rey;
habíale S. M. hecho merced del Consejo
de Hacienda y de Secretario de Estado y
Guerra cerca de la persona de S. A., con
que luégo empezó á ejercer su oficio.

Estando en este tiempo la Reina madre, de Francia, en Bruselas, pidió convoy á S. A. para ir á tomar los baños á
Aquisgrana, y de allí se fué á Holanda,
donde pareciéndole que no la agasajaban
mucho, se pasó á Inglaterra con su hija,
donde está al presente, bien arrepentida de
haber salido de la proteccion del Rey,
pues hacia años que la sustentaba á grandísima costa, y todo el mundo conoció que
habia usado esta Princesa de la ligereza
francesa que se le habia infundido, pues
hizo una accion de tanta ingratitud, sin

haber tenido ninguna ocasion para ello: los soldados se holgaron mucho de que se fuese, porque decian que ella y otros Prín-cipes extranjeros que el Rey sustentaba eran causa de la dilacion de sus pagas.

A este tiempo, el Conde Guillermo de Nasao, Maestro de campo general de los holandeses, tomó por interpresa el fuerte del Dique de Calo, por haberle defendido mal el Capitan que estaba dentro; otros dicen que tenia trato con ellos, y su Maestro de campo, Catris, habiendo podido socorrerlo á tiempo no lo hizo, con que por castigo se le reformó el tercio incluyendo la gente en los otros de su nacion va-

Bernardo, y está entre unos marrazos, con
que es fuerte por naturaleza; defendié-
ronla lo posible Lanoy y Dutally, Capitanes del tercio de Vesmal; mas habiéndo-
seles acabado la pólvora se rindieron con
muy buenas condiciones: el Conde de La
Fontaine que se hallaba en Flandes, como
he dicho, viendo que ya estaba conocido
el designio de Chatillon, se puso con la
gente que estaba á su cargo en el cuartel
del burgaje de Buatene, de donde metió
socorro á Sant Omer, de cuatro compañías de españoles del tercio del Marqués
de Velada, que iban á órden del capitan
D. Luis de Mieses, y dos compañías de
ingleses del tercio de Treem, tambien á
órden del dicho D. Luis, el cual la llevaba
para gobernar toda la infantería que estaba dentro, como Capitan más antiguo
español, al Baron de Vesmal, que con parte de su tercio que estaba con él, se dió
órden para que defendiese el puesto del
Vaeque, el cual es principal para poder
socorrer la dicha villa; mas no habiendo
tenido Vesmal tiempo para fortificarse, y
siendo su gente muy poca, habiendo sido
atacado del enemigo con gran fuerza, desamparó el puesto retirándose dentro de
Sant Omer, con que el enemigo le ocupó
y fortificó y envió gente á tomar tres

fuertecillos que estaban hechos en defensa del nuevo foso, que es el que divide á Artois de Flandes, y el mejor de ellos, donde estaba la compañía del Vizconde De Furnos Granballu; Decasel se rindió á partido al primer cañonazo, y los otros dos que defendian villanos de la dicha Catelería, fueron tomados por fuerza, habiendo degollado mucha cantidad de ellos, con que sin ninguna resistencia pasó la caballería á Flandes tomando todos los villajes y la villa de Casel, y se volvieron á su ejército con grandísimos despojos: viendo el Conde de La Fontaine que habiendo ocupado estos puestos el enemigo no estaba él seguro en Buaten, se retiró con buena priesa á Vergas Sanninos haciendo pegar fuego primero al dicho burgaje de Buaten por excusar no sirviese de cuartel al enemigo, y no lo sintió poco la Condesa de Isiguien, cúyo era el dicho burgaje, y él se fué á Bruselas á tomar la posesion del cargo de General de la artillería.

El Conde de Isimburgue que tenia órden de pasar á Flandes con toda diligencia, partió de Arlux á Betuna con los tercios de Guasco y Toralto y un Teniente general de la artillería con algunas piezas, y D. Juan de Viuero con la caballería que tenia consigo y tres com-

pañías de Vesmal que iban en guardia de
la artillería; el dia siguiente marchó de
Betuna á Choque, habiéndosele juntado
el tercio de D. José de Saavedra y las
compañías de caballos que estaban á su
órden, con lo cual marchó otro dia á pasar
la Lisa por Marvella, y otro dia llegó á
Poperinguen, donde estaba el Príncipe
Tomás, el cual comenzó á gobernar el
ejército, quedando el Conde cerca de su
persona toda la campaña. Marchó el Príncipe de Poperinguen á Borburque, y en
los villajes, al rededor, acuarteló el ejército donde se iba juntando toda la gente,
así de infantería como de caballería, y
todos los dias llamaba á consejo á todos
los Oficiales mayores del ejército para ver
en la forma que se podia socorrer á Sant
Omer, lo cual era muy dificultoso por
tener el enemigo ocupado los principales
puestos y ser su ejército dos veces mayor
que el nuestro, y la villa estaba en gran
necesidad por falta de municiones y bastimentos, y la gente era tan poca la que
habia, que les era fuerza estar siempre de
guardia, aunque no habia abierto Chatillon trincheras, que se decia esperaba
tener nueva que los holandeses hubiesen
sitiado á Amberes, para entónces comenzar él á atacar á Sant Omer, y viendo el

...... que Picolomini no podia llegar
:an á tiempo como la necesidad lo reque-
·ía, se resolvió á meter socorro en la villa
)ara que se pudiese mantener por algun
iempo; y en la forma que fué, pondré muy
n particular, como quien se halló allí.

Para disponer el Príncipe Tomás con
ejor acuerdo el primer socorro que me-
5 en la villa de Sant Omer, invió á lla-
ar á todos los Oficiales del ejército para
que dijesen su parecer, y propúsoles la
gente que tenia, y como el Marqués de
Fuentes, por órden de S. A., le habia inviado alguna cantidad de pólvora y cuerda, que era de lo más que necesitaba la
villa: fueron todos de opinion que era forzoso el socorrerla sin ninguna dilacion, con
que, visto esto por S. A. el Sermo. Señor
Príncipe Tomás, dispuso la marcha del
ejército para el dia siguiente en esta forma:

Hizo formar dos escuadrones volantes
de todas naciones, cada uno de mil hombres, que el primero llevaba el Conde
de Fuensaldaña, el segundo D. Eugenio
Onel, Maestro de campo de irlandeses; el
tercio de Dionisio de Guzman, Sargento
mayor del tercio de Fuensaldaña con su tercio que iba en dos escuadrones, y el cuarto
llevaba D. Francisco Toralto con su tercio de napolitanos, al cual seguia el ter-

cio del Marqués de Velada con su Sargento mayor, Porcelo; á éste seguian dos tercios de alemanes de Espínola y Rivaroy, y luégo seguian dos tercios de ingleses de Tresen Gach, y luégo iba el Sargento mayor de irlandeses con su tercio, á los cuales seguia de retaguardia todo el tercio de D. José de Saavedra en dos trozos, que el uno llevaba el Maestro de campo y el otro su Sargento mayor Don Diego de Zúñiga; con la caballería iba el Conde Juan de Nasao, de vanguardia de todo el ejército, y con él iba D. Juan Viuero, hermano del Conde de Fuensaldaña, Teniente general de la caballería del ejército de la frontera de Francia, y Ludovico con los corvatos de su regimiento; y el de Forcas fué inviado á pasar el nuevo foso y tocar á arma al enemigo en todos sus cuarteles; y D. Francisco Pardo, Comisario general de la caballería de la frontera de Francia, quedó de retaguardia con algunos batallones. Al mismo tiempo que el ejército marchaba en esta forma, el Señor Príncipe Tomás mandó á Paulo Fanfaneli, Sargento mayor de Cárlos Guasco, que con su tercio se adelantase y ocupase la torre de la iglesia de Buaten, que está puesta en una montaña muy eminente, y tenia la torre

ia 50 franceses con un Ofi-
cial, desde que el Conde de La Fontaine desamparó aquel puesto; los cuales,
viéndose sin las municiones necesarias y
que estaban á la vista de un ejército como
el nuestro, se rindieron á partido al dicho
sargento mayor; y Chatillon, pensando
que el puesto de Buaten era de grande
importancia para ser dueño de la ribera
que va á Sant Omer, habia inviado al
mismo tiempo dos tercios de franceses, en
que habia más de mil hombres con todo
su bagaje, los cuales llegaron allí cerca,
cuando la torre se habia rendido; y viendo
los Maestros de campo lo dificultoso que
les era el poderse retirar á su ejército,
hicieron escuadron en una pradería que
estaba toda cercada de setos, de donde
pensaban hacer muy buenos acuerdos con
nosotros; mas reconocido esto por el Sargento mayor Fanfaneli, deseoso de llevarse la gloria de este suceso, los atacó, y
á los primeros mosquetazos se le avisó al
Príncipe Tomás como habia arma en la
retaguardia del ejército, y mandó al Comisario general, D. Francisco Pardo, que
fuese á reconocer lo que era; el cual reconocido, cercó con toda la caballería la
pradería donde estaban los franceses; los
cuales, viéndose en tal aprieto, echaron las

armas en tierra y pidieron cuartel; lo cual, visto por el Sargento mayor Fanfaneli y por el Comisario general, se les acordaron, y entre los soldados italianos y la caballería tomaron todos los despojos, dejando la mayor parte de los franceses en cueros; y como pensaban estar en Ubaten algunos dias, traian todos los Oficiales su bagaje y cantidad de víveres y municiones y muchos machos de carga, con que fué muy buen dia para nuestra gente. Murieron de los nuestros dos Capitanes; el uno era un sobrino del Conde Picolomini, llamado como él, y el otro Marco Antonio Feliche, soldado viejo napolitano, y cinco soldados: de los franceses murió un Maestro de campo, cuatro Capitanes y 22 soldados; y el otro Maestro de campo con ambos tercios fué llevado al Señor Príncipe Tomás, el cual mandó luégo que los llevasen á Bolburgue, y cuando se rescataron, se repartió el dinero entre el dicho tercio de Guasco y la caballería que habia tenido consigo el Comisario general. Despues de esto, habiendo reconocido el Príncipe Tomás que el enemigo habia tenido mucha gente en el puesto del Baque, y que si se los atacaba con aquellos escuadrones volantes que he dicho, era aventurar una batalla, para lo cual no era buena sazon, porque si se perdia este ejército, y el Infante no rechazase al enemigo del Dique de Calo, era tener los países perdidos; con que resolvió de meter el ejército en unas praderías y dormir aquella noche en batalla, donde, cuando estaban todos con el mayor silencio del mundo, mandó el Príncipe Tomás á Juan Agustin Espínola que marchase con su regimiento á Niurlete, donde sabia que el enemigo no habia hecho ninguna fortificacion, y que metiese dentro de la villa 600 hombres de su regimiento, 300 con su Sargento mayor y 200 italianos de Guasco y Toralto, y 100 ingleses de Gach; y la pólvora y cuerda que he dicho arriba habia inviado el Marqués de Fuentes, el cual coronel Espínola ejecutó el meter este socorro con tan buena diligencia, que despues de haberle entregado al capitan D. Luis de Mieses, que habia salido con barquillas á recibirle y volvió al ejército sin aventurar un hombre; con que visto por el Príncipe Tomás el buen suceso que se habia tenido, marchó con todo el ejército, y entró con su persona en Bolburque, y la gente volvió cada uno á los puestos donde habia salido.

Estando todos con el gusto que se puede pensar de haber dejado á Sant Omer

asegurado por algunos dias, llegaron nuevas de S. A. en que avisaba que los
holandeses habian fortificado el Dique de
Calo todo cuanto se puede imaginar, y que
pensaban luégo poner sitio á Amberes,
con que todo el país estaba en un extremo
peligro; y tambien avisó como Picolomini
quedaba con su ejército en Brabante hasta
ver el fin de aquel suceso, sobre el cual
S. A. cada dia tenia muchas veces consejo,
en que entraban el Conde de la Feria, Don
Felipe de Silva, el Conde de La Fontaine,
D. Andrea Cantelmo, el Padre confesor y
otros, sobre lo cual siempre se hallaban
mayores dificultades por lo fortificado que
estaba el enemigo, y por la ventaja que
nos hacia en el número de la gente, y
por la falta de dineros con que se hallaba,
mal ordinario en este país; tambien llegó
la nueva al Señor Príncipe Tomás como
el Mariscal de La Forza habia llegado á
juntarse con el de Chatillon, y aunque su
ejército no era tan fuerte, era más experimentado, por las muchas ocasiones en
se habia hallado en Alemania; tomó por
su cuenta asegurar los víveres á Chatillon,
cuyo almagacen estaba en Adra, de donde
juntamente venian todas las municiones,
y de estos países no podian tener nada,
porque los corvatos estaban siempre em-

boscados, con que hacian estar á su caballería encerrada en sus cuarteles. Supo
tambien el Príncipe como La Forza estaba á toda diligencia haciendo un fuerte
en el dique que va de Adra para asegurar
los víveres que iban á Chatillon; y para
impedir esto, resolvió inviar al Conde Juan
de Nasao con la mayor parte de la caballería, y un escuadron volante de todos
tercios que llevaba á su cargo el Maestro de
campo Toralto, con órden de rechazar al
enemigo de aquel fuerte; mas habiendo
llegado á la vista y conocido lo fortificado
que estaba, fueron de parecer de revol-
verse sin haber hecho ningun ataque, asegurándole al Príncipe que no era posible
tomar el dicho fuerte sin llevar galerías,
que es una tablazon grande para defensa
de los mosquetes, por estar el dique principal donde se habia de atacar tan angosto
que mal cabian cuatro hombres de frente;
y sintiendo el Príncipe que este puesto no
se hubiese ocupado, le pareció era forzoso
adelantarse con el ejército al villaje de
Romenquien, el cual tambien se temia
que le ocupase el enemigo; llególe órden
á D. José de Saavedra que con su tercio
marchase á toda diligencia dejándose el
bagaje con lo demas del ejército, y que hiciese escuadron delante de dicho villaje;

lo cual ejecutó con toda puntualidad, y
ántes que fuese de dia estaba ya en el dicho puesto sin haber sido sentido del enemigo; y la mañana siguiente llegó el
Príncipe con toda la infantería y artillería,
dejando la caballería en los villajes de
Adras en retaguardia, y mandó al capitan
Giles, ingeniero, que delinease la frente
de banderas y las fortificaciones para ella,
las cuales empezaron luégo á trabajar los
soldados, y en ménos de ocho dias estuvieron en perfeccion; y pareciéndole al
Príncipe que importaba tomar el fuerte
que he dicho que habia hecho La Forza,
envió al Conde de Fuensaldaña con 50 caballos para que los reconociese; el cual,
luégo que lo hizo, volvió y dijo que se
conformaba con el parecer de Toralto, de
que no se podia tomar sin llevar galerías,
porque si no se perderia la gente sin provecho, por la estrechura del dique. En este
ínterin llegó el alférez Ochoa, que era el
que entraba y salia más amenudo en Sant
Omer, y avisó á S. A. como Chatillon
habia empezado á abrir trincheras por la
parte donde no tiene marraços la villa,
que es la montaña de San Miguel, desde
la cual hacia grandísimo daño con su artillería y con muchas bombas y granadas
que tiraba, y que los aproches los hacia

fortísimos, con que estaban con gran cuidado los que gobernaban dentro, que era
en forma de junta que se hacia en el Magistrado, sin haber ninguno que quisiese
obedecer á Ochoa por cabeza principal,
por la diferencia que traian entre el gran
Ballu, Vizconde de Liera, y el Mayor
Monsieur de Brandeque, con que para hacer el servicio del Rey se juntaban, y con
ellos el Baron de Vesmal, y el Capitan Don
Luis de Mieses, y el Sargento mayor de
Espínola; y resolvieron que los españoles
ocupasen las medias lunas de afuera, que
caian á la dicha montaña de San Miguel,
mudándose una vez las compañías de Saavedra, que fueron las que ocuparon primero el puesto con las de Velada; y estando una noche de guardia D. Rodrigo de
Rojas, capitan de Velada, queriendo mostrar la bizarría de su corazon, hizo una
salida con muy poca gente, y llegó hasta
cerca de las baterías del enemigo, al cual
le retiraron los suyos con mucha presteza,
herido de un mosquetazo en el muslo; los
demas puestos defendian diferentes suertes de naciones; con que sabido por el
Principe Tomás todos estos sucesos de
dentro de Sant Omer, y la gran falta que
habia en la villa de municiones por gas-
tarse muchas en la defensa de los ataques,

y el temor que se tenia de los burgueses
de que viéndose quemar sus casas con las
bombas no se levantasen contra la guarnicion, y se tuvieron ciertas sospechas de
algunos que traian trato con el enemigo:
mas todo lo aplacó y puso de buen ánimo
el Obispo y el Abad de San Vertin, de la
órden de San Benito, una de las más
principales Abadías del país, con que
mandó S. A. volver á atacar el fuerte que
habia hecho hacer La Forza, por no hallar
otro medio para impedir la violencia con
que Chatillon atacaba la villa, si no era
tomándole puesto con que poderle impedir los convoyes, y pasó en esta forma.

Despues de medio dia invió órden el Señor Príncipe Tomás á D. José de Saavedra,
en que le decia que juntase luégo 400 hombres de su tercio y 200 del de el Marqués
de Velada, con su Sargento mayor, y 200
alemanes de Roberoy, con su Sargento
mayor, y 200 irlandeses de D. Eugenio
Onel, y un Teniente de Maestro de campo
general con su Ayudante, y un Teniente
general de la artillería con cuatro piezas y
dos compañías de caballos; y con este escuadron volante y demas gente, llegase á
el anochecer al puesto de Santa Maricher-
che, y donde le inviaria á avisar lo que
habia de hacer; y que ántes de partir le

...se a ...blar, el cual lo hizo así. Y le
nandó S. A., á boca, que atacase el fuerte
[ue estaba hecho en el dique de **Adres**,
...ra lo cual hallaria en el puente de Santa
aricherche 2.000 fajinas hechas: díjole
.mbien que no tuviese cuidado de que el
.erte seria socorrido, porque al mismo
.mpo que él partia, tenia órden de partir
Conde Juan de Nasao, con la mayor
.rte de la caballería y 2.000 infantes que
.levaba á su cargo el Conde de Fuensaldaña y D. Francisco Toralto; con lo cual
habian de ocupar un puesto entre el ejército de La Forza y el fuerte, y así se hizo.
Llegó D. José de Saavedra con su gente á
muy buena hora al puente, y, á poco trecho
que habia caminado, hizo hacer alto á las
dos compañías de caballos, y con gran silencio se acercó todo lo que pudo al fuerte, y le invió á reconocer delante á Don
Bartolomé del Rio, Capitan reformado, el
cual le avisó como el enemigo estaba muy
quieto; y luégo mandó acercar dos piezas de artillería, que no cabian más en
aquel dique; y las otras dos mandó pasarlas
á una montañuela que estaba al lado izquierdo del dique; y estando haciendo las
baterías con toda prisa, la centinela del
fuerte, pensando que el ruido que habia
sentido era alguna gente que venia á reco-

nocer, disparó un mosquete pijote, con lo
cual, viendo D. José que el enemigo estaba
ya en arma, mandó al Sargento mayor del
Marqués de Velada qué con 100 hombres
del tercio de dicho Maestro de campo
y 100 del suyo empezase á abrir trincheras,
las cuales se hicieron en forma de culebra
por causa de la estrechura del dique y
por la mucha agua que habia fondable á
los lados dél; y al Sargento mayor de Roberoy mandó que con sus 200 alemanes
pasase la ribera que está al lado izquierdo
del dique, y que abriese trincheras delante
de la batería de la montañuela; al tiempo
que esto se ejecutaba, hacia la noche oscura y lluviosa, y el enemigo no habia
disparado más, hasta que, empezando un
poco á aclarar el dia, mandó D. José comenzar á jugar de la artillería, y los del
fuerte dispararon gran cantidad de mosquetazos; y viendo que nuestros cañonazos no habian hecho saltar ni una estaca
de la frisa, sino que el mayor daño que
habian hecho era á nuestro gente, pues,
bajando un poco el artillería la mano, mató
á un soldado y llevó la pierna de otro de
la compañía de Mateo de Torres, que estaban trabajando delante. Viendo esto Don
José de Saavedra, mandó llamar los Oficiales que estaban á su órden, y les pro-

᠁, ᠁᠁ no era posible que el artillería
ιciese brecha, y pues el enemigo no le
ιabia disparado, se echaba de ver que no
a tenia, y que ansí era de opinion que sin
ιinguna dilacion se les diese asalto; y todos
: respondieron que era aventurar á per-
er toda aquella gente, y que así era me-
:ster aguardar á llegar con las trincheras
reconocer el foso, y que entónces, si el
ιua no fuese mucha, se podia tratar de dar
ιl asalto. Oido esto, se resolvió D. José de
ιnviar un tambor al fuerte á decir que se
rindiesen, ó que si aguardaban al asalto los
degollaría á todos; á lo cual respondieron
con grande arrogancia, que en pasando
ocho dias responderian lo que habian de
hacer, y que ántes estaban ciertos les habia de socorrer La Forza, su General; con
que despachó D. José á dar parte de lo que
habia pasado al Príncipe Tomás con el
alférez Marqués, ayudante de Teniente
de Maestro de campo general, el cual
mandó le pidiese encarecidamente le diese
licencia para que diese el asalto, porque
confiaba en el glorioso San Juan que le
habia de dar buen suceso en su santo dia:
respondióle el Príncipe que se diese toda
la prisa posible á llegar al foso con las
trincheras, y que en reconociendo el fondo
que tenia le avisase para que le inviase á

ordenar lo que habia de hacer; y luégo
que tuvo esta respuesta, mandó dar prisa
á los dichos Sargentos mayores que atacaban, á los cuales envió las 2.000 faginas
y otras muchas más que se habian hecho,
y algunos gaviones y todas las zapas y pi-
cos que habian menester; mas por ser el
terreno pedregoso y muy espesas las balas
que el enemigo tiraba, no era posible se
trabajase tanto como el Maestro de campo,
D. José, deseaba; mataron á un Sargento
de alemanes é hirieron al Capitan de
Burquescles, y á tres soldados de la compañía de Lezcano. Estando en esto se vió
venir un hombre á caballo y que llegó á
las espaldas del fuerte, y pareciéndole á
D. José seria bueno inviarles á avisar que
serian socorridos, mandó luégo al Capitan
de irlandeses que con sus 200 hombres se
pusiese en unos setos, al lado derecho del
dique, para recibir el socorro que viniese;
y viendo que venia dicho socorro, le invió
más gente de refuerzo. Estando en esto,
el Conde Juan de Nasao, habiendo descubierto algunas tropas del enemigo, se empezó á retirar del puesto que ocupaba
(aunque fué sin órden); y visto por La
Forza, invió su caballería con alguna mosquetería á atacarle la retaguardia, y esto
fué con tanta diligencia, que si no fuera

por haberles hecho cara el capitan Don
Antonio Pimentel, que llevaba la última
manga de mosquetería, poniéndose en
unos setos, con lo cual detuvo la furia
con que atacaban; y visto por La Forza,
pareciéndole que perdia tiempo en ir á
socorrer el fuerte, dió lugar á que se retirase el dicho D. Antonio, el cual quedó
muy mal herido de un mosquetazo en el
brazo izquierdo; al mismo tiempo que
D. José vió empezar á retirarse al Conde
Juan de Nasao, invió á D. Juan Ladron de
Guevara, su Ayudante, á decir al Señor
Príncipe Tomás lo que pasaba, y como
nuestra artillería no habia hecho ninguna
brecha, y que los dos Sargentos mayores
estaban áun más de treinta pasos del fosó,
y que el socorro no se podia ya impedir
por haber dejado el puesto el Conde Juan,
y ansí que S. A. se sirviese de darle licencia de aventurarse á dar el asalto, porque
la opinion que tenia el Sargento mayor
Porcel era de que se retirase, porque de
ninguna manera se podia ganar el fuerte.
Al dicho D. José no le parecia bien, porque además que el desaire era muy grande, seria fuerza el perder el artillería,
porque el enemigo, en viendo que se empezaban á retirar, habia de cargarles con
mucha fuerza y diligencia, con que los

soldados se meterian en confusion y des-
ampararian la artillería. Sabiendo el Príncipe estas razones, y pareciéndole eran
ajustadas, volvió á inviar al dicho ayudante D. Juan Ladron, y con él á Monsieur Mondragon, su Gentil-hombre de la
cámara, para que dijesen á D. José que le
daba licencia y le ordenaba que diese el
asalto luégo, y que confiaba de su valor y
prudencia lo dispondria todo de modo que
tubiese muy buen suceso. En esta órden
que tanto deseaba D. José, ejecutó luégo
el asalto en esta forma:

Del fuerte de Nui habia hecho traer
D. José tres escalas, por haberse olvidado
el Teniente de la artillería de traerlas, y
mandó al Capitan de los irlandeses que se
hiciese tomar á cada soldado de los 200
que tenia consigo tres faginas, y al Sargento mayor Porcel mandó que los 200
españoles que estaban con él hiciesen lo
mismo, y que los Sargentos de D. Diego
de Boorques y de Mateo de Torres embistiesen con 100 hombres, y que sus Capitanes les siguiesen con otros 100, y al Sargento mayor de Rubere, que tomase otras
tantas faginas con sus 200 hombres, y que
embistiesen cada cual desde el puesto en
que estaban, y á cada uno de los que
mandaban los 200 hombres les entregó

una escala, y les dió órden que en oyendo
disparar dos piezas de artillería juntas,
arremetiesen al fuerte á un mismo tiempo
por las tres partes; y que en llegando al
foso, echasen las faginas en él para poderlo
pasar mejor, y que no diesen cuartel á
nadie: al punto que dispararon las dichas
dos piezas, fué ejecutada esta órden con
tal bizarría, que subiendo el primero el
Sargento del Capitan D. Diego, fué herido de un mosquetazo, y el primer Oficial
que entró fué el Sargento de Torres, llamado Manuel Mudarra, al cual siguió el
capitan D. Diego, y luégo Mateo de Torres, con el cual quiso ir el Maestro de
campo D. José, por dar mayor coraje á los
soldados, y le dieron dos mosquetazos, el
uno en el calzon y el otro en la manga de
la ropilla; y el Capitan irlandés quedó
herido de un mosquetazo, y dos soldados
españoles muertos, y un aleman, y seis
heridos. Con la fuerza, valor y presteza
que se ejecutó este asalto, no tuvo lugar
el enemigo de disparar más que la primera
carga, y áun no tuvieron tiempo para pedir cuartel sino solos cuatro, á quien se lo
dió el Maestro de campo, y un Capitan
que fué prisionero de el alférez José Rico,
del tercio de Velada, al cual su Maestro
de campo hizo su Alférez, en considera-

cion de lo que se señaló este dia. Eran dos
compañías las que estaban dentro del
fuerte, de gente muy escogida, y quedó
muerto dellos un Capitan y 135 soldados,
y pocos fueron los que huyeron del rigor
del asalto, los cuales encontraron con el
socorro que les venia, que estaba ya á tiro
de mosquete del fuerte; con que oyendo
la nueva hicieron alto, y D. José invió
luégo á dar la buena nueva y relacion del
suceso al Señor Príncipe Tomás con el
Teniente de Maestro de campo general
Orozco; y en el ínterin metió en el fuerte
al capitan D. Pedro de Sotomayor con 100
hombres de los 400 que habia dejado de
reten, y la demas gente la puso en escuadron delante del fuerte. El Señor Príncipe
Tomás, sabiendo que el enemigo no se
habia retirado, envió á Paulo Fanfeneli,
Sargento mayor del Guasco, con todo su
tercio, á órden del Maestro de campo Don
José, y luégo que llegó, le mandó hacer
escuadron con la gente que traia, y á las
diez de la noche el Señor Príncipe Tomás
invió á mandar al dicho D. José que se
volviese á la frente de banderas de Romenguien á descansar, y que dejase dentro
del fuerte al Sargento mayor ¡de Roberoy
con sus 200 alemanes, al cual le dejó todas las municiones necesarias para defen-

...... fué el gusto que todos re-
... con este suceso, que fué el prin-
... todos los buenos que despues
... para D. José de Saavedra fué de
...ma opinion y honra, pues lo eje-
...n tanta prudencia y bizarría, y
...e tan pocos años, lo que otros dos
... de ...... de m... edad habian
hac ... vista del ene-
...n ha... ...... ec... ni recono-
...... oso, el cual, pasado hasta los pechos
el agua por algunas partes, fué menester
nadar, sin embargo de las faginas que
habian echado en él; el Príncipe y todo el
ejército le dieron mil norabuenas y
muchas gracias por tan osada y acertada
faccion.

El dia despues que tan dichosamente
se habia ocupado aquel puesto, que de
aquí en adelante llamaremos fuerte de San
Juan, por la devocion de D. José de Saavedra, mandó el Señor Príncipe Tomás
al coronel Roberoy que inviase 200
hombres de su regimiento con un Capitan, á mudar á su Sargento mayor que
habia quedado en dicho fuerte con los que
he dicho; y habiendo ejecutado esta órden,
viniéndose ya el Sargento mayor, oyó
mosquetazos en el fuerte, con que dió la
vuelta por el dique á ver lo que era, y

llegó á tan buen tiempo con su gente que se volvió á meter dentro del fuerte, y el enemigo, con gente escogida, le dió dos asaltos, y ambas veces fué rechazado; sabiendo en Romenguien por el Señor Príncipe Tomás esta arma que habia en el fuerte de San Juan, hallándose con él D. Francisco de Toralto, le mandó que tomase luégo 500 hombres; 200 de su tercio y 300 españoles de los tres tercios; y él, por ir más aprisa, tomó las guardias de su tercio y marchó con ellas al socorro de dicho fuerte, y se dió tan buena maña, que detuvo la furia del enemigo, quedando heridos los Capitanes que llevó consigo, Caracioli y Bufalino. A este tiempo llegaron los 300 españoles á toda prisa, y les dejó pasar á la vanguardia, como les tocaba, los cuales rechazaron al enemigo con tal valor que le hicieron retirar más de doscientos y cincuenta pasos del fuerte. Los Capitanes eran: del tercio de Saavedra, Alonso Lopez de Torremocha; del de Velada, D. Juan de Santander; del de Fuensaldaña, Cristóbal de Veimar; á los cuales mandó el Señor Príncipe Tomás que les fuesen á mudar de sus tercios otros 500 hombres, para ir refrescando la escaramuza, la cual duró hasta el anochecer que se retiró el enemigo; y, segun informaron algunos prisioneros, con pérdida de más de 800 hombres de muertos y heridos, la mayor parte de gente particular; de los nuestros murieron 5, y 22 heridos; con que vuelto al cuartel el Maestro de campo D. Francisco Toralto fué muy alabado de todo el ejército por la disposicion y valor con que habia hecho retirar al enemigo con tan gran pérdida, habiendo durado la escaramuza más de ocho horas.

Habiendo tenido nuestro ejército dos dias muy buenos consecutivos, no lo fué ménos el tercero, porque llegó el Ayudante general Galarde, enviado por el Infante, con la nueva de la gran victoria que habia alcanzado contra los holandeses del dique de Calo; y aunque sea por mayor, pondré aquí este suceso.

Volvióse á el ataque del dique de Calo por tres partes en esta forma: á D. Andrea Cantelmo le dieron el primer ataque y el más principal, que era donde el enemigo tenia más gente. Llevaba á su cargo cinco compañías del tercio de Velada, que habian quedado en Güeldres y las habia mandado salir el Infante para esta ocasion, y al Duquin Doria con su tercio y algunas compañías de valones: otro ataque gobernaba el Marqués de Leden con cinco compañías de españoles del tercio de Fuenclara, y el tercio de valones de Ribacourte, y el regimiento de alemanes bajos de Brion, y otros ramos de génte de diferentes naciones; el tercero ataque, que era el más cercano al fuerte de Calo, gobernaba el Conde de Fuenclara con 15 compañías de su tercio. D. Andrea y el Marqués de Leden embistieron delante de su gente; mas el Conde de Fuenclara invió á su Sargento mayor D. Baltasar Mercader, y él se quedó todo el dia en el fuerte de Santa María para mejor disponer lo que se ofrecia. Fué este suceso de los más sangrientos que ha habido en estos países; mas con el ayuda de Dios y de su Madre bendita ganamos todas las fortificaciones del enemigo, el cual, deseando escaparse en barcas, no lo pudo hacer, si no es alguna poca gente con el Conde Guillermo, cuyo hijo quedó muerto en esta ocasion, y muchos Oficiales principales de los Estados; y entre muertos, heridos y presos fueron más de 5.000 hombres. Las banderas y artillería llevaron luégo á S. A. De nuestra parte hubo cerca de 1.000 hombres entre muertos y heridos, entre ellos quedó estropeado de ambos muslos el Duquin Doria; y Capitanes murieron, del tercio de Fuenclara, D. Matías de Liçaraçu y D. José de Vergara y D. Antonio Verdexa; y del

da. ırió D. Juan Félix, y uno del
tercıo del Duquin Doria, y otro de Riva-
courte; las compañías se proveyeron en
personas que se habian señalado en dicha
ocasion. S. A. dió muchas gracias á Dios
por tan señalada victoria, con que queda-
tas provincias como recuperadas de
, pues ya no ~~~~~~~~~ perdidas.
tambien S. .. colomini ve-
marchando á con el Prín-
cıpe; esperábamosle con mucho gusto por
el deseo que teníamos de tener otro suceso
como el del dique de Calo, y rechazar al
enemigo de Sant Omer.

Estando en esto llegó el alférez Ochoa
de Sant Omer y dijo al Señor Príncipe
Tomás como el enemigo se iba fortificando muchísimo alrededor de Sant Omer,
con que era muy dificultoso salir ni entrar
nadie; y que los de la Junta que gobernaban la villa habian formado cuatro compañías de valones de la gente que estaba
dentro refugiada, para que guardasen los
puestos ménos importantes; y mandaron
que las gobernasen cuatro Alféreces españoles, á los cuales, cuando lo supo el Infante, les dió patentes de Capitanes de la
dicha gente; y tambien ordenaron, viendo
que el enemigo acercaba mucho sus baterías, con que hacia daño notable á la villa,

que se hiciese una salida con 300 hombres para embarazarle un poco el trabajo, y estos se nombraron de todas naciones que habia dentro, dando 150 al capitan Francisco Perez, del tercio de Saavedra, que llevaba el lado derecho; y al izquierdo, con los otros 150 iba el capitan D. Tito de Toralto, los cuales hicieron tan bien su deber que pasaron más allá de las baterías del enemigo, y si hubieran llevado clavos, pudieran haber enclavado las piezas; y se retiraron sin pérdida ninguna, si no fué el quedar muy mal herido el capitan Francisco Perez, pasado un muslo de un mosquetazo. Conociendo el Señor Príncipe Tomás el gran aprieto en que la villa estaba, dispuso socorrerla, despues de haber llegado el Conde Picolomi, en esta forma:

El segundo y último socorro que el Señor Príncipe Tomás invió á la villa de Sant Omer, fué uno de los mas dignos de alabanza, que se hallan en la disciplina militar, por el buen órden con que se dispuso y gran valentía con que se ejecutó. Primeramente mandó al coronel Roveroy, que con su regimiento quedase en el fuerte de San Juan, y al Conde Juan de Nasao que fuese con la mayor parte de la caballería, con quien iba su Comisario general D. Francisco Pardo; y el Conde de Colo-

.edo con toda la caballería imperial para que se adelantase el dicho Conde de Nasao para hacer cara al Mariscal de La Forza, porque no se juntase con Chatillon, el cual pasó la otra parte del fuerte de San Juan, y le sucedió lo que despues diremos. Mandó tambien al Conde Picolomini que con su infantería atacase la iglesia de Moelin, y el fuerte Real que tenian en el Saque y tres reductos; y á D. Eugenio Onel mandó que con su tercio de irlandeses y tres compañías de Vesmal se embarcase en el Vaten, para ocupar un puésto donde el enemigo tenia guardia junto á la ribera, y con la resta del ejército marchó de esta manera; quiso poner el Príncipe españoles en vanguardia, batalla y retaguardia, por si acaso fuese atacado por La Forza, y así nombró para llevar la vanguardia á el Conde de Fuensaldaña con su tercio; al cual seguia Espínola con su regimiento, y á éste Toralto con su tercio; á el cual seguian los dos de ingleses, y á ellos el tercio de Velada; al cual seguia el del Guasco, y á éste el de Saavedra en dos trozos; al cual seguia el Teniente general D. Juan de Viuero, con la parte de la caballería que no habia ido con el Conde Juan de Nasao. Tenia el enemigo tres fuertes en los marrazos de Niurlete; al

uno habia puesto por nombre la Inclusa,
y á el otro el Esquenque, y al principal
llamaban Niursote, donde habia un Maestro de campo con 600 hombres. Llegó el
ejército á la vista de los dichos fuertes á la
punta del dia, y por no dar lugar á Chatil-
llon á que los socorriese, mandó que los
embistiesen los tres tercios que estaban de
vanguardia; y embistiendo primero el de
Fuensaldaña, le siguió el de Espínola, con
que del primer asalto se rindió el fuerte
de la Inclusa, y dieron cuartel á la gente
que estaba dentro; murieron en este asalto
los capitanes D. Pedro de Zepeda y Don
Diego de Velasco, del tercio de Fuensaldaña; y el otro fuertecillo que se decia
Inclusa se rindió luégo á la dicha gente; y
el fuerte del Esquenque se rindió á partido á D. Francisco de Toralto, saliendo
los 600 hombres que los inviaron á su armada, que por haberse hallado sin municiones no pudieron hacer resistencia. Entendido esto por Chatillon, invió algunos
batallones á recuperar estos fuertes; y el
Conde de Fuensaldaña invió á su Sargento
mayor, Dionisio de Guzman, con todas las
bocas de fuego de su tercio para recibir al
enemigo, el cual venia con gran furia; y
el Señor Príncipe Tomás invió cuatro
mangas de mosquetería de los tercios de

.elada y de Saavedra, y mandó plantar
dos baterías de medios cañones en los
puestos de Fuensaldaña y de Espínola, que
hacian notable daño á el enemigo, y mandó tambien á los demas tercios se acercasen para ir refrescando la escaramuza; y
liciendo un Ayudante á Saavedra que se
acercase, pensó que le queria decir al
uerte, con lo cual marchó con su tercio
pasó la batería de Espínola; y sabido
por el Príncipe, le mandó retirar á hacer
escuadron con su tercio, mas habíase ya
empeñado tanto, que fué fuerza dejar la
primera manga de mosquetería que llevaba
D. Pedro de Sotomayor. Muchos le decian
despues al dicho D. José de Saavedra que
con su persona habia pasado las baterías,
y metídose en el agua hasta la rodilla en
el primer marrazo, cosa que no habia hecho
otro ninguno de los Maestros de campo
que iban en la vanguardia, y él respondia
que aquello lo habia hecho por no haber
entendido bien la órden. Picolomini habia
ya tomado un reducto por asalto, y estaba
batiendo la iglesia de Momelin, la cual se
defendia muy bien; llególe nueva al Príncipe como el Maestro de campo D. Eugenio Onel habia ejecutado la órden que llevaba de echar al enemigo del puesto que
tenia en la ribera de Vuaten, y habia en-

tregado todas las municiones que él llevaba á su cargo á un Oficial que habia salido
de Sant Omer á recibirlas, con que aquel
dia fué la faccion maravillosa, así por
agua como por tierra, cuando desesperado
Chatillon de que no podia recuperar los
puestos perdidos, mandó retirar su gente,
que lo hizo con notable daño, y el Príncipe
mandó á D. José de Saavedra que inviase
su Sargento mayor, D. Diego Lopez de
Zúñiga, con 300 hombres á mudar al de
Fuensaldaña, y que desmantelase los fuertes, como lo hizo, y tambien mandó que
entrasen dentro de la villa 300 españoles
de los tres tercios, con que todos decian
que si duraba Chatillon en estarse allí, que
habia de ser como el sitio de Ostende, pues
siempre se podia refrescar el socorro. El
Baron de Vesmal salió tambien á hablar
con el Príncipe, y despues de haberle dado
parte de todo lo que habia, se volvió.
Cuando ya era de noche, llegó un Ayudante de la caballería de parte del Conde
Juan de Nasao á decir el mal suceso que
allá habian tenido al mismo tiempo que
el Príncipe acá le tuvo tan feliz, lo cual
pasó en esta forma:

Habiendo reconocido el Mariscal de La
Forza que el Conde Juan y el Conde Coloredo le hacia cara con la caballería, re-

solvió de salir de su cuartel y se puso en
batalla con la infantería, artillería y caballería, y fué caminando adonde estaba el
Conde, el cual invió algunos arcabuceros
á escaramuzar con él; y despues invió más
á refrescar la escaramuza; y, en este ínterin mandó á su retaguardia que se retirase
al fuerte de San Juan; y él, haciendo de
la vanguardia retaguardia, iba haciendo
cara al enemigo: el cual, luégo que conoció que el Conde desamparaba el puesto,
le cargó con mucha fuerza, y por ser el
camino de tantos marrazos y setos, viéndose empantanados muchos soldados, de-
jaban sus caballos por escaparse, con que
se perdieron más de 400, y la caballería
iba en tal desórden que si no fuera por
haberlo reconocido el coronel Ruberoy
y echado 200 mosqueteros á darles calor
desde el fuerte de San Juan, se hubiera
perdido toda. Murió de un mosquetazo el
Conde Coloredo, dentro del fuerte de San
Juan, poco despues de haberse retirado.
Hirieron al capitan Bonoi, borgoñon, y
pocos soldados hubo muertos y heridos.
Perdióse el estandarte del Conde de Beau-
mon, habiendo muerto á su corneta. Son
todos de opinion que si el Conde de Nasao
hubiera embestido á La Forza que le hubiera roto, porque era mucho más fuerte

de caballería que él, y la campaña era muy á propósito para ella. Llamaron á esta ocasion la de las ranas, porque el enemigo, como si lo fueran, pescó caballos en ella en las lagunas que he dicho. Sintió muchísimo este mal suceso el Príncipe, pues solo él bastó á aguar los buenos que hubo aquel dia: mas nunca las cosas de este .mundo suceden tan prósperas que vengan sin alguna parte de zozobra. Invió aquella noche el Príncipe á Ludovico con los corvatos á reconocer lo que hacia Chatillon, porque todos juzgaban que levantaria el sitio aquella noche; mas fué tan al contrario, que á la mañana siguiente tiraba con más fuerza su artillería á la villa: con que, visto por el Príncipe, entró dentro á reconocer lo que se podia hacer; y en este ínterin invió á avisar Ludovico como habia roto un convoy que venia á la armada del enemigo de Aldra, cargado de víveres y municiones, y los prisioneros dijeron á S. A. como Chatillon estaba resuelto á no levantar el sitio miéntras se mantuviese el Baque, y que habia hecho gran pérdida de Oficiales cuando habia inviado la gente á recuperar los puestos de Niurlete, y que La Forza estaba muy vano con haber ganado un estandarte y hecho retirar al Conde Juan, aunque tambien le habia

tadó alguna gente particular; el Prín-
', viendo que el fin de este suceso con-
a en tomar el Baque, invió á gran
'e, á Picolomini para que ganase á Mo-
o, mas habiéndose defendido muy bien
, dias, en los cuales habia entrado
apre gente de refresco, al cabo de ellos
ó Pi   nini a   rqués Gonzaga, Sar-
to m   'de ba   , á dar parte á S. A.
no los ue Momenn e querian dar á partido. Mandó el Príncipe que se le diesen, y
viendo que los de el Baque estaban perti-
naces en defenderse, y que Picolomini no
les habia podido hacer aproches por no
haberse áun rendido la iglesia de Momelin, mandó á D. José de Saavedra que
saliese con 1.000 españoles de los tres tercios, que toda era gente escogida, y á Don
Francisco Toralto que saliese con 1.000
hombres italianos de su tercio y del de
Guasco, de ingleses y alemanes, con los
cuales marcharon; y en estando á la vista
del fuerte, les señaló el Príncipe á Saavedra el puesto más dificultoso por donde
habia de dar el asalto; y á Toralto el que
lo era ménos, al cuerno izquierdo de Don
José, y mandóles que se estuviesen quedos
hasta que les inviase la órden de acometer, y él se fué á la vuelta de Momelin.
En este ínterin reconoció Toralto una

hoyada donde podia tener cubierta alguna
gente cerca del fuerte, para en teniendo
órden de dar el asalto, subir primero
que D. José; el cual, habiendo sabido esto
por un Sargento que habia inviado á reconocer, para impedir la astucia de Toralto mandó sacar 100 soldados escogidos
con dos Sargentos, y les mandó se alojasen dentro del foso, el cual era seco; y
que si el enemigo les tirase, que intentasen
dar el asalto, que él les iria siguiendo con
la resta de su gente. Apénas se metieron
en el foso los Sargentos, cuando el enemigo, en lugar de dispararles, hizo muy
fuerte llamada con el tambor, de lo cual,
avisado D. José, lo hizo saber al Príncipe;
el cual, sabiendo del modo que habia sido,
dió reprension á Toralto y á D. José gracias por la buená resolucion que habia tomado; y mandándoles volver al cuartel,
dejó hecho el acuerdo con el enemigo de
que saliesen el dia siguiente á la mañana,
juntamente con los de Momelin, que habian hecho el mismo acuerdo. Habia en
el fuerte de el Baque 2.000 hombres efectivos con un Maestro de campo que los
gobernaba, y cuatro cuartos de cañon
que dejaron allí de yerro, y á ellos los iba
convoyando con cuatro compañías de caballos, el capitan Monsieur de Mogre,

.atural ae Cambray, y en el camino les dieron pan de muncion y los llevó á Mesieres, donde, por ser largo el camino, se habian muerto la mitad de la gente ántes de llegar. Sabiendo Chatillon como se habia rendido el Baque, resolvió hacer su retirada la noche siguiente, con que inviando toda la artillería gruesa y bagaje delante, puso de retaguardia la mejor de su gente, y así comenzó á retirarse. Y luégo que los sintieron los que estaban en las medias lunas de la villa, inviaron á avisar al Príncipe, el cual marchó con el ejército y con el de Picolomini, y entró por la puerta de el Baque y salió á la montaña de San Miguel, donde siendo ya más de las ocho del dia, primero que todo hubiese pasado, y viendo que el enemigo iba con muy buena órden y nos llevaba media legua de ventaja, le pareció al Príncipe que era mejor al enemigo la puente de plata, como dice el refran, con que hizo alto media legua más allá de Sant Omer, y mandó trujesen el bagaje; con que dormidos aquella noche en escuadrones, mandó tambien salir toda la gente que estaba en Sant Omer, y que cada uno volviese á su tercio, y el dia siguiente marchó á la antigua Teruana, que no tiene más que ruinas de lo que

fué, donde hizo hacer frente de banderas,
y de allí se fué á Bruselas á verse con S. A.
el Señor Infante, que estaba en la fiesta
del Santísimo Sacramento del Milagro.
Abrazó el Infante á su primo, y el uno al
otro se dieron mil norabuenas del buen
fin que habian tenido con tan gloriosos
sucesos como el de Calo y Sant Omer.
Habia quedado en el ínterin gobernando
el ejército el Conde Picolomini, y la gente
estaba ya descansada por estar el cuartel
de Teruana muy cómodo, por tener muy
buena agua y cantidad de buenas mines-
tras, forrajes y leña.

Habia sucedido ántes del último socorro de Sant Omer una desgracia muy
grande; de que estando D. Jerónimo Briceño, Capitan de caballos corazas españoles, en su cuartel, cerca de la ribera de
Gravelingas, dijo que se queria bañar en
ella; y aconsejándole sus amigos que no lo
hiciese, que le haria mal, respondió que
tenia mucho calor y que le habian dicho
que tenia poca agua en aquella parte; con
que á pocos pasos despues que hubo.... cayó, porque se le metieron los piés en unos
juncos que tenia la ribera; y cuando llegó
un soldado que se habia arrojado á socorrerle ya le topó ahogado. Sintióse mucho
en el ejército, porque era un caballero

mozo, mayorazgo, rico y casado con Doña Blanca, hija de D. Cárlos Coloma.

Cuando llegó el Príncipe Tomás á Teruana, publicó la merced que S. A. habia hecho de la compañía de caballos de D. Jerónimo Briceño á D. Alberto Coloma, su cuñado, hijo segundo de Don Cárlos; y de las de infantería del tercio de Fuensaldaña, la de D. Pedro Zepeda al capitan D. Diego de Goñi, y la de Don Diego de Velasco, al ayudante Torres, del mismo tercio: trajo tambien órden al Magistrado de Sant Omer para que deshiciesen todas las fortificaciones que habia hecho el enemigo á la parte de Artues, y á las chatelerías del Casel, Bergas y Borburg, y que deshiciesen las que estaban hechas á la parte de Flandes; con que, dispuesto esto, marchó de Teruana á Lilers, donde hizo frente de banderas; y habiendo ido los corvatos á reconocer al enemigo, trujeron algunos prisioneros que dijeron las nuevas siguientes: que estaban resueltos de sitiar á Hesdin con los dos ejércitos de Chatillon y La Forza; que se habia juntado otro muy buen ejército que habia traido el Mariscal de Brese, el cual habia de estar al opósito.

En este tiempo llegaron nuevas de como el Príncipe de Condé habia tomado el pasaje y tenia sitiada á Fuente-Rabía, y la apretaba muchísimo, aunque el capitan D. Domingo de Eguía, que en ausencia era Gobernador, hacia todo lo posible por no dejarle acercar; mas el cuidado con que estaban en Madrid era grandísimo, con que hacian grande esfuerzo para irla á socorrer. Tambien llegó nueva de como el Marqués de Leganés habia tomado en poco tiempo á Verceli, plaza de grande importancia en el Piamonte; con que mandó el Príncipe Tomás que en el ejército del Rey y en el del Emperador se hiciese salva real disparando tres veces la artillería y la mosquetería por las tomas de Breme y de Verceli, por la batalla del dique de Calo y por el famoso socorro de Sant Omer, y así se hizo.

Estando en esto, al Señor Príncipe Tomás le llegaron cartas del Conde de Anape, de Hesdin, en que le avisaba que el enemigo le iba poco á poco cercando y tomándole los puestos más necesarios, y que se hallaba con necesidad de gente y de municiones; con que luégo llamó á consejo al Conde Picolomini y á los Maestros de campo y Coroneles de la armada, y habiéndoles hecho leer la carta de Hesdin, todos fueron de parecer que era necesario meterle socorro con tiempo; mandó luégo

..amar al Teniente general D. Juan Viuero, y le dió órden que partiese luégo
con la caballería y 400 españoles del tercio
de Fuensaldaña y Saavedra, y 200 irlandeses del tercio de Onel, y todas las más
municiones que se pudieran dar del ejército; y que en estando en parte segura, que
las encaminase con la dicha infantería y
él se volviese á el ejército. Mandó tambien
á los corvatos que tocasen arma al enemigo
por diferentes partes. D. Juan de Viuero
tomó muy buenas guías, y metió el socorro en Hesdin con muy buena diligencia; y la caballería del enemigo se mostró,
mas no se atrevió á embestir á D. Juan,
con que volvió al cuartel, habiendo socorrido aquella plaza sin pérdida de un hombre; y el Mariscal de Brese fué llevado
preso á Francia, y hasta ahora no ha vuelto
en la gracia de su Rey; su ejército se entregó á Monsieur de la Millore, Gran maestro de la artillería de Francia.

En esta ocasion llegaron nuevas á
Bruselas de como era muerto el Conde
Juan de Nasao, y su cargo de General de
la caballería quedó vaco, y lo está hasta
ahora. Tambien llegó nueva como Don
Pedro de Villamor, Comisario general de
la caballería de Brabante, habia roto un
cuartel al holandés en un villaje llamado

Boh, y por negligencia de no socorrerle
el Marqués Sfrondato, no pudo pasar
adelante y se retiró, habiendo muerto á
D. Antonio de Meneses, cuya compañía
de caballos corazas proveyó S. A. en el
Conde de Villalobos, hijo mayor del Marqués de Cerralvo.

Habiendo visto los franceses como, estando Hesdin socorrido les era necesario
mudar de intencion, se resolvieron de
ponerse delante de Renti, plaza muy
fuerte de cuatro caballeros, pero muy
pequeña, con que fácilmente la circunva-
laron; y habiéndola sangrado el foso y
hecho brecha en la muralla, los soldados
de dentro apretaron al Gobernador para
que se rindiesen; el cual, considerando
que era rigurosa cosa aguardar el asalto,
teniendo allí su mujer y hijas y toda su hacienda, acordó á los soldados su deseo,
rindiéndose á muy buenas condiciones.
Era toda la gente que tenia dentro valona,
y luégo que llego á Aire, mandó S. A.
que le prendiesen; y vista su causa, el
Auditor general le sentenció á que nunca
pudiese tener cargo de guerra. El Francés con esta victoria le parecia que ántes
de acabar la campaña las habia de tener
muy grandes para recuperar la reputacion perdida en Sant Omer; y habiendo

inviado á avisar á su Rey de la victoria y
toma de Renti, les vino órden que le
desmantelaran, como lo hicieron, y marcharon por dentro de su país, y lo mís-
mo hizo el Principe Tomás por el nuestro; y llegando á los burgos de Arras
se puso en batalla para presentársela al
enemigo, que pasaba un cuarto de legua
de nosotros; mas siguió su camino hasta
Chatelete, y el Príncipe Tomás hizo lo
mismo con su ejército, haciendo frente
de banderas y fortificándose delante de
Cambray. El enemigo abrió luégo trincheras á Chatelete, que es una plaza
menor aún que Renti; habia dentro la
compañía del gobernador D. Gabriel de
Latorre, que era de españoles, y cuatro
compañías de valones fuera de tercio, y
tres compañías de alemanes del ejército
de Picolomini. Esta fué una plaza de las
que mejor se han disputado jamás, porque siendo un puño de tierra se defendió veintiseis dias, haciéndole grandísimo
daño al enemigo; y despues de haber resistido dos asaltos, al tercero los alemanes de Picolomini echaron las armas en
tierra, con que entraron los franceses y
degollaron casi todos los españoles y valones que habia dentro; y despues de haber
hecho prisionero al capitan Pronvila, le

hizo matar el gran Metre La Millore, accion bien infame para cualquiera, cuanto
más para un General; llevaron preso á
D. Gabriel de Latorre, y le tienen en la
Bastida hasta ahora, y á su Sargento
mayor Antonio Cantudo, al cual, en saliendo de la prision, S. A. le hizo merced
de la compañía del Gobernador dicho, y la
agregaron al pié del castillo de Cambray.
Los franceses quedaron avergonzados con
este suceso, pues habiendo tomado el
Príncipe Tomás á Chatelete el año de
treinta y seis en tres dias, y no perdiendo
más que cuatro hombres, ellos se estuvieron veintiseis dias, y perdieron más
de tres mil, con que se resolvieron á dejar un ramo del ejército para fortificar
al dicho Chatelete, y con la demas marcharon al Arbol de Guisa. Estando el ejército en Cambray, cayó malo D. José de
Saavedra, y mandó el Príncipe le llevasen
á la abadía del Santo Sepulcro, donde estuvo á la muerte; y en comenzando á mejorar, se volvió al ejército á servir su tercio.
En este ínterin los corvatos hicieron una
entrada en Francia por la parte de la Capela, y trujeron un gran botin de prisioneros, caballos, vacas y carneros.

En este tiempo murió en Buay, de enfermedad, el coronel Juan Agustin Espí-

nola, hermano del Duque de San Pedro, y su regimiento proveyó S. A. en el coronel Octavio Guasco, reformando el que él tenía en el de Espínola.

Sabiendo el Príncipe Tomás que el enemigo habia marchado con su ejército, mandó á Picolomini marchase con el suyo á Mouens, y él marchó á Apa, y despues de haber estado dos días allí, marchó á Baue: no habiendo estado el Señor Príncipe Tomás dos dias en Baue, le llegó un correo de S. A. en que le avisaba del socorro de Güeldres, que fué de esta manera:

Deseando el Príncipe de Orange hacerse dueño de Ultra Mossa, puso sitio á Güeldres con el ejército de holandeses; y habiéndose empezado á fortificar, tuvo nuevas que S. A. estaba ya cerca para socorrer la plaza, con que fué tanta la confusion de sus soldados, que empezaron á querer ponerse en huida; y á este tiempo embistió el Comisario general de la caballería, D. Pedro Villamor, con un batallon del enemigo que hacia cara para dar lugar á que se retirase su ejército, el cual iba sacando con el mejor órden que podia el Príncipe de Orange: mas habiendo sido asistido D. Pedro de más caballería que llegó, rompió el batallon dicho que le hacia cara, en el cual hizo prisioneros dos Capitanes, que

el uno era hermano del Príncipe de Orange
y el otro su sobrino, hijo de D. Manuel
de Portugal; el cual, despues de haber sido
fraile carmelita descalzo, y profeso y de
misa, apostató, y S. A. le mandó entre-
gar á su religion, donde está al presente.
En este tiempo el gobernador D. Andrés
de Prado hizo una salida con la más gente
que pudo, y ganó dos piezas de artillería
del enemigo y le mató mucha gente; y
visto por S. A. que habia hecho aquel
socorro con tanta felicidad, se volvió á
Ramunda con el ejército victorióso en
todas partes. Esta buena nueva de Güeldres llegó acompañada de otra famosa
victoria que se habia tenido en España, y
fué de esta manera:

El Príncipe de Condé apretaba cada
dia con mayor violencia la villa de Fuente-
Rabía, y habiendo llegado á su ejército el
Arzobispo de Burdeos, glorioso de haber
quemado algunos navíos á D. Lope de
Hoces, pidió licencia al Príncipe para que
su gente diese un asalto, el cual se la concedió, y el Arzobispo escogió para él toda
la más escogida nobleza que tenia en su
armada naval, y dió el asalto tan terrible,
que aunque le costó mucha gente, por la
valentía con que los de la villa siempre
se defendian, con todo eso se alojó en el

foso. Sabida por S. M. esta nueva, mandó
que se juntasen el Almirante de Castilla,
que tenia el ejército junto á Victoria y el
Marqués de los Velez, Virey de Navarra,
con el suyo, y que embistiesen las fortificaciones del de Condé: en estos ejércitos
habia un tercio de napolitanos y otro de
irlandeses, y seis compañías de valones y
todos los demas tercios eran de españoles,
y en infantería y caballería serian todos 15.000 hombres; los cuales, con el valor
que iban, parecian muchos más, llegaron
á medio dia, el dia de Nuestra Señora de
Setiembre, y empezando á embestir con
los primeros reductos; se metió en confusion el ejército francés, con que empezaron la huida. Los nuestros les apretaron
de modo que ganaron la artillería y todo
el bagaje, y muchas banderas y estandar-
tes, y el Príncipe de Condé se retiró á
uña de caballo, y el Arzobispo de Burdeos y mucha nobleza le siguió; mas el
Marqués de la Forza, que se alababa de
que habia hecho poner en España predi-
cantes hugonotes, fué hallado entre los
muertos con sus compañeros; y entre prisioneros y muertos perdió el Príncipe de
Condé más de 4.000 hombres, y toda su
recámara, que dicen la tenia riquísima; y
quedó corrido de ver que con la espada en

la mano nunca pudo hacer á su gente pelear. Todos han atribuido esta victoria á
milagro de la Vírgen Santísima, á quien
nuestra gente se habia encomendado con
gran devocion, pues huyeron los franceses
estando muy atrincherados y siendo al
doble en el número que nosotros.

El Príncipe Tomás mudó sus reales á
Quenue, é hizo hacer una salva real por los
dos socorros tan felices de Güeldres y
Fuente-Rabía; y sabiendo que el enemigo
no habia mudado su armada del árbol de
Guisa, por falta de forrajes, mudó la suya
de Quenue á los villajes de entre Mons y
Valenciennes, poniendo la corte en Quecu-
rin, de donde, despues de haber estado
algun tiempo, partió á Nuestra Dama de
Montagut, donde S. A. estaba despachan-
do las órdenes para retirarse el ejército de
Brabante. Volvió el Príncipe á Mons, donde, sabiendo que el enemigo habia ya tenido su gente en guarniciones, hizo lo mismo
con este ejército de la frontera de Francia,
mandando al Conde Picolomini que marchase con el ejército imperial para alojar
el invierno al país de Cleves y de Juliers,
y con su persona en Aquisgrana; al tercio
de Fuensaldaña á Valenciennes y á Cambray; al tercio de D. José de Saavedra en
Betuna, Ayre y Casel; el tercio del Guas-

co á Bergas, Furnos, Borburgh y Dixmuda; el tercio de Toralto á Mons de Henao; el de irlandeses en Arras; los regimientos de alemanes al país de Lucemburgh; Vesmal en Sant Omer; Hesdin y Bapama, ingleses, y Velada volvieron á Brabante; el Teniente general D. Juan de Viuero en Duay, donde tan   alojó un regimiento nuevo que habi   nido de alemanes, y del coronel Behei   ). Francisco Pardo, Comisario general, en Valencienes, y toda la caballería repartida en los países de Artues y de Henao. Con que habiendo cumplido con la relacion de la campaña del año de 38, escribiré ahora lo que sucedió en el invierno hasta que empezó la del año de 39.

Vinieron nuevas de Alemania á S. A. como el Duque de Saxe Veimar habia puesto sitio á Brisac, y que por hambre en gran necesidad; y habiendo intentado socorrerla el Duque de Lorena y el Duque de Sabely y Lambuc, se habian retirado sin hacer nada, habiendo perdido dos reencuentros de importancia; con que no pudiendo ya esperar más Reinch, Gobernador de la dicha plaza, se rindió á partido, y el Duque de Veimar metió dentro de guarnicion sueceses y franceses. Esta nueva fué muy sentida, porque esta plaza

es la mejor que tiene la Casa de Austria
en Alemania, y pasaje y principio de todos los socorros que vienen de Italia á
estas provincias. El Maestro de campo Don
Francisco Toralto alcanzó licencia para
irse á Nápoles, donde está al presente.

· Tambien fué á España con pasaporte
por Francia el Marqués de Miravel, y su
cárgo de Mayordomo mayor se dió al
Marqués de Cerralvo. Fuése tambien á
España D. Alvaro de Viuero, hermano del
Conde de Fuensaldaña. Su compañía de
caballos se dió á D. Luis de Barrio, Capitan del tercio de Fuensaldaña, y su compañía se dió al alférez Ochoa, soldado de
la misma compañía. Fuése tambien á España D. Francisco de Luna, y su compañía
de corazas dió S. A. al ayudante Miguel
de Llanos. Fué llamado de España para
ser Comisario general el capitan Mallea,
y su compañía de caballos se dió á su hijo;
y por haberle dado una enfermedad de
sordez á D. Diego Lopez de Zúñiga, Sargento mayor de Saavedra, se dió su cargo
á D. Luis de Miesses, Capitan del tercio
de Velada; y por haber ido á Alemania y
cumplido el tiempo de su licencia, proveyó S. A. la compañía de D. Pedro Zapata en D. Diego de Villagomez, Alférez
del Maestro de campo de Saavedra. Des-

pues de esto, el Príncipe Tomás tuvo licencia de España para irse á Milán á
asistir las cosas del Piamonte, y así lo hizo.
Por muerte del Gobernador del Saso dió

y el que él tenia de Güeldres, al Teniente

Lacotera.

España de modo que por cartas negocia-
ria luégo su pretension, con que se fué
luégo á Bruselas y pidió á S. A. le hon-

fante, como Príncipe tan benigno, y en

bia fortificado despues que lo tomó el Cardenal de la Baleta el año de 37, haciendo de medias lunas en las cuatro puertas y un fuerte real en una montañuela que predominaba. Tenia á la sazon muy poca gente, que hay opinion que no habia 300 franceses en el fuerte. La gente que llevaba el Conde de Fuensaldaña, que eran 5.000 infantes; su tercio, Toralto y Doria, de italianos; irlandeses de Onel; alemanes de Beber; y valones de Vilerual y de Tremele, y 2.000 caballos que llevaba á su cargo D. Francisco Pardo, Comisario general, y 20 piezas de artillería que llevaba á su cargo un Teniente general de ella, y todas las municiones necesarias; y al Teniente general D. Juan de Viuero mandó S. A. que tocase arma al enemigo con algunos tropas á la parte de Corbin, á fin de que no inviasen ningun socorro á Chateo. Esto sucedió en el mes de Febrero, donde mudándose el tiempo, con una lluvia y vientos grandísimos, se hallaba el Conde tan turbado, no sabiendo qué resolucion tomar, porque la gente habia ido sin bagaje, y para traer paja para abarracarse y leña para hacer fuego y faginas era menester ir muy léjos y con gran comboy por causa de la guarnicion de Landresi; mas con todo eso, comenzó á abrir trincheras, y los italianos asaltaron una medía luna, degollando la gente que la defendía; y se tiene por cierto que si la demas gente hubiera hecho lo mismo se ganara la villa; mas fuéles fuerza retirarse de la media luna, porque no tenian faginas ni se podian fortificar. El Conde, desesperado de poder tomar este puesto, pareciéndole que le vendria socorro, se retiró, mandando que cada uno se volviese á su guarnicion, y tuvo mucha dificultad para retirar el artillería, porque los caballos no la podian sacar del lodo. Hubo en esta ocasion entre muertos y heridos, de nuestra parte, 200, y entre ellos algunos Alféreces y Sargentos reformados, casi todos italianos, y mucha gente enfermó de lo mal que lo habian pasado. Tambien por falta de forraje y del mal tiempo murieron muchos caballos, y hay opiniones de que fueron más de 400. El Conde escribió á S. A. que la tempestad que se habia levantado fué causa de no haber tomado la villa, y despues supo que era tan poca la gente que habia dentro, que quedó bien arrepentido de no haber dado el asalto.

En este tiempo se habia aprestado la armada de Dunquerque para ir á España, en la cual habian de ir 2.000 valones, de que se formó tercio á Monsieur de Molinguen, y el que él tenia en la ribera de

Brujas dió S. A. á su hermano el Coronel Granja. Juntáronse estos 2.000 valones de compañías de todos tercios, y á llegar á Dunquerque no llegó la mitad; con que mandó S. A. que se reemplazasen de todas las guarniciones marítimas; y hecho así, y embarcados con mucha cantidad de pistolas y carabinas que se inviaban para la caballería de España, con un tiempo mal seguro, mandó S. A. á Miguel de Horna, que iba cercano de la armada dicha, que se hiciese á la vela, y luégo lo hicieron; y habiendo llegado junto á Gravelingas, les sobrevino una calma grandísima, no habiendo salido del puerto más que seis navíos y dos fragatas, que los demas habian encallado en Mardique. El enemigo, que estaba esperando en Calés, viendo esta buena ocasion, echó fuerza de velas y las acometió; y, habiendo peleado con gran fuerza mucho tiempo, se levantó un poco de viento, con que Miguel de Horna se volvió al puerto con pérdida de dos navíos; y habiéndose encallado nuestra Almiranta, mandó el Marqués de Fuentes que la sacasen el artillería y la gente y que la pegasen fuego. Perdiéronse de nuestra parte, entre muertos, heridos y presos, 400 hombres, y un capitan del tercio de Molinguen, muerto,

, dos prisioneros, y su Sargento mayor, que era hijo del Gobernador que perdió á Renti. Mataron tambien al alférez Lorenzo Gomez, natural de Granada, que iba por uno de los dos nombrados del tercio de Saavedra. El enemigo dicen que llegó á Amsterdan, con gran pérdida, y toda su armada desaparejada de nuestra artillería; y visto el de Fuentes que desta pérdida todos le echaban la culpa, por haberla hecho salir el armada á ponerse delante del enemigo sin viento hecho, se dió tanta prisa á aderezar la suya, que en pocos dias, volviendo un viento Norte Leste, mandó á Miguel de Horna que se hiciese á la vela, el cual en ocho dias se puso en la Coruña, habiendo tomado en el camino seis navíos de mercaderes. Tres dias despues de haber partido nuestra armada llegó la del enemigo delante de Mardique, y como conocieron que la nuestra habia partido, se volvieron á Holanda, admirados de la gran diligencia del Marqués de Fuentes.

En este tiempo S. A. hizo merced del gobierno de Ostende á D. Juan de Almaráz, Sargento mayor reformado que estaba vaco por muerte del Maestro de campo Alonso Ladron de Guevara, y por muerte de Alvarado se dió el gobierno de

Nioporte al Sargento mayor Salvador Bueno, y el gobierno de Liera se dió al capitan Alcántara, y hizo Teniente de Maestro de campo general á Dionisio de Guzman, Sargento mayor del tercio de Fuensaldaña, y su cargo se dió á D. Diego de Contreras, Capitan del mismo tercio, y á D. Antonio de Velandia; y su compañía de caballos se dió á D. Juan Mojica, Capitan del tercio de Velada; al Sargento mayor de Velada, Juan Porcel, dió el gobierno de Ramunda, y su cargo al capitan Bernabé de Vargas, cuya tenencia del castillo de Amberes se dió al capitan Don Juan de Alcocer; y otros puestos se dieron á quienes yo no me acuerdo; con que los que negociaron quedaron contentos y los demas con esperanzas de que algun dia les tocaria la suerte.

Por este tiempo llegó un extraordinario de España y trujo órden de S. M. que el Conde de la Fera sirviese el oficio de Maestro de campo general del ejército de Brabante contra holandeses, y el Marqués de Fuentes sirviese el oficio de Maestro de campo general contra franceses, con retencion de su puesto; y D. Andrea Cantelmo, General del artillería de la frontera de Francia, tambien con retencion de su cargo. Estos cargos se han de entender que no eran más que por la campaña de 39, y sin patentes ni sueldos.

De las prevenciones que hubo este invierno, no he tratado, que no he sabido hubiese ningunas, como se echó bien de ver en los sucesos de adelante.

Por lo arruinado que estaba el Condado de Borgoña, mandó S. A. al Duque de Lorena que con su armada, que seria la infantería y caballería poco más de 3.000 hombres, fuese á alojar al país de Tréveris y de Lucemburgh.

Cuando ménos se pensaba de las fuerzas y prevenciones de los franceses, entró en el país de Artois Monsieur de La Millore, Gran Maestro de la artillería de Francia, con 24.000 hombres de infantería y caballería; y habiendo llegado entre Aire y Betuna y tomado la villa de Liers, habiéndose rendido luégo el Alférez de la compañía del coronel Bher, de alemanes, que no tenia más de 50 hombres, y no se podia defender sin mucho mayor número de gente; lo cual, sabido por S. A. en Bruselas, invió á mandar al Conde Isimburgh que sacase luégo la gente en campaña, el cual dió órden al Maestro de campo D. José de Saavedra, que con las cinco compañías que estaban en la Catelería de Casel y con el tercio de Cárlos Guasco y la compañía de caballos de La Haya, se pusiese á guardar la ribera de Gravelingas hasta Borburgh, como lo hizo; y pocos dias despues llegó el Conde de Isimburgh con el tercio de irlandeses, y el de Vesmal, de valones, y algunas tropas de caballería con el Teniente general D. Juan de Viuero. Poco despues llegó el Conde de Fuensaldaña con su tercio y el de Toralto, y el Comisario general D. Francisco Pardo con su caballería, que estaba en el país de Henao; y despues llegaron los coroneles Roberoy y Bher con sus regimientos de alemanes y el Conde de Vilerual, y el Baron de Trémele con sus tercios de valones. Toda esta gente se alojó en los villajes de entre Gravelingas y Borburgh; y estando en esto, llegó el Marqués de Fuentes, de Bruselas, y se encargó del ejército, y llegó el coronel Ludovico con los dos regimientos de corvatos, y de Brabante el tercio del Marqués de Velada y seis compañías de caballos: para toda esta gente faltó el pan de municion, porque el Aman de Hornos, Proveedor de víveres, no habia hecho provisiones en las plazas allí vecinas, con que fué causa que los soldados hiciesen grandísimos desórdenes, robando los villanos. Habia dejado órden el Conde de Isimburgh al Gobernador de

Aire, que por muerte del Conde de Tre lo
era Monsieur de Bure, que si veia que marchase el enemigo de Liers á la vuelta de
Hesdin, que metiese á toda diligencia 400
hombres del tercio de Saavedra, y 200 irlandeses que habian entrado en Aire para
ese propósito: el cual Gobernador, habiendo sabido · por sus espías que La
Millore habia marchado á toda diligencia á la vuelta de Hesdin, mandó á Don
Francisco Antonio Castrejon, Capitan del
tercio de Saavedra, que con cuatro compañías dél y los 200 irlandeses dichos, se
metiese en Hesdin á toda diligencia; el
cual hizo toda la que pudo para entrar;
mas habiendo llegado á un bosque, cerca de
Hesdin, topó con unos villanos que le dijeron como el Gran Maestro tenia tomados
todos los puestos, y que habia puestos
muchos cuerpos de guardia á lo largo,
para que en viniendo algun socorro tocasen arma. Sabido esto por D. Francisco,
con parecer de los demas Capitanes que
con él iban, se volvió, y todos echaron
la culpa el gobernador de Aire, porque
si le hubiera inviado un dia ántes, sin
ninguna dificultad hubiera entrado. Sabido ya el designio del enemigo por el
Marqués de Fuentes, mandó llamar á
consejo á todos los Oficiales del ejército

para que dijesen lo que se podia hacer, y
todos fueron de opinion que sitiase á
Adra, porque el Baron de Liquis, gobernador de Borburgh decia que tenia nuevas ciertas que estaba muy desproveida,
y que era plaza que se podia ganar en
pocos dias. A esto respondió el Marqués
que no tenia municiones bastantes para
poder sitiar, á lo que le dijeron los Maestros de campo que si no se podia sitiar,
que se metiese con todo el ejército en el
Bolonois y que lo arruinase todo, con que
impediria al enemigo los víveres que le
iban, la mayor parte de allí, y que tambien podria ser que, sospechando que
iba á sitiar Acaseles, que levantase el sitio
de Hesdin, y que no se iba á perder nada
con hacer esta diversion. Respondió el
Marqués que se murmuraria de que un
ejército del Rey no entraba si no es á hacer
pillajes; con que este puntillo de honor,
mal á propósito, fué causa de que no se
hiciese ningun daño al enemigo, siendo
mejor en todas ocasiones hacer poco que
no hacer nada.

En este tiempo le llegó nueva al Infante como Monsieur Fouquier habia
sitiado á Tiumbila con 21.000 hombres de
infantería y caballería, y que el Baron de
Beque, que gobernaba á Lucemburg, no

tenia fuerzas bastantes para hacerle resistencia; con que invió á mandar al Conde
Picolomini que luégo marchase con su
ejército á Lucemburg, y se juntase con
las tropas de Beque y procurase socorrer
ʼlaza.

ırqués de Fuentes mudó el ejér-
contorno de Borburgh al villaje
ae ın, y el dia siguiente marchó con
él y pasó por dentro de la villa de Sant
Omer, y hizo noche en Arque; y el dia
siguiente llegó á Aire, dónde el mismo
dia habia llegado S. A., y mandó que
para el dia siguiente, muy temprano, le
tuviesen el ejército en batalla, porque lo
queria ver. Púsolo el Marqués en muy
buena órden puesto en escuadron, parte
con pistolas y parte con carabinas y con
sus coletos, y preguntó que qué gente era
aquella; y le respondió el Teniente general, D. Juan de Viuero, que como aquel
invierno no se habia dado ni forrajes ni
dinero para remontar, que habia toda
aquella gente á pié. Habia venido tambien con S. A. D. Andrea Cantelmo, y
desde entónces comenzó á ejercer el oficio
de General de la artillería de este ejército,
con el que marchó S. A. este dia mismo
á Lilers, donde ya tenia dispuesta la frente
de banderas Dionisio de Guzman, Teniente

de Maestro de campo general, con que luégo se acuarteló y se hicieron muy buenas fortificaciones, las cuales estuvieron en ocho dias de todo punto acabadas.

Gobernaba en Hesdin el Conde de Anape, nieto de aquel bravo Coronel español, Gaspar de Robles, Señor de Villi, y por estar muy impedido de la gota, habia entrado dentro para asistirle Juan de Liconti, Sargento mayor reformado, que lo habia sido del tercio que se reformó de Cárlos Guasco. Este tenia tambien órden de que en caso de que muriese el Conde de Anape gobernase él la villa y la infantería que habia dentro, la cual era toda valona, es á saber: ocho compañías del tercio de Vesmal, la del Gobernador y la del Conde de Tre, y en todas diez no habia 800 hombres. Habia tambien 500 refugiados, á los cuales hicieron tambien tomar las armas, y habia una compañía de caballos arcabuceros del Conde de Moeron, y otra de voluntarios del país de Artois. Entraban y salian villanos con las nuevas de lo que pasaba, de los cuales supo S. A. lo bien que se defendia la villa; mas como los ataques eran muy fuertes, se comenzaba ya á sentir la falta de gente y de municiones; y para tener S. A. mejor relacion de todo lo que habia, invió á decir á los tercios de españoles, que si algun Alférez entraba dentro, le haria merced de una compañía. Tuvo tan buena suerte el alférez Diego Suarez, del tercio de Fuensaldaña, que ántes habia sido paje de D. José de Saavedra, que entró dentro, que, como nacido en el país, le fué fácil pasar por francés. Guiábale un villano, y volvió con cartas y muy buena relacion de todo á S. A., por lo que le hizo merced de compañía, como adelante se dirá.

Las chatelerías de Flandes dieron tantas quejas á S. A. de los pasajes de gente de guerra, que para darle satisfaccion, se informó de los Oficiales más culpados; y hallado que de la caballería lo eran Don Alejandro Iturrao, le quitó la compañía de corazas con que servia, y la proveyó en el Capitan Jacinto Cortés, Ayudante de Teniente de Maestro de campo general. Tambien le quitó la compañía de caballos á Monsieur de Fretiñi, hijo del Baron de Trémele, y la proveyó en Monsieur de Peluce, Capitan de borgoñones en el tercio del Conde de Sanctamur; y de infantería, habiendo hallado culpados á quince Capitanes del tercio de Fuensaldaña, se hizo una cosa muy nueva, pues nunca se ha visto, y fué mandar que se rifasen, porque

á dos de ellos se habian de quitar las compañías. Tocóles la mala suerte á D. José
Osorio y á D. Juan de Paz; mas su Maestro de campo, viendo que eran de los que
ménos culpa tenian, negoció que no se las
quitasen, sino que sólo se las suspendiesen,
como se hizo, quedando todos bien admirados que S. A. hubiese seguido un tan
mal consejo como éste que le habian dado.
Tambien proveyó S. A. tres compañías de
caballos de criados del Príncipe Tomás
que se habian ido con él; la del Conde
Vizca en el capitan D. Francisco de Castro;
la del Conde de Sarrabal en el Ayudante
de la caballería Portillo, y la del Marqués
Paravecin en D. Onofre Caracholi, Capitan del tercio de D. Francisco Toralto.

Llegó tambien un correo de España,
en que avisaban como el Príncipe de
Condé entraba con un ejército muy fuerte
en Rosellon, y quemaba muchos lugares
y habia tomado la villa de Salças, y se
fortificaba en ella, por ser nuestra gente
tan poca que no le hacia oposicion.

Tambien llegó un correo de Italia
que trujo nuevas como el Señor Príncipe
Tomás y el Marqués de Leganés habian
tomado á Xibas, á Cresentin, Moncalvo,
Aste y otros muchos lugares en el Piamonte, con que le iban ocupando todo

por hallarse el Francés y la Duquesa de Saboya con pocas fuerzas para resistirles.

Habiendo S. A. sabido por la relacion que habia traido el alférez Suarez el grande aprieto con que se hallaban los de Hesdin, mandó echar voz como un ejército de franceses que mandaba Chatillon iba á sitiar á Cambray, por haber sabido que esaba falto de gente, con que mandó al Conde de Fuensaldaña que se partiese luégo con 600 hombres españoles de los tres tercios, y italianos de los dos, y que fuesen con su bagaje y marchasen tres leguas del cuartel, y que aquella noche nombrasen 300 hombres, los más sueltos, y que la mayor parte supiesen nadar, y que los inviase con el alférez Suarez que los guiase por donde él habia entrado en Hesdin; con lo cual, habiendo hecho esta deshecha, Fuensaldaña se volvió al cuartel, mas los 300 hombres que se acercaron á un bosque cerca de Hesdin fueron sentidos de una centinela del enemigo, con lo cual, visto por nuestra gente que el Francés estaba en arma, se retiraron y volvieron á nuestro ejército á la deshilada, y sólo faltaron cinco que el enemigo hizo prisioneros; con que S. A. conoció que no era posible socorrer á Hesdin si no es con fuerzas iguales ó superiores al enemigo.

A esto llegaron nuevas á S. A. de la gran victoria que habia tenido el Conde Picolomini en Tiumbila, y aunque sea por mayor, escribiré algo de ella.

Es Tiumbila una de las plazas más estimadas de estos Países-Bajos, así por la fidelidad de sus moradores que siempre han tenido para con su Príncipes, como por la fortaleza con que está fabricada. La situacion es junto á la ribera del Mosa, en el país de Lucemburg, frontero de Champaña; está fortificada á lo moderno, muy parecida al castillo de Amberes. Defendióla en esta ocasion el Teniente de gobernador, por estar ausente el Conde de Vils que lo era. La gente era toda valona y se defendia muy bien, aunque era poca y le faltaban muchas cosas de las necesarias. Monsieur de Fouquier la atacaba con gran cuidado y valentía, y sus fortificaciones estaban ya en defensa, cuando, conocido por Picolomini el aprieto en que esta villa estaba, resolvió atacar las fortificaciones de Fouquier, y lo hizo de esta manera: mandó al Baron de Beque, su Teniente de Maestro de campo general, que con la gente que tenia á su cargo, que la mayor parte era del Rey, atacara la

te donde el enemigo estaba más forti-
do, y al Baron de Suis, tambien Te-
-ate de Maestro de campo general, que
:ase con una parte de la gente del Im-
io por otro lado; y al Marqués Gon-
que metiese la caballería en plaza de
.s por si acaso salia la del enemigo.
go que   se ejecutó, se garon las ·r·   fortificaciones de
uquier, hal   sto toda su gente
en batalla para a uerlas; mas fué embestido de nuestra gente de modo que su
caballería se puso en huida, quedando herido el Marqués Gonz   a de un carabinazo
en la cara. Fouquier, , abiendo hecho de
su parte como soldado, cumplió como
debia á valeroso caballero, pues á pié y
con la espada en la mano, fué hecho prisionero, y la mayor parte de su infantería
quedaron muertos y prisioneros, y Picolomini acudió á una parte y á otra, segun
era necesario, con que alcanzó una tan
gran victoria con muy poca disputa; pues
la caballería francesa se puso en huida ántes de aguardar una carga de la nuestra.
Mucha parte de esta victoria se atribuyó
al Marqués de Grana, por haber puesto
las baterías de la artillería en parte que
metió en miedo á la armada del enemigo.
De la Imperial murieron muy pocos y nin-

guna persona de cuenta; del enemigo se tomó toda la artillería, banderas y bagaje, y más de 3.000 prisioneros entre Oficiales y soldados, los cuales con su General Fouquier, invió Picolomini á Anamur. Despues de bien informado S. A. de Don Juan Gaitan de Padilla de todas las particularidades de este suceso, que fué el que vino con la nueva, mandó á Don Estéban Gamarra que á toda diligencia partiese á decir á Picolomini que se viniese con su ejército á juntar á Lilers con S. A. para procurar socorrer á Hesdin.

En este ínterin llegó á Lilers el Duque de Lorena, y por agasajarlo S. A., mandó poner el ejército en batalla, que fué un dia bien de ver, por lo lucida y bien armada que estaba la caballería é infantería; y de los Maestros de campo, se llevó en todo la gala con mucho lucimiento de familia y caballos D. José de Saavedra, Vizconde de Rivas á quien dos dias despues dijo S. A. como S. M. le habia hecho merced de título de Marqués de Rivas para su mayorazgo. A la noche se hizo salva real por la victoria de Tiumbila y por las que se iban consiguiendo en Italia por el Príncipe Tomás y el Marqués de Leganés.

Por este tiempo tuvo S. A. un correo de Picolomini, en que le avisaba como se

habia puesto sobre Moson, y que pensaba
que le tomaria fácilmente; y D. Estéban
Gamarra, como hombre gordo, no habia
llegado aún con la órden de S. A.; con que
Hesdin se iba poniendo cada dia en peor
estado. Habia mandado S. A. juntar la
nobleza del país, la cual iba llegando tan
despacio, y era tal, que más nos servia
de embarazo que de socorro.

Los corvatos que hacian cada dia em-
boscadas para embarazar á los forrajeado-
dores, tuvieron un dia una tan buena
suerte, que cogieron más de 300 caballos
y 80 prisioneros, y un Alférez de caballería, del cual se informaron del estado
del sitio; y respondió, que el Rey de Francia estaba en Abevila, y que por su respeto se habia dado un asalto, con que su
ejército, aunque con pérdida de mucha
gente, se habia alojado al pié de la muralla; y que como veian que Picolomini estaba ya desembarazado de la armada de
Fouquier, tenian por cierto que vendria
á juntarse con S. A. para socorrer á Hesdin, y que por esta causa se daban in-
finita prisa para ganarla ántes. Concordó
esta nueva con la que trajo un villano del
Conde de Anape, en que avisaba que
el enemigo, sin miedo de perder gente,
daba muy récios asaltos, y que habia

hecho una salida en que les habia muerto mucha gente, y á nosotros nos mataron un Capitan del tercio de Vesmal; y que otro dia se habian adelantado á dar otro asalto, con que se habian alojado en la muralla y habian herido al Sargento mayor Juan de Liconti, que la estaba defendiendo: con que viéndose con la mayor parte de la gente herida y sin un grano de pólvora, habian hecho acuerdo con La Millore de rendirse si en ocho dias de término no eran socorridos. S. A., sintiendo como era justo esta nueva, mandó llamar á consejo á todos los Ministros, y fueron de acuerdo que no se intentase socorrer la plaza, por no aventurar el ejército; mas los soldados, todos fueron de opinion que, si se aventurasen, tendríamos victoria, porque aunque ellos nos excedian en número, nosotros les aventajábamos en la calidad y en estar mejor armados; y el año ántes habíamos experimentado que estando el enemigo mucho más fortificado en Sant Omer que ahora, y con doblada gente que nosotros, el valor de la nuestra les habia rechazado. Cumplidos los ocho dias, salieron los rendidos de Hesdin, muy menoscabados por la pérdida tan grande que habian hecho; y es cierto que de su parte hicieron todo lo posible, y al Baron de Villi, hijo del Conde de Anape, le hizo merced S. A. de darle patente de Capitan de caballos de aquella compañía que estaba en Hesdin de voluntarios, recibiéndola á sueldo del Rey.

En este tiempo tuvo S. A. nuevas del Conde de la Fera, de como los holandeses estaban embarcados, y que se pensaba querian hacer una grande interpresa, y que se hallaba con muy poca gente para podérsela defender. Tambien llegaron nuevas á S. A. como Chatillon se habia puesto al opósito de Picolomini con las reliquias que habian quedado de Fouquier, y que le venia siguiendo el ejército que se habia levantado por él: con que se resolvió Picolomini á dejar á Moson, dando á Beque alguna gente para defender á Lucemburgh y venirse con el ejército á juntarse con S. A. Unos echaban la culpa de la tardanza de Picolomini á lo mal que habia corrido la posta Gamarra; otros á que habiendo podido seguir la victoria y arruinar al enemigo no quiso, teniendo por mejor acercarse á Moson, porque le habian informado que luégo se rendiria, por no ser villa fuerte, y que le darian una gran suma de dinero porque no la diese á saco á su gente; mas estos son discursos de gente ociosa.

Envió á mandar S. A. á Picolomini
que hiciese alto en llegando á Arras;
y mandó al Marqués de Fuentes que
luégo marchase con el ejército á Beueri,
y de allí á Carançi, donde habiendo
estado dos dias, resolvió S. A. inviar al
tercio de Velada, y al del Guasco, y al de
irlandeses y seis compañías de caballos
de socorro al Conde de la Fera. Tambien
resolvió de ir en persona á asistir al ejército de Brabante, aunque muy contra la
opinion del Marqués de Fuentes, que decia
que qué diria todo el mundo, sino que S. A.
habia venido á ser testigo de la pérdida de
Hesdin, y que desamparaba aquel ejército, cuando era razon hacer cara al Rey de
Francia que estaba en persona en el suyo;
y que al Conde de la Fera le bastaba aquel
socorro que S. A. le habia inviado; y que
mirase que su presencia habia de animar
infinito la gente, pues ella sola bastaba á
dar consuelo y valor á los más pusilánimes
y afligidos; y que así le suplicaba humil-
mente que no se fuese. Respondióle S. A.
que no tenia remedio, que era resolucion
tomada, y que esperaba que si el designio
del Holandés no le embarazaba, que volveria; y mandó que se alojasen en los burgos de Arras y se llevase en buena conformidad con Picolomini, y que la mitad

...su ejercito le inviase con D. Andrea Cantelmo á guardar el nuevo foso, y que conforme los designios del enemigo se gobernasen haciéndole oposicion. La gente que
llevó Cantelmo eran : el tercio de Toralto,
que gobernaba su Sargento mayor y el
Baron de Vèsmal, y el Baron de Trémele,
con sus tercios de valones; y al Coronel
Bher con su regimiento de alemanes; y al

con casi 2.000 caballos y algunas piezas
de artillería con un Teniente general: con
el de Fuentes quedaban Fuensaldaña y

Viuero, con 2.500 caballos; y el coronel
Ludovico con los dos regimientos de corvatos, y la resta de la artillería y tren.
En Arras se pasaba muy bien el tiempo,
porque no se hacia otra cosa que banque-
tearse á porfia los Oficiales del Emperador
con los del Rey, en que se hallaban siempre todos juntos en muy buena amistad;
mas los alemanes nos rendian siempre en
el beber, como más acostumbrados. Estando en esto, le llegó nueva al Marqués
de D. Andrea Cantelmo de como habia
inviado á la vuelta de Adra á romper un
convoy del enemigo con 500 caballos

y 200 infantes, y que habian tenido tan
buen suceso que le habian roto y cargado
hasta la puerta de Adra, habiendo traido
muchos caballos y prisioneros; y de nuestra parte no habian muerto si.no es cinco,
y el capitan Duque, de arcabuceros, muy
mal herido; y el capitan Cajero, 'de corazas, pasado de parte á parte, de que murió
en un dia, y su compañía proveyó S. A.
en D. Juan Mascareñas. Súpose tambien
de Hesdin como La Millore se estaba aún
allí todavía tratando de fortificarle y de
abastecerle; y que el Rey de Francia y
Richelieu se habian ya vuelto á París.

Habiendo sabido S. A. como Chatillon
tenia ya todo su ejército junto y que daba
á entender que queria entrar en Lucemburgh y sitiar á Tiumbila por volver por
la pérdida de Fouquier, invió órden al
Conde Octavio Picolomini para que luégo
marchase con su ejército al país de Lucemburgh, para estar al opósito de Chatillon; y así lo ejecutó, quedando el Marqués de Fuentes con bien poca gente en
Arras. Y habiendo tenido nuevas que el
enemigo queria sitiar á Abenas, invió allá
dos compañías de españoles de los tercios
de Fuensaldaña y de Saavedra; y despues
supo que el enemigo queria sitiar á Bapama, y metió dos compañías de españo-

.es de los mismos tercios, y 200 alemanes de Robeley.

A los 18 de Julio tuvo nuevas el Marqués de Fuentes como el Mariscal de La Milloré habia marchado con su ejército de Hesdin, tomando el camino de Adra, con que despachó órden á D. Andrea Cantelmo para que le aguardase en los burgos de Betuna; y así se hizo, habiendo dejado Cantelmo en el abadía de Clemares al tercio de Toralto, para si acaso el enemigo queria sitiar á Sant Omer, que tuviésemos puesto para poderla socorrer. El dia siguiente partió el Marqués, á la punta del dia, desde Betuna, y pasó la Lissa por San Venan, y á muy buena hora llegó á Blarengein, donde hizo alto para recoger un poco la gente, y formó un escuadron volante, el cual entregó al Conde de Fuensaldaña, y le ordenó marchase con él delante para ponerse al opósito de cualquier puesto que quisiese ocupar el enemigo; y el Marqués durmió aquella noche en batalla junto al nuevo foso, y el dia siguiente marchó con el ejército hasta las puertas de Berburgh, y mandó, siendo ya bien tarde, que fuesen á alojar á Brucherche; y el dia siguiente mandó que los dos tercios de españoles alojasen en Capele Bruque, y los demas en diferentes puestos.

El Conde de Fuensaldaña habia dejado su escuadron volante en el villaje de San Ni-colás, y él habia vuelto á Berburgh, donde llegó nueva al Marqués de como el enemigo habia tomado el fuerte de Eperleque y ahorcado á un Alférez que lo gobernaba, porque habia aguardado el artillería, y tambien habia tomado el fuerte de Rumengein, y por ruego de algunas personas no habia ahorcado al Capitan que lo gobernaba: con que temiendo que queria ganar tambien el fuerte de Niu, les metió 50 hombres con el Sargento de Lezcano, del tercio de Saavedra.

El dia siguiente, 4 de Agosto, mandó el Marqués de Fuentes echar un puente enfrente de la iglesia del villaje de San Nicolás, y mandó que el tercio de Vesmal se alojase en Vatendan, y el tercio de Toralto junto á Gravelingas, y los dos tercios de Vilerual y Trémele en San Jorge, y los dos regimientos de Roberoy y Bher en Bist; con que por una parte parece que esta disposicion era para defender la ribera, y por otra, haber hecho puente; era para ir á atacar al enemigo. Mandó el Marqués que marchasen los dos tercios de españoles al villaje de San Nicolás, y ántes de haber llegado á él, invió á mandar que se avanzasen dos mangas de mosque-

...ería de cada tercio, y luégo que llegaron al puente, le pidió D. Andrea Cantelmo que le diese algunos soldados, porque deseaba ir á reconocer al enemigo, y dióle una manga de mosquetería del tercio de Saavedra, con el capitan Mateo de Torres. Tenia el enemigo su campo entónces en el villaje de Santa Mariquerque, y habia mandado tambien inviar á reconocer a campaña, lo cual, visto por D. Andrea Cantelmo, puso su gente en unos setos y empezaron á escaramuzar, y invió á pedir al Marqués más gente, y le invió otra manga de mosquetería con el capitan Don Gil Valentin de Sotomayor, del tercio de Saavedra, con que el enemigo reforzó tambien su gente. Pidió tambien D. Andrea Cantelmo dos piecezuelas de artillería mansfeltinas. La gente que tenia el Conde de Fuensaldaña se adelantó de la iglesia y empezó á tirar al enemigo.

Estando ya comenzando esta escaramuza, mandó el Marqués sacar otras dos mangas de mosquetería, que la una llevaban dos Capitanes de Fuensaldaña, D. Martin de Sayas y Clemente Sorian, y la otra llevaba D. Pedro Zabala, del tercio de Saavedra, y las invió con el Teniente de Maestro de campo general, Dionisio de Guzman, para que ocupase un puesto al lado izquierdo del camino de Santa Mariquerque; y el dicho Dionisio hizo ocupar á D. Pedro Zabala, con su manga, unos setos al lado derecho del camino, y en el izquierdo quedaban con su manga los dos Capitanes dichos de Fuensaldaña que empezaron tambien á tirar al enemigo por otra parte. A esta sazon, el Marqués se habia adelantado del fuerte de San Nicolás á ver empezar la escaramuza, que fué la gente que habia puesto Dionisio de Guzman; y estándola mirando, volvió la cara hácia Don José de Saavedra que habia venido acompañándole, y le dijo que qué le parecia de aquella escaramuza; y D. José respondió, que era de opinion que se habia de acometer al enemigo, ó con todo ó con nada, porque toda la gente que sacaba afuera era perdida mal á propósito, y que cómo retiraria su ejército aquella artillería si el enemigo atacase con grandes gruesos; y que así, le parecia, que pues la órden que tenia de S. A. era de defender la ribera, que pusiese cada tercio, como ya lo habia hecho de los demas, en los esguazos más fáciles, porque si el enemigo acometiese á querer echar puente en alguno, se pudiesen ir socorriendo los unos á los otros; y que si esto no parecia bien á S. E., que sacase el ejército de la otra parte, porque los puestos eran muy aventajados para la infantería, y que 'la nuestra era mucho mejor que la del enémigo. Respondióle á D. José, que no era ménos soldado que él Cantelmo, y habia sido de diferente opinion; y que para ha·cer retirar la gente que estaba á lo largo, que él sabia cuándo era tiempo. Visto por Saavedra la sequedad con que le' habia respondido el Marqués, volvió al Baron de Balanzon y le dijo: «paréceme que el Marqués ni me tiene por bueno para aconsejar, ni tampoco para pelear, pues ni en lo uno ni en lo otro se vale de mí». El Conde de Fuensaldaña, que vino entónces de su puesto á topar con el Marqués, fué de la misma opinion, que todo ó nada, porque en la guerra, de cosas que al principio parecen muy poco y de ningun peligro, suelen venir accidentes de mucha consideracion; mas pareciéndole al de Fuentes que nadie sabia de la guerra sino es él, mandó á D. José de Saavedra que se apease de su caballo y fuese á mandar la escaramuza que habia dejado dispuesta Dionisio en el cuerno izquierdo del camino que va á Santa Mariquerque; y él, aunque juzgó que no era para Maestro de campo el ir á mandar 60 bocas de fuego que debia de haber en la manga con que

estaban Sayas y Soriano, y para aquello
no le tocaba de buena razon, si no es á un
Sargento, con todo eso, porque no pare-
ciese que rehusaba el peligro, no replicó, y
se fué con sus criados y su Capellan mayor,
el licenciado Blas Alvarez de Quiñones,
que le quiso seguir en esta ocasion; y llegando al dicho puesto topó á los soldados en confusion, con que mandó á los
Capitanes que les hiciesen pelear; y el
Marqués en este tiempo, aconsejado
de Balanzon, envió otras dos mangas á
D. José con los capitanes Gaspar de
Vega, de su tercio, y·Cristóbal de Veimar, de Fuensaldaña, el cual les mandó
luégo avanzar á una pradería más adelante. Llegó tambien el Conde de Isinguien, y dijo á D. José que el Marqués le
inviaba á su órden para guardar el camino
real de Mariquerque por si el enemigo
atacaba con su caballería; y preguntándole
D. José cuánta gente traia, respondió
que 20 caballos, porque la resta de su
compañía habia quedado de guardia al
bagaje, el cual le dijo que se pusiese
donde el Marqués le habia ordenado, porque 20 caballos no le eran bastantes para
impedir ningun intento. Llegó tambien
Dionisio de Guzman y le dijo á D. José que
el Marqués mandaba que inviase á llamar

_ su _argento mayor para que le ayudase, y tambien le inviaba dos mangas de valones, que eran de los que habian salido primero con Fuensaldaña en el escuadron volante. Llegaron las dichas mangas, y la una era de Vesmal y la otra de Trémele, y no habia en ambas 60 soldados. Llegó :ambien su Sargento mayor, D. Luis de Mieces, que le habia inviado á mandar que viniese D. José de Saavedra con un paje suyo, llamado D. Lorenzo de la Cámara, con el cual D. Luis llegó tambien el alférez D. Diego de Guzman y el alférez Juan de Perona para hacer oficio de Ayudantes, porque los dos del tercio estaban ausentes entónces. Luégo que llegó D. Luis de Mieces, le preguntó su Maestro de campo que qué le parecia de aquella disposicion del Marqués, y él le respondió que era muy buena para perderla toda. El enemigo, estando diciendo esto, disparó una pieza de artillería que dió en un árbol junto al seto donde estaba la gente de Don José, el cual, viendo esto, y que su gente no tenia pólvora ni balas, y que se echaban en el suelo, dijo si habia alguno que quisiese írselo á decir al Marqués, que fuese. Querian ser tantos los mensajeros que fué menester detenerlos sus Oficiales con la espada en la mano. En este ínterin pusieron dos piezas de artillería, apartadas del lado del camino de Santa Mariquerque, y segun se dijo, fué por órden de D. Andrea Cantelmo, y no tuvieron tiempo para retirar más que una, y ésta sin provecho, porque era mala parte donde las pusieron. Habia mandado D. José á su Sargento mayor que se volviese á San Nicolás donde estaba el tercio, y habiendo encontrado en el camino al Conde de Isinguien, se paró á discurrir con él lo mal dispuesta que estaba aquella escaramuza; y despues volvió la cara con su caballo á mirar el grueso que iba ya juntando el enemigo, y entónces le dió una bala de artillería en la cabeza del caballo y á él por el costado, con que juntos cayeron, y la misma bala mató tambien á un soldado de los que estaban junto á D. José, y llevó la pierna á otro de la compañía del Conde de Isinguien; con que visto por el Conde, hizo su retirada hasta la iglesia de San Nicolás, donde estaba el Marqués, el cual habia ya inviado dos mangas de mosquetería con Dionisio de Guzman para que ocupase la cortadura que estaba hecha delante del dique en el dicho camino de Mariquerque. Llevaba tambien tres compañías de caballos, y luégo que llegó allá Dionisio de Guzman y reconoció que era mucha la artillería que tiraba el enemigo al puesto de D. José, el cual no tenia ninguna para hacer resistencia en su puesto, y que se descubrian ya escuadrones de caballería y infantería con que nos venia á atacar todos nuestros puestos á toda fuerza, resolvió á retirarse con la dicha gente, sin haber tirado un mosquetazo; y por ser camino más seguro, se encaminó al pasaje de Bir, donde el coronel Roberoy le asistió con una barca; y aunque el enemigo se mostró algo tambien de aquella parte, con todo eso pasó sin perder un hombre, y Dionisio y estas mangas no nos sirvieron de nada en este dia, porque cuando llegó ya era acabado todo lo que pasó despues. Los Capitanes de las dichas dos mangas eran: D. Pedro de Porras, de Fuensaldaña y D. Francisco Antonio Castrejon, de Saavedra. En este tiempo, habiendo reconocido La Millore que la gente con que atacábamos de la otra parte era muy poca y mal dispuesta, mandó al coronel Gacion que con cinco gruesos, los mejores de la caballería, atacase por el camino real de Santa Mariquerque, y que cuatro escuadrones de infantería, que eran los regimientos de escoceses, Piamonte, Champaña y la Marima, á los cuales les habia agregado todos los voluntarios de los demas regi-

mientos, con que á un mismo tiempo ata-
casen á Cantelmo, Fuensaldaña y Saavedra; y cuando esto pasaba, estaba el Marqués en el puente muy descuidado de que
podia suceder esto.

Visto por Fuensaldaña que no era posible resistir con tan poca gente á tanta
fuerza, se retiró al puente, y el enemigo
le cargó de manera que, si no fuera por el
Sargento de D. Alvaro de Miranda que
con el alabarda detuvo á los primeros,
hubiera sido muerto D. Andrea: habiendo
hecho un poco más cara, le fué fuerza
montar á caballo y á uña dél retirarse, y
ántes lo habia hecho el capitan D. Gil
Valentin, pasado un muslo; con que viniéndose retirando toda la gente de Don
Andrea, y con ella D. Antonio Belandia,
que sin órden quiso asistir á D. Andrea,
y el capitan Mateo de Torres, el enemigo
le atacó y le hizo prisionero á él y á mucha parte de su gente. Al tiempo que pasaba esto, le dijo el capitan D. Martin de
Sayas á D. José de Saavedra que se retirase con tiempo, porque su camino era
muy largo y no tenia tablas para pasar los
fosos que hay entre pradería y pradería,
como las tenian en los demas puestos de
Cantelmo y Fuensaldaña; y que el enemigo no tiraba artillería á los otros pues-

tos, sino solamente al suyo, y que ya no
eran los hombres que le quedaban 150,
porque los demas se habian huido sin poderlos detener, y que más se perdia en la
persona de un Maestro de campo que no
en aquella poca gente que quedaba allí, y
que bastaba que le habia costado el Sargento mayor y el capitan Vega, que le
habian retirado muy mal herido, y muchos soldados que le habian muerto; al
cual respondió D. José que no se retiraria
hasta que se retirase Cantelmo y Fuensaldaña, porque tenia por cierto que retirarse él ántes seria causa para que tomasen motivo de decir que él les habia metido
en confusion á su gente: mas viendo que
ya se habian retirado los otros, empezó á
hacer la suya, dejando pasar á su gente
delante, y en llegando á la cortadura que
he dicho, les dijo que volviesen cara, pensando con esto entretener un poco al enemigo; mas en lugar de hacerlo los soldados, fué tanto su miedo, que una parte
de ellos se echaron á la ribera, y otra se
escapó por donde pudo; con que el Maestro de campo, viéndose con muy pocos de
los Oficiales, y aconsejado dellos, y ayudado de un paje suyo y de su Capellan
mayor, montó á caballo á la orilla del
dique; mas cinco soldados de á caballo del

enemigo estaban ya sobre él, los cuales le
pudieron matar, mas no quisieron, pensando hacerle prisionero; y él, con la espada en la mano, se defendió todo lo
posible por no quedarlo, y le alcanzaron
en la cabeza dos muy buenos golpes, y
del uno le derribaron el sombrero; de este
modo llegó al puente mezclado en los
enemigos, y al uno de estos cinco dió al
Maestro de campo una cuchillada, con que
se le rindió por prisionero, y á los otros
cuatro mataron los soldados que estaban
allí, habiendo ellos primero herido de un
pistoletazo en el brazo al Conde de Isinguien. A esto la infantería que atacaba aquellos puestos llegaba ya cerca del cementerio
de la Iglesia, y hallándose allí acaso el
capitan D. Gaspar Bonifaz, dijo á algunos
reformados que se hallaban allí de ambos
tercios: «adelantémonos á impedir al enemigo que no se apodere de la iglesia», y
en este tiempo recibió un mosquetazo en
un brazo, con que se retiró, y salió el
capitan D. Alonso de Cosgaya con una
manga de mosquetería, el cual anduvo tan
valiente que detuvo aquella primera furia;
y por haberse empeñado demasiado, quedó
herido y preso: y no anduvo ménos bravo
el capitan D. Antonio Pimentel, que con
otra manga de mosquetería le siguió, y

,..... nerido de un mosquetazo en el muslo; y el capitan D. Juan de Paz, que, como he dicho atras, tenia suspendida su compañía, habia tomado un arcabuz, y quedó herido y preso. En este ínterin los Oficiales que estaban en el puesto de Saavedra, en la otra parte, cuando se venian retirando, dieron en manos del enemigo, y tambien hicieron prisionero á Vega, que, como he dicho, le iban retirando sus soldados muy mal herido. D. José de Saavedra, viendo que la caballería del enemigo se iba acercando al cementerio de la iglesia, mandó que dos mangas de mosquetería de su tercio los tirasen; con que habiendo ellos hecho alto, tuvo lugar de atravesar el camino del dique con dos carros de municiones, y puso allí una manga de mosquetería y 50 picas á cargo del capitan Torremocha, con que la caballería tuvo por bien de retirarse; y saliendo entónces otra manga de mosquetería del tercio de Fuensaldaña, le retiraron muy mal herido al capitan Ochoa, que la llevaba; mataron tambien á los alféreces Olivares, Anguita y Freyle, é hicieron prisionero al alférez Luis de Acosta, peleando pica á pica, y á otros que no me acuerdo de sus nombres. De los cuatro cuartos de cañon que se habian pasado á la otra parte, no se pudo retirar si no es uno, quedando los otros tres en manos del enemigo; y viendo Saavedra que desde la torre de la iglesia se podia hacer mucho daño al enemigo, hizo subir allá al capitan Juan Adame Vela con 50 bocas de fuego; y D. Andrea Cantelmo, viendo que el enemigo no se retiraba, hizo plantar dos medios cañones de esta parte de la ribera, los cuales hicieron grande extrago en los escuadrones del enemigo; y porque ellos habian ocupado unas casillas de la otra parte de la ribera donde habian hecho troneras, mandó el Marqués á D. José que se fortificase, porque su tercio estaba peleando descubierto y recibia notable daño. El lo hizo así, y estando en esto, le vinieron á avisar al Marqués como pasaban algunos franceses más abajo la ribera á nado, y mandó á D. José de Saavedra que inviase dos mangas á rechazarlos, y él invió con ellas á los capitanes Francisco Perez y D. Diego de Villagomez, mas llegaron ya tarde, porque el enemigo se habia llevado todos los ornamentos y plata de la capilla del tercio de D. José, y mucho dinero que habia en ella del Maestro de campo y de los Capitanes, que hay opiniones que era en todo más de 5.000 ducados. Tambien desbalijaron la carreta del capitan Suau, en que tambien dicen se perdieron más de 2.000 ducados: con que vueltas estas dos mangas á San Nicolás, fué en tiempo que el enemigo empezaba á aflojar de sus puestos, porque el valor de nuestra gente y el daño que los dos medios cañones le hacian, los tenia ya perdidos de ánimo; con que mandándole su General que se retirasen, lo hicieron á tan buen paso como lo hizo nuestra gente cuando estaba de la otra parte, que no lo puedo exajerar más. Mandó el Marqués á D. José que con su tercio los cargase, y él lo hizo, echando todas sus bocas de fuego delante por el dique abajo, y mandó á Francisco de Benavente, su Alférez, que por detras de los setos siguiese con las banderas y picas; hizo alto el tercio en San Pieterbruque, donde mandó el Marqués que aquella noche empezase á fortificar aquel pasaje. Lo mismo mandó á todos los demas tercios, porque se pensaba que el enemigo volveria á intentar pasar la ribera, mas fué muy al contrario, porque él nunca tuvo este intento hasta que nosotros empezamos la escaramuza; con que viendo tan poca gente, pensó que, en rompiéndola, no nos hallaríamos al opósito, juzgando que el Marqués no podia aún haber llegado de Arras; y lo

cierto es que las marchas que se hicieron
fueron grandísimas. Y se lució, áunque
se habia quedado mucha gente atras por
no poder seguir. Aquella noche le llegó al
Marqués un correo de S. A., en que con
otras cosas le avisaba que habia hecho
merced de la compañía de D. Sancho de
Faro, por haberle á él dado la de Sor-
riuas, que era de finanças, al capitan
D. Alonso de Cosgaya, y su compañía al
alférez Suarez, que, como he dicho atras,
se la habia prometido S. A. por haber
entrado en Hesdin. Murieron de las heridas los capitanes D. Alonso de Cosgaya, y
D. Juan de Paz, y Ochoa, de Fuensaldaña; y Gaspar de Vega, Capitan, y Don
Luis de Mieces, Sargento mayor de Saavedra; y entre muertos, heridos y presos
cerca de 300 de ambos tercios. Retiróse
tambien herido á Bomburgh D. Pedro
Zabala; y á Miguel de Lezcano le tuvieron
hecho prisionero, y sus soldados le libraron. Anduvieron grandes competencias entre los tercios de Fuensaldaña y Saavedra
sobre cuál habia andado mejor: los de
Fuensaldaña decian que habian rechazado
al enemigo del cementerio, y que lo habian sustentado, y que de su tercio habian
muerto tres Capitanes, y del otro, no
más de uno; á lo cual respondian los de

Saavedra, que su Maestro de campo fué el último que se retiró de los que mandaban en campaña; y que su tercio habia rechazado toda la caballería del enemigo; con que si no, era fuerza que pasase la ribera cortando el cementerio, cuyo cuerno derecho defendian los de Fuensaldaña, la mayor parte peleando detras de unas tapias que estaban alrededor, y el nuestro peleó siempre en descubierto, y fué el primero que empezó la escaramuza; pues se ha visto que la primera manga que salió era la de Mateo de Torres, y que el tercio cargó el último al enemigo; y en cuanto á decir que de su tercio habian muerto más Capitanes y Oficiales, respondieron que en su tercio habia 20 compañías y en el de Saavedra no habia más de 15, y que por eso murió el Sargento mayor, con que perdió el Rey un gran soldado. Todas estas son disputas de honor y amistad que pasan entre soldados siempre, más lo cierto es, que ambos tercios se portaron bien, habiendo sido causa de defender la ribera, que si la hubiera pasado el enemigo, estuvieran á pique de perderse estas provincias. Súpose despues que La Millore habia perdido 22 Capitanes y dos Maestros de campo, y 1.500 hombres entre muertos y heridos, con que aunque se alaben de haber ganado una batalla por haberse llevado las tres mansfeltinas, y haber hecho retirar á la gente que estaba fuera hasta el puente, muy costoso le vino á salir, pues hubieron 5.000 hombres de infantería de 1.500 que debian de ser los que peleaban de ambos tercios. El dia siguiente vieron encaminar algunas tropas francesas al villaje de Polenquouen, con que mandó el Marqués á D. José de Saavedra que marchase con su tercio al villaje de Millán, donde despues de haber estado dos dias, le mandó volver á la ribera, habiendo tambien tenido estos dos dias á su órden el tercio del Baron de Vesmal con su Sargento mayor, por estar enfermo su Maestro de campo; y por haber visto el enemigo gente al opósito, mudó de designio.

En este tiempo llegó á Dunquerque el Maestro de campo D. Simon Mascareñas con cuatro compañías de su tercio, que venia desde Málaga embarcado en navíos de mercaderes ingleses; y habiendo topado con la armada holandesa, recogieron la gente y la dejaron en Cales, y los Oficiales se llevaron á Holanda, con que no escaparon sino es solos tres navíos en que venian estas cuatro compañías.

Estando ya el Marqués bien fortificado

en la ribera de Gravelingas, le llegó nueva como el enemigo habia levantado su
campo de Santa Mariquerque y marchado toda la noche, y que se encaminaba
hácia el país de Artois; con que el Marqués
se ·resolvió de marchar para ponérsele
al opósito, y dejó algunas compañías de
valones en guardia de la ribera; con que
en dos dias llegó con el ejército á San
Vinan, donde tambien se le juntó el tercio de Cárlos Guasco y seis compañías
de caballos que habia inviado S. A. de
socorro.

El general D. Andrea Cantelmo, algo
enfermo y disgustado contra el Marqués de
Fuentes, se fué del ejército porque toda la
culpa le echaban de la pérdida del artillería y de haber aventurado el ejército sacando la gente á trabar la escaramuza de
la otra parte de la ribera. D. Andrea se
disculpaba con que él no habia tenido que
ver en otra cosa que en haberle pedido al
Marqués gente para ir á reconocer al enemigo, mas que nunca le habia aconsejado
que pusiese dos Maestros de campo con
tan poca gente, tan adelantados, y en particular á Saavedra que estaba una buena
media legua del puente, y que él no se
acordaba de haber perdido el artillería;
mas si acaso él la habia perdido, que no

tenia él la culpa, sino el Marqués, pues no la habia puesto guardia y retirádola con tiempo; que el que estaba delante mal podia ver lo que se hacia atras. Sobre esto escribian el uno y el otro muchas cartas á S. A. y á España; mas, á mi entender, ambos tuvieron harta culpa, y ninguno de los dos tiene cabeza para gobernar armas.

Tambien culpaban todos al Marqués que, habiendo tenido al ejército tres dias. sin bagaje, el dia que se peleaba le habia puesto en el dique, con que fué causa de haber arruinado á los Oficiales del tercio de Saavedra, y tambien habian hecho poner al Sargento mayor en el puesto con su Maestro de campo, dejando al tercio sin Oficial mayor. De todo eso se disculpaba con que el Teniente de Maestro de campo general habia dado la órden sin tenerla suya ni saberlo.

Llegó en este tiempo un correo de S. A. que traia las provisiones de lo que habia vacado en este tiempo, y fué en esta forma: la compañía de caballos de Don Sancho de Faro que, como he dicho atras, se habia hecho merced de ella á D. Alonso de Cosgaya por haberla pedido, porque valia algo más respecto del cuartel, Don Alonso de Ibarra se le dió, y la que él

tenia á D. Gaspar Bonifaz, que cualquiera
pequeña accion en quien tiene favor son
montes de servicios; su compañía de Don
Gaspar se dió al alférez D. Juan Barbon;
y la compañía de D. Juan de Paz se dió al
capitan D. Jorge de Ameto; al capitan
Sebastian Suau se dió la Sargentía mayor
del tercio de D. José de Saavedra, y aunque la merecia muy bien, tambien habia
en el tercio Capitanes muy meritorios que
quedaron muy sentidos ellos y su Maestro
de campo: la compañía de Suau se dió al
alférez Marcos de Espinosa; y en el tercio
de Saavedra, la compañía de Gaspar de
Vega se dió al alférez D. Diego de Guzman, que todavía estaba en la prision.

Llegó en este tiempo un correo que
trajo nuevas del país de Lucemburgh,
como Chatillon habia tomado á Ibueis en
pocos dias y la habia desmantelado; y
Picolomini le estaba al opósito para que
no tomase cosa de más importancia que
este pequeño lugar.

De Italia vinieron tambien nuevas
como el Marqués de Leganés y el Príncipe Tomás, por diferentes partes se iban
apoderando del Piamonte, y últimamente
habian tomado á Tudin, ménos la ciudadela.

Tambien llegaron nuevas como los

holandeses fueron á sitiar á Güeldres, y al mismo tiempo que empezaron á tomar los puestos, el Marqués de Lede llegó con alguna gente de la que tenia á su cargo, ultra Mosa; y el Gobernador Pedro de la Cotera hizo una salida; con que pensando el enemigo que el socorro que habia llegado era bastante para impedirle de fortificarse, se retiró á su salvo.

El armada de La Millore se estaba siempre acuartelada en la abadía de Blanchi; y habiendo sabido por Monsieur de Veaumont, Gentil-hombre del país de Artois, que se habia pasado al enemigo, como el cuartel de los corvutos no tenia buena guardia, con que sería fácil romperle, guiado por él, que sabia muy bien el camino, vino á ejecutar esto el mismo La Millore en persona, con la más escogida caballería; y llegando al cuartel donde estaba el regimiento de Forcas, le rompió y tomó el bagaje sin ninguna dificultad, porque estaban durmiendo con sus amigas muy descuidados; mas el cuartel de Ludovico, habiendo sentido arma, escapó todo su bagaje, y habiendo hecho apear una compañía, defendieron muy bien una barrera que habia á la entrada del villaje; mas al fin los franceses la rompieron y degollaron la compañía y el Coronel, y todos los

fueron huyendo hasta San Venan;
habiendose adelantado por coger un estandarte el Marqués de Buesi, fué muerto
de un mosquetazo. Era hijo del Duque
Guaneta, y matólo la guardia que
la puerta de San Venan, que era
s del tercio de Saavedra; con que
no se andarte; sólo lle-
varon de rvatos y 60 soldados; y el c ego que entendió
el arma, hizo se zunas mangas de
mosquetería y al sario general Don
Francisco Pardo con la caballería; mas
sólo llegó á tiempo D. José de Saavedra á
reforzar sus guardias con toda la gente
particular de su tercio, bien ganosos de
pelear; mas la caballería tardó de modo
que dió lugar al enemigo para que se retirase; y en el ataque que hizo á la barrera hay opiniones que perdió más de 40
hombres particulares; mucho sintió el
Marqués este desaire, por estar el cuartel
del coronel Ludovico ménos de una legua
del suyo.

Poco despues llegó nueva como el
Conde de La Fera, que hacia oficio de
Maestro de campo general de Brabante,
habia muerto en Amberes de enfermedad.

Al Marqués le llegaron nuevas como
La Millore habia marchado á la vuelta

del monte de Santeloy, con que se temió que tenia algun grande designio, pues entraba tan adentro. Llamó el Marqués á consejo sobre lo que se debia hacer, y con la opinion de todos, marchó á Betuna, y de allí á la Vase y de la Vase á Loulier, y allí le llegaron nuevas como el dicho La Millore habia ganado la abadía del monte de Santeloy despues de haberle acañoneado, por composicion, y que habia hecho alto en ella, gozando de muy buenos forrajes y granos que hay en aquel contorno.

Tambien llegó entónces al Marqués el tercio de Velada, y el de irlandeses, y 20 compañías de caballos, y toda la gente que habia metido en guarniciones, con que todos pensaron que hablamos de ir á echar al enemigo del país; mas si acaso era ésta nuestra intencion, no la esperó, porque levantó su campo del monte de Santeloy y se retiró á Francia, y el Marqués marchó con el ejército á los villajes que estaban entre Arras, Cambray y Duay.

S. A. tuvo nuevas como D. Antonio de Oquendo, con la armada de España, habia tomado puerto en Doblas, despues de haber peleado con la del enemigo, con que resolvió S. A. de ir á Dunquerque en persona; y luégo que llegó, empezó á hacer venir la gente de la leva, á la deshilada, en fragatas y en navíos de Inglaterra; y visto que para las costas de Dunquerque hacia grande falta la persona del Marqués de Fuentes, le invió órden para que fuese allá y quedase gobernando el ejército el Baron de Valançon, que toda la campaña habia asistido cerca d   ona del Marqués.

Habiendo sa   aron de Valançon como La Millore n   marchado con su ejército á la frontera del país de Henao, se resolvió de marchar con el nuestro á los villajes que estaban junto á Benchain, donde habiendo estado algunos dias, supo cómo el enemigo se empezaba ya á retirar en guarniciones, con que lo avisó á S. A.

En este ínterin, pareciéndole á S. A. que era razon que el tercio de D. José de Saavedra tuviese 20 compañías como los demas de su nacion, le agregó las cuatro que habian venido del tercio de Mascareñas, cuyos capitanes eran D. Diego de Haro y Sotomayor, del hábito de Santiago, D. Miguel Pacheco y D. Juan Porceli, y la de D. García Martel. Por este tiempo se reformaron seis compañías de caballos, que fueron: D. Alonso de Ibarra, D. Pedro Rico y D. Juan Mesía, de españoles; y del país, el Conde de Isinguien, Monsieur Dragon y Monsieur Danay, de borgoñones.

Llegó órden al Baron de Valançon de S. A., para meter el ejército en guarniciones, y fueron las siguientes: al tercio del Marqués de Velada, que volviese al Valon Brabante; al tercio del Conde de Fuensaldaña, á Cambray y á Valencienes; al tercio de D. José de Saavedra, á Duay; los dos tercios de italianos de Toralto y Guasco, á Arras; el tercio de irlandeses en Aire y Betuna; los dos regimientos de alemanes de Roberoy y Bher, á Bapama; los tercios de valones de Vilerual y Trémele, en Cambray y Bouchain, Quenoi y Abenas. La caballería repartióse en estas mismas villas de la frontera; y la persona del Teniente general D. Juan de Viuero en Valencienes, y el Comisario general Don Francisco Pardo tenia órden de estar en Duay. El ejército de Brabante se retiró tambien á sus guarniciones ordinarias.

Murió D. Luis Felipe de Guevara, Veedor general de estos ejércitos y Mayordomo de S. A. El Comisario general D. Francisco Pardo no quiso entrar nunca en la villa de Duay, diciendo que su puesto era igual á los de los Maestros de campo, y que así no podia estar á órden de Don José como se le habia ordenado; y así fué á Bruselas y negoció entrar con su compañía en Valencienes, y que D. Juan

de Viuero fuese con la suya á gobernar á
Duay, saliendo de allí D. José de Saavedra con su compañía á Mervila, de donde,
porque dieron algun presente á S. A.,
mudaron á D. José con la mitad de su
compañía á Loo, y con la otra mitad á
Nioporte.

En este tiempo habian juntado los
holandeses una gran Armada y muchos
navíos de fuego, con la cual embistieron
con la de D. Antonio de Oquendo dentro
del puerto de Doblas; el cual, haciendo
todo lo posible por defenderse, llegó á
Dunquerque, habiendo hecho grande pérdida en la batalla, habiéndole quemado el
mejor navío del armada Real, llamado *la
Theresa*, adonde se perdió el general Don
Lope de Hoces y mucha gente particular,
y 700 soldados. Mataron tambien al Maestro
de campo D. Gaspar de Caravajal, y á su
Sargento mayor D. Juan Asencio le llevaron á Holanda; y á D. Francisco de Frejo,
Almirante de la escuadra de Galicia, y
muchos Capitanes y soldados fueron presos; que en todo fué grande la pérdida.

Habian desembarcado cerca de 6.000
hombres, segun he oido, en cuatro tercios,
cuyos Maestros de campo eran: D. Jerónimo de Aragon, que quedó en pié, y los
otros tres que reformaron D. Francisco

Manuel de Melo, D. Martin de Sarria y Franca. Formóse un tercio nuevo en el Teniente de Maestro de campo general D. Estéban Gamarra, y S. A. le dió por Sargento mayor á D. Juan de Espinosa, Capitan del tercio del Conde de Sástago, cuya compañía se dió á D. Luis de Bolea, hijo mayor del Marqués de Torres; la demas gente se agregó en los demas tercios y en guarniciones, que son pié de españoles.

En este tiempo le vino nueva al Conde Picolomini como Banier, General de la Reina de Suecia, habia ganado la mayor parte de Bohemia, y que tenia tomado un puesto muy cerca de Praga, y que la queria sitiar, y que Galago habia dejado el armada, con que el Archiduque Leopoldo habia ido á gobernarla, y que así, le mandaba el Emperador que volviese. Pidió licencia para ello Picolomini á S. A., y habiéndosela dado, partió á buenas jornadas; y despues que llegó, vino nueva como Banier se habia retirado; con que quedaban en mejor estado las cosas de Alemania, y con la muerte del Duque de Saxe Veimar se mejorará todo.

El Marqués de Fuentes estaba en Dunquerque trabajando todo lo posible para aprestar el Armada porque volviese á

España, y dióle una enfermedad de tabar-
dillo, con que en ocho dias murió; y una
compañía que tenia pagada por finanzas, la
prove. S. A. en el capitan D. Cárlos de
..... y la compañía de caballos que él
..... dió á D. Antonio Pimentel, y su
co...... de infantería dió al alférez Don
Be........ el gobierno de
Marq..... .... tan Orozco, Sargento mayo....... ...rque; con que no
hay vaco del marque..... ás que el gobierno
de Dunquerque, y G.....ral de la Armada
del mar. D. Juan G.....rero, Capitan del
tercio de D. José de .....avedra, fué á España con licencia de ....A., y su compañía se proveyó en el ayudante D. Juan
Ladron de Guevara, y su ayudantía en el
alférez D. Rodrigo de Aguayo.

Reformó S. A. á la parte de Brabante
un regimiento de alemanes bajos del Marqués de Lere, y un tercio de valones de
Monsieur Balera, gobernador de Estéban
Bert. El Maestro de campo Gaspar de
Valdés, castellano de Gante, murió de
enfermedad; no era pequeña tener cerca
de cien años. Su castillo no está proveido
hasta ahora.

D. José de Saavedra pidió licencia
á S. A. para ir á España á sus pretensiones, quejoso de tres desaires que decia le

habian hecho; el uno, que habiéndole escrito el secretario Salamanca que propusiese Capitanes de su tercio para la Sargentía mayor que habia vacado en él, y habiéndolo hecho de personas muy á propósito, y que el que ménos años tenia de servicios eran diez y ocho, se dió á uno de fuera del tercio, que no era más ni tenia más servicios, sino sólo por el favor que tuvo; y lo otro, que habiendo él ofrecido á S. M. (por carta que escribió al Conde Duque con el alférez D. Diego de Llamaçar, que le negoció licencia para ello) de levantar á su costa 1.000 valones, y estando ajustado, como parece por carta del secretario Salamanca, que les irian á pasar muestra á 4 de Octubre en las guarniciones donde se levantaban, no se hizo, sino les hicieron marchar, al tiempo que el enemigo habia quemado los navíos de España, á Gravelingas; con que se huyó mucha parte de la gente, y le fué á él de gran costa el rehacerla y sustentarla allí: la tercera queja era, que, por hacer merced á otros, se le habia sacado de la guarnicion donde habia entrado á mandar su tercio, y que de Meruila tambien le habian sacado, porque se decia habian dado los del lugar unos guantes á Gamarra para quedar este invierno sin guarnicion;

con que él no tenia qué hacer aquí este
invierno para mandar 90 hombres, y que
se habia hecho, porque no queria miseri-
cordia, sino es castigo; mas que si no no
lo habia hecho, que se contentaba con
que no le hiciesen desaires, ya que mercedes aquí no tenia que esperarlas, pues
sabia que por la pasion que tenian por
otros le olvidaban á él en las cartas que
escribian á España. S. A. no le respondió
á ninguno de los puntos, sino mandó es-
cribirle por el secretario Salamanca, que
por la falta que habia de Oficiales mayores
tenia necesidad de su persona por esta
campaña, y que así habia tomado resolucion hasta otra ocasion.

En este tiempo vino un correo de España en que venian muchas mercedes
para diferentes personas: al Conde de
Noyela, jefe de finanzas; al Conde de
Rux, gobernador de Lila; al Marqués de
Lede, gobernador de Güeldres, y su gobierno de Limburgue, al Conde de Vilz;
el gobierno que éste tenia de Tiumbila,
al Baron de Veque, con retencion del
gobierno de Lucemburg en el ínter.

Vino tambien nueva de España de
como se habia rendido Salsas por el mes
de Enero, con lo cual todos se holgaron
muchísimo. El Marqués de Cerralvo murió

en Bruselas de enfermedad; con que quedó vaco el cargo de Mayordomo mayor
de S. A. D. Beltran de Guevara, hijo del
Conde de Oñate y Gentil-hombre de la
cámara de S. A., se fué á España.

S. A. mandó al Marqués de Velada
que fuese á Dunquerque al apresto de la
armada, y con su buena diligencia estuvo
muy presto á punto para salir. Tomó S. A.
de la dotacion de los navíos 700 españoles,
y metió en su lugar un tercio que se habia
levantado de valones, cuyo Maestro de
campo era el Conde de Isinguien, en que
dicen se embarcaron, inclusos los 1.000
hombres de D. José de Saavedra, 1.600;
con que partió el armada por el mes de
Febrero, y se ha sabido que llegó á España, habiendo tomado en el camino una
flota de 15 navíos que venian de Samalo.

El Conde de Isimburgh hizo una salida
dentro de su gobierno de Artois, y tomó
el castillo de San Martin y otros, y los
desmanteló.

Este invierno se han hecho más prevenciones que el pasado, porque se ha
dado á Monsieur Lamboy con que levantar 2.000 infantes y 2.000 caballos, y esta
campaña han de estar á órden del Duque
de Lorena, en el país de Lucemburgh.

Estánse levantando tres tercios de valones, cuyos Maestros de campo son: el Príncipe de Ligñi, el Marqués de Torlon y el Conde de Basini. Hánse dado este invierno forrajes á la caballería y 50 escudos para remontar á cada uno de los que estaban á pié.

El Marqués de Velada va con embajada extraordinaria á Inglaterra, sobre los sucesos de la armada de D. Antonio de Oquendo. Esto es hasta fin de Marzo de este presente año de 1640.

A primero de Abril llegó un correo de España que trajo las mercedes siguientes: de Gobernador de las armas de la frontera de Holanda, al Conde de La Fontaine con 1.000 escudos de sueldo al mes; y á Don Felipe de Silva, Gobernador de las armas de la frontera de Francia, tambien con 1.000 escudos de sueldo al mes; por Maestro de campo general de la frontera de Holanda, al Marqués de Velada, el cual habia ido á su embajada de Inglaterra; Maestro de campo general de la frontera de Francia, á D. Andrea Cantelmo, con retencion de su cargo de Superintendente de Flandes; por General de la artillería de la frontera de Holanda, al Conde de Sástago y de Fuenclara; por General de la artillería de la frontera de Francia, al Conde de Fuensaldaña, con retencion del gobierno de Cambray, en ínter: estos cuatro con 500 escudos de sueldo al mes, y todos con patentes. Sólo por este ánimo (*) el tercio del Marqués de Velada se dió á D. José de Saavedra, y el suyo se dió al Conde de Salazar, y la compañía de caballos del dicho Conde se dió al capitan D. Cristóbal de Berrio; el tercio del Conde de Sástago se dió á D. Jerónimo de Aragon, hermano del Duque de Terranova; y el tercio que él trajo de España, se dió al capitan D. Gabriel de la Torre, que era gobernador de Chatelete, y acababa de salir de la prision de Francia; el tercio del Conde de Fuensaldaña se dió al Teniente de Maestro de campo general, Pedro de Leon, y su cargo de Gobernador de Gravelingas al Sargento mayor D. Fernando de Solís; el gobierno que él tenia del fuerte de San Felipe se dió á Roque Negrete, Capitan del tercio de D. Jerónimo de Aragon, y su compañía se dió al alférez D. Diego de Bracamonte; por Capitan general del ejército de Lucemburgh, el Duque de Lorena, y por su Maestro de campo general el Baron de Beque, y por General de la artillería, al Marqués de Lede; y esto sólo por esta campaña. Por

_____

(*) Año?

quejas del país quitaron la compañía de
caballos á D. Sancho de Faro, y por ser
de finanzas, se dió á D. Antonio de Isasi,
y la suya al capitan D. Juan de Toledo,
hermano, fuera de matrimonio, del Conde
de Oropesa. Fuése á España el capitan Pedro de Lasaca, y se proveyó su compañía
de caballos en D. Luis de Zúñiga, Capitan
del tercio de Saavedra, cuya compañía se
dió al alférez Francisco de Segovia; á Don
Baltasar Mercader, Sargento mayor del
tercio de D. Jerónimo de Aragon, se le
hizo merced de Teniente de Maestro de
campo general, y su cargo se dió al capitan D. Juan de la Pila, y su compañía se
proveyó en el ayudante Jerónimo Man-
rique, aleman: del tercio de Pedro de
Leon, se proveyeron las compañías de
D. Diego de Cárdenas y de Clemente Sorian, por haberse ido á España, la una en
el capitan Flores y la otra en el alférez
Bartolomé del Rio; á Fernan Darias de
Saavedra, Capitan del mismo tercio, se
dió la compañía de caballos de Moreno, y
su compañía se dió al ayudante Francisco
de Vera; y al dicho Moreno se le mandó
volver á ser teniente de Cambray, porque
á D. Luis de Barrio, que lo era, se le mandó retirar, respecto de sus muchos años,
á comer su sueldo en el Guion; del tercio

del Conde de Salazar se preveyó la compañía de D. Juan Porcel, que todavía estaba preso en Holanda, en el capitan Don Antonio Giron. S. A. hizo merced al Marqués de Orani, de Teniente general de la caballería cerca de su persona; tambien hizo doce Comisarios generales con obligacion de obedecer á los dos fijos, que eran como Cabos de tropas, por evitar las competencias entre las naciones sobre el no quererse obedecer por sus antigüedades, tocando por derecho antiguo el que manden siempre los españoles.

Despues de esto, habiendo tenido S. A. nuevas que franceses y holandeses hacian prevenciones para salir á campaña, mandó que saliesen sus ejércitos en esta forma:

El Duque de Lorena salió con el suyo en el país de Lucemburg, entre Sambra y Mosa; D. Felipe de Silva salió con el suyo á Arlux, á cuya órden se juntó Lambey, con 5.000 hombres que tenia á su cargo de infantería y caballería.

El Conde de La Fontaine juntó el ejército contra holandeses en el país de Vas, y á este tiempo llegó de España un tercio de sardos, de 1.200 hombres, gobernado por el Sargento mayor D. Jorge de Casteluí, por haber quedado D. Pablo, su padre, en Cerdeña, que era el Maestro de campo. Llegaron tambien once compañías de la Coruña, y se agregaron las cinco al tercio de D. Estéban Gamarra, y las otras cinco al tercio de D. Gabriel de la Torre; con que quedaron á 20 compañías como los demas tercios; y la otra compañía metieron en el fuerte de Gravelingas: con que aquí nos hallamos con siete tercios de españoles; los cuatro están á la frontera de Francia, y los tres á la de Holanda.

Al tiempo que esto sucedia, entró en el país de Henao el Mariscal de La Meliore con el ejército que estaba á su cargo....,(*), y otro le gobierna el Conde de Bueix, hijo del Gobernador de Bayona; y en ambos se piensa hay 22.000 hombres de infantería y caballería. Llegaron dando vista á Avenas, y luégo á Mariamburque, quemando muchos lugares de aquellos contornos y haciendo grandes robos y crueldades en los villanos. Acercáronse á Chalamon, acuartelándose al contorno, con que dieron muestras querian sitiarle; mas estaba tan bien prevenida la villa, que no nos daba ningun cuidado. Los Gobernadores de estas plazas que he dicho, hacian

---

(*) Deben faltar algunas palabras en el original.

cada dia gran cantidad de prisioneros de
los desmandados; y el Baron de Beque
rompió un convoy que venia á la armada
francesa, de 500 caballos y 1.000 infantes,
y tomó gran cantidad de carros cargados
de víveres y muchos prisioneros.

De Milán llegaron nuevas como el
Marqués de Leganés tenia sitiado á Casar
de Monferrato, y se tenia mucha esperanza que la tomaria, porque el Francés
no tenia ejército considerable al opósito.

Estando en esto, S. A. tuvo nuevas de
como el Príncipe de Orange embarcaba
su ejército; y despues se tuvo de que se
habia desembarcado en la Filipina, que
pasaba de 15.000 hombres de á pié y 62
compañías de caballos. Mandó S. A. al
Conde de La Fontaine que marchase al
Sersate, donde, habiendo sabido que el
enemigo tenia intento sobre Brujas,
mandó al Conde de Sástago que se adelantase á la ribera que va de Gante á
Brujas con el tercio de D. Jerónimo de
Aragon, y el de La Fontaine siguió luego
con el ejército hasta las puertas de Gante,
habiendo dejado en el Sersate al Marqués
de Tollom con la mayor parte de su tercio y 3.000 villanos que se habian juntado
de diferentes partes. El dia siguiente, á la
punta del dia, pasó el Conde por Gante y

hizo alto en el fuerte de San Felipe, y su persona pasó al de San Jorge, donde vió al de Sástago y le dió parte de como el enemigo venia resuelto á pasar la ribera; y pasó el suceso en la forma siguiente:

A los 20 de Mayo se puso Orange junto á Maldeghen, y á los 21 junto á la Bruera y Garegna de Male á la punta del dia; llegó á las siete de la mañana con su vanguardia al molino de Asembruque con 5.000 infantes y 2.000 caballos, y gobernaba esta vanguardia el Conde Enrique Casimiro de Nasao, con la cual se adelantó y hizo alto con la caballería cerca del castillo de Rabauemburg, y á las once del dia atacó el fuerte que se llama Holandershuis; y despues de haberle disparado diez ó doce cañonazos, y viéndose 500 valones que le gobernaban faltos de municiones, se rindieron á partido.

El enemigo hizo adelantar sus pontones y carros al dicho fuerte, y empezó con mucho valor á escaramuzar con algunos soldados valones y villanos que estaban en un trincheron que se habia hecho de esta parte de la ribera, los cuales empezaban ya á huir al mismo tiempo que habian llegado á Molbrughen seis compañías de españoles del tercio de D. Jerónimo de Aragon, que, como he dicho, habia venido un dia ántes de este tercio con el Conde de Sástago; y Monsieur de Granje que mandaba este puesto, invió á Jusepe Salvador con su compañía, y á D. Luis de Rojas, hermano del Conde de la Gomera, con la suya; los cuales Capitanes se dieron tan buena priesa, que llegaron á tiempo que los dichos villanos desocupaban las trincheras, con que se empezó la escaramuza á refrescar con gran valor; y, visto por el Maestro de campo Granja como el enemigo hacia mucha fuerza á echar sus pontones, invió al capitan Noriega con las cuatro compañías que estaban á su órden, y él se adelantó á Estremburghe, donde con el artillería hizo grande daño al enemigo.

A este tiempo habia ya llegado á San Jorge D. José de Saavedra, que venia de vanguardia del ejército, y fué llamado por el Conde de La Fontaine, y mandóle que pusiese en grupa de la caballería siete compañías de su tercio, con las cuales se adelantó el Marqués Sfrondato á toda diligencia; y tocando las trompetas, pasó por el dique enfrente de los escuadrones del enemigo; y habiéndolos dejado en las trincheras, se volvió al tiempo que ya llegaba el dicho Maestro de campo D. José con la resta de su tercio y dos tercios de valones que venian á su órden, con lo cual ocupó los puestos de Molbronghe y al Bezat; y el enemigo, habiéndose dejado ver por diferentes partes, que intentaba pasar la ribera, habiendo visto llegar la infantería que D. José traia, desesperó de poderla pasar, y entretuvo una escaramuza ligera, y á la media   r   lego á sus pontones; mas no   r tan á su salvo que no se dejase cinco   tones y cuatro carros cargados de tablas, ajustadas para hacer el puente, dos afustes de cañon, siete barriles de pólvora y algunas balas de artillería, y dos carros cargados de municiones de todas suertes.

Cuando sucedió esto, salió de Brujas el Señor de Rivacourt con algun socorro de infantería y municiones, y dos cuartos de cañon. De nuestra parte murió el alférez D. Pedro Ponce, soldado de la compañía de D. Luis de Rojas, y un paje de un Capitan; y herido el capitan Jusepe Salvador, que fué corta pérdida para la mucha que el enemigo hizo. El dia siguiente, pensando el Conde que el de Orange iria á atacar al Cercate, marcharon los dos tercios de españoles á Trem, que es cuatro horas de Gante, y á las doce de la noche llegó á los Maestros de campo una carta del Señor de Rivacourt en que les pedia de parte de S. M. que volviesen á la ribera, por cuanto el enemigo se venia acercando á ella. D. Jerónimo de Aragon no quiso volver sin tener órden del Conde de Fontaine, el cual estaba en Gante, que habia ido á dar parte á S. A. de todo lo que habia pasado en la defensa de esta ribera; mas D. José de Saavedra, habiendo conocido que esta tardanza podia resultar en gran daño al servicio de S. M., volvió sin órden, con tan buena diligencia, que habiendo llegado algunos reconocedores del enemigo y escaramuzado con los villanos que estaban en los parapetos, habiendo visto que venia el tercio con las mechas encendidas, y haciendo la noche muy oscura y lluviosa, pensaron volvia todo el ejército; lo cual, sabido por el Príncipe de Orange, dió la vuelta á Maldeghen, y D. José ocupó los puestos de Molbrughe y Estiembrughe, y invió tres compañías á Monsieur de Rivacourt á la ribera de Dama; y el dia siguiente llegó D. Jerónimo de Aragon con su tercio, y por órden de Fontaine invió á su Sargento mayor con seis compañías, y tres más de D. José, á la dicha ribera que va de Brujas á Dama, la cual empezaba á atacar el Conde Guillermo de Naso con un trozo de su ejército; y pasó en esta forma:

Era el Conde Guillermo Maestro de campo general de Holanda, habia puesto pié en tierra en Trudelapsheure, á 17 de Mayo, con 4.000 infantes y dos compañías de caballos, habiéndose atrincherado en Astamperbouf; habia pasado el canal del agua de la mar; y habiendo hecho unas trincheras y dos baterías á lo largo del canal de agua dulce, adelantándose al fuerte de San Job; tanto de la parte de la Inclusa como de la otra sobre el dique, viniendo de la Inclusa á San Donat, hacia una batería que batia el dicho fuerte de bombas y artillería, siendo el designio del enemigo de pasar el agua dulce, y por consecuencia hacerse dueño de todos los fuertes del Rey situados delante de la Inclusa; pero por falta de valor se retiraron como poltrones, dejando sus trincheras á 29 de Mayo, ántes del dia, y fueron á juntarse con el grueso que estaba en Maldeghen. En este ataque mataron dos soldados españoles é hirieron cuatro; y otros cuatro valones. De parte del enemigo se perdieron en ambos ataques de estas riberas 1.000 hombres, entre heridos y muertos; tres Coroneles y 14 Capitanes y otros muchos Oficiales, que por no saber el número no los pongo. Con este suceso se holgaron todos infinito en el país, porque se temia que pasando el de Orange algunas de estas riberas ganaria á Brujas, de donde podia resultar perder el Rey estas provincias; con que S. A. dió muchas gracias á los Oficiales por lo bien que habian acudido, y con tanta diligencia, á romper el designio del Príncipe de Orange.

A Gante llegaron nuevas á S. A. como cuatro soldados borgoñones habian pegado fuego á las municiones del ejército francés, donde fué tanto el daño que se hizo, que, habiendo volado todas, se quemó el regimiento que estaba de guardia, en que perdieron más de 1.000 hombres; levantaron su campo de cerca de Charlamont, y se encaminaron á Simay y la empezaron á batir y la entraron por fuerza, y quemaron la villa y volaron el castillo, y en los lugares del contorno hicieron lo mismo, y marcharon hasta dentro de Francia.

De Alemania llegaron nuevas como el Conde Picolomini habia roto cinco regimientos de Vanier, y que estaban muy cerca las dos armadas, de que se piensa vendrá á resultar una batalla.

De Milán hubo nuevas como el Conde de Alcurt, General del Rey de Francia en Lombardía, habia embestido las trincheras que tenia el Marqués de Leganés delante de Casar y rótolas, y socorrídolo, ha-

biendo perdido de nuestra parte algunas
piezas de artillería y cerca de 2.000 hombres entre muertos, heridos y presos; entre
los cuales murió el Maestro de campo Don
Francisco del Pulgar, y algunos Capitanes; y fué muy mal herido el Marqués de
Caracena, Gobernador de la caballería,
con que el Marqués levantó el sitio, y con
algun desórden; y es cierto que si saliera
de las trincheras á pelear con Alcurt le
hubiera roto; 'mas su dicha dél fué haber
embestido por donde estaban dos tercios
de bisoños que no supieron tener firme.

S. A., por quejas que tuvo del capitan
González en el Quenue, le quitó su compañía de caballos y la proveyó en el capitan D. Luis de Valdés, hijo que fué del
Castellano de Gante; y D. Luis de Bolea,
que por muerte de su padre era ya Marqués de Torres, pareciéndole que era para
él poca cosa el ser Capitan de infantería,
opinion bien necia, pues los puestos que
se adquieren por méritos son de mucho
mayor honor que los que se heredan, hizo
dejacion de su compañía en su Alférez, y
S. A. la proveyó en el capitan D. Jorge
de Albarado, del mismo tercio de Don
Jerónimo de Aragon. Al capitan D. Pedro
de Heredia hizo merced S. A. del gobierno de Liau y Superintendencia del

Demer, que habia vacado por el conde de Salazar; y su compañía, que era pagada por finanças, á D. Alonso de Avila, cuya compañía de caballos se dió á Don Diego de Bohorques, caballerizo de S. A. y Capitan del tercio de Saavedra, cuya compañía se dió al alférez Martin de Urquicia, ayudante de Teniente de Maestro de campo general.

En este ínterin llegó de España Don Juan de Borja, hijo del Duque de Villahermosa, por Gentil-hombre de la cámara de S. A., y traia hecha merced de dos compañías de caballos, y hasta ahora no se le ha dado ninguna.

S. A. vino de Gante á la ribera de Brujas, y al puesto donde el enemigo habia querido echar los pontones, y el mismo dia se volvió á Gante, donde halló un Ayudante de Teniente de Maestro de campo general, inviado de los Cabos del ejército de la frontera de Francia, en que avisaban como el Mariscal de Chatillon y el de La Meliore habian tomado los puestos á la villa de Arras, y que comenzaban á fortificar la campaña con más de 8.000 villanos que habian traido de Francia. Visto por S. A. el aprieto en que estaban las cosas de Arras, y la necesidad que allí habia de su persona, y que tan gloriosamente de-

biendo perdido de nuestra parte algunas
piezas de artillería y cerca de 2.000 hombres entre muertos, heridos y presos; entre
los cuales murió el Maestro de campo Don
Francisco del Pulgar, y algunos Capitanes; y fué muy mal herido el Marqués de
Caracena, Gobernador de la caballería,
con que el Marqués levantó el sitio, y con
algun desórden; y es cierto que si saliera
de las trincheras á pelear con Alcurt le
hubiera roto; mas su dicha dél fué haber
embestido por donde estaban dos tercios
de bisoños que no supieron tener firme.

S. A., por quejas que tuvo del capitan
Gonzalez en el Quesnue, le quitó su compañía de caballos y la proveyó en el capitan D. Luis de Valdés, hijo que fué del
Castellano de Gante; y D. Luis de Bolea,
que por muerte de su padre era ya Marqués de Torres, pareciéndole que era para
él poca cosa el ser Capitan de infantería,
opinion bien necia, pues los puestos que
se adquieren por méritos son de mucho
mayor honor que los que se heredan, hizo
dejacion de su compañía en su Alférez, y
S. A. la proveyó en el capitan D. Jorge
de Albarado, del mismo tercio de Don
Jerónimo de Aragon. Al capitan D. Pedro
de Heredia hizo merced S. A. del gobierno de Liau y Superintendencia del

Demer, que habia vacado por el conde de Salazar; y su compañía, que era pagada por finanças, á D. Alonso de Avila, cuya compañía de caballos se dió á Don Diego de Bohorques, caballerizo de S. A. y Capitan del tercio de Saavedra, cuya compañía se dió al alférez Martin de Urquicia, ayudante de Teniente de Maestro de campo general.

En este ínterin llegó de España Don Juan de Borja, hijo del Duque de Villahermosa, por Gentil-hombre de la cámara de S. A., y traia hecha merced de dos compañías de caballos, y hasta ahora no se le ha dado ninguna.

· S. A. vino de Gante á la ribera de Brujas, y al puesto donde el enemigo habia querido echar los pontones, y el mismo dia se volvió á Gante, donde halló un Ayudante de Teniente de Maestro de campo general, inviado de los Cabos del ejército de la frontera de Francia, en que avisaban como el Mariscal de Chatillon y el de La Meliore habian tomado los puestos á la villa de Arras, y que comenzaban á fortificar la campaña con más de 8.000 villanos que habian traido de Francia. Visto por S. A. el aprieto en que estaban las cosas de Arras, y la necesidad que allí habia de su persona, y que tan gloriosamente de-

biendo perdido de nuestra parte algunas
piezas de artillería y cerca de 2.000 hombres entre muertos, heridos y presos; entre
los cuales murió el Maestro de campo Don
Francisco del Pulgar, y algunos Capitanes; y fué muy mal herido el Marqués de
Caracena, Gobernador de la caballería,
con que el Marqués levantó el sitio, y con
algun desórden; y es cierto que si saliera
de las trincheras ó pelear con Alcurt le
hubiera roto; mas su dicha dél fué haber
embestido por donde estaban dos tercios
de bisoños que no supieron tener firme.

S. A., por quejas que tuvo del capitan
Gonzalez en el Quenue, le quitó su compañía de caballos y la proveyó en el capitan D. Luis de Valdés, hijo que fué del
Castellano de Gante; y D. Luis de Bolea,
que por muerte de su padre era ya Marqués de Torres, pareciéndole que era para
él poca cosa el ser Capitan de infantería,
opinion bien necia, pues los puestos que
se adquieren por méritos son de mucho
mayor honor que los que se heredan, hizo
dejacion de su compañía en su Alférez, y
S. A. la proveyó en el capitan D. Jorge
de Albarado, del mismo tercio de Don
Jerónimo de Aragon. Al capitan D. Pedro
de Heredia hizo merced S. A. del gobierno de Liau y Superintendencia del

Demer, que habia vacado por el conde
de Salazar; y su compañía, que era pagada por finanças, á D. Alonso de Avila,
cuya compañía de caballos se dió á Don
Diego de Bohorques, caballerizo de S. A.
y Capitan del tercio de Saavedra, cuya
compañía se dió al alférez Martin de Urquicia, ayudante de Teniente de Maestro
de campo general.

En este ínterin llegó de España Don
Juan de Borja, hijo del Duque de Villahermosa, por Gentil-hombre de la cámara
de S. A., y traia hecha merced de dos
compañías de caballos, y hasta ahora no
se le ha dado ninguna.

S. A. vino de Gante á la ribera de
Brujas, y al puesto donde el enemigo habia
querido echar los pontones, y el mismo dia
se volvió á Gante, donde halló un Ayudante de Teniente de Maestro de campo
general, inviado de los Cabos del ejército
de la frontera de Francia, en que avisaban
como el Mariscal de Chatillon y el de La
Meliore habian tomado los puestos á la
villa de Arras, y que comenzaban á fortificar la campaña con más de 8.000 villanos
que habian traido de Francia. Visto por
S. A. el aprieto en que estaban las cosas
de Arras, y la necesidad que allí habia de
su persona, y que tan gloriosamente de-

biendo perdido de nuestra parte algunas
piezas de artillería y cerca de 2.000 hombres entre muertos, heridos y presos; entre
los cuales murió el Maestro de campo Don
Francisco del Pulgar, y algunos Capitanes; y fué muy mal herido
Caracena, Gobernador de
con que el Marqués levantó el sitio, y con
algun desórden; y es cierto que si saliera
de las trincheras á pelear con Alcurt le
hubiera roto;'mas su dicha dél fué haber
embestido por donde estaban dos tercios
del tercios que no supieron tener firme.

''S. A., por quejas que tuvo del capitan
Gonzalez en el Quenue, le quitó su compañía de caballos y la proveyó en el capitan D. Luis de Valdés, hijo que fué del
Castellano de Gante; y D. Luis de Bolea,
que por muerte de su padre era ya Marqués de Torres, pareciéndole que era para
él poca cosa el ser Capitan de infantería,
opinion bien necia, pues los puestos que
se adquieren por méritos son de mucho
mayor honor que los que se heredan, hizo
dejacion de su compañía en su Alférez, y
S. A. la proveyó en el capitan D. Jorge
de Albarado, del mismo tercio de Don
Jerónimo de Aragon. Al capitan D. Pedro
de Heredia hizo merced S. A. del gobierno de Liau y Superintendencia del

Demer, que habia vacado por el conde
de Salazar; y su compañía, que era pagada por finanças, á D. Alonso de Avila,
cuya compañía de caballos se dió á Don
Diego de Bohorques, caballerizo de S. A.
y Capitan del tercio de Saavedra, cuya
compañía se dió al alférez Martin de Urquicia, ayudante de Teniente de Maestro
de campo general.

En este ínterin llegó de España Don
Juan de Borja, hijo del Duque de Villahermosa, por Gentil-hombre de la cámara
de S. A., y traia hecha merced de dos
compañías de caballos, y hasta ahora no
se le ha dado ninguna.

S. A. vino de Gante á la ribera de
Brujas, y al puesto donde el enemigo habia
querido echar los pontones, y el mismo dia
se volvió á Gante, donde halló un Ayudante de Teniente de Maestro de campo
general, inviado de los Cabos del ejército
de la frontera de Francia, en que avisaban
como el Mariscal de Chatillon y el de La
Meliorc habian tomado los puestos á la
villa de Arras, y que comenzaban á fortificar la campaña con más de 8.000 villanos
que habian traido de Francia. Visto por
S. A. el aprieto en que estaban las cosas
de Arras, y la necesidad que allí habia de
su persona, y que tan gloriosamente de-

...endo perdido de nuestra parte algunas piezas de artillería y cerca de 2.000 hombres entre muertos, heridos y presos; entre las cuales murió el Maestro de campo Don tisco del Pulgar, y algunos Capita- y fué muy mal herido el Marqués de ...cena, Gobernador de la caballería, ... l antó el sitio, y con ierto que si saliera ... lear con Alcurt le hubiera roto; mas ... licha dél fué haber embestido por donde estaban dos tercios de bisoños que no supieron tener firme.

S. A., por quejas que tuvo del capitan Gonzalez en el Quenue, le quitó su compañía de caballos y la proveyó en el capitan D. Luis de Valdés, hijo que fué del Castellano de Gante; y D. Luis de Bolea, que por muerte de su padre era ya Marqués de Torres, pareciéndole que era para él poca cosa el ser Capitan de infantería, opinion bien necia, pues los puestos que se adquieren por méritos son de mucho mayor honor que los que se heredan, hizo dejacion de su compañía en su Alférez, y S. A. la proveyó en el capitan D. Jorge de Albarado, del mismo tercio de Don Jerónimo de Aragon. Al capitan D. Pedro de Heredia hizo merced S. A. del gobierno de Liau y Superintendencia del

Demer, que habia vacado por el conde de Salazar; y su compañía, que era pagada por finanças, á D. Alonso de Avila, cuya compañía de caballos se dió á Don Diego de Bohorques, caballerizo de S. A. y Capitan del tercio de Saavedra, cuya compañía se dió al alférez Martin de Urquicia, ayudante de Teniente de Maestro de campo general.

En este ínterin llegó de España Don Juan de Borja, hijo del Duque de Villahermosa, por Gentil-hombre de la cámara de S. A., y traia hecha merced de dos compañías de caballos, y hasta ahora no se le ha dado ninguna.

S. A. vino de Gante á la ribera de Brujas, y al puesto donde el enemigo habia querido echar los pontones, y el mismo dia se volvió á Gante, donde halló un Ayudante de Teniente de Maestro de campo general, inviado de los Cabos del ejército de la frontera de Francia, en que avisaban como el Mariscal de Chatillon y el de La Meliore habian tomado los puestos á la villa de Arras, y que comenzaban á fortificar la campaña con más de 8.000 villanos que habian traido de Francia. Visto por S. A. el aprieto en que estaban las cosas de Arras, y la necesidad que allí habia de su persona, y que tan gloriosamente de-

biendo perdido de nuestra parte algunas
piezas de artillería y cerca de 2.000 hombres entre muertos, heridos y presos; entre
los cuales murió el Maestro de campo Don
Francisco del Pulgar, y algunos Capitanes; y fué muy mal herido el Marqués de
Caracena, Gobernador de la caballería,
con que el Marqués levantó el sitio, y con
algun desórden; y es cierto que si saliera
de las trincheras á pelear con Alcurt le
hubiera roto; mas su dicha dél fué haber
embestido por donde estaban dos tercios
de bisoños que no supieron tener firme.

S. A., por quejas que tuvo del capitan
Gonzalez en el Quenue, le quitó su compañía de caballos y la proveyó en el capitan D. Luis de Valdés, hijo que fué del
Castellano de Gante; y D. Luis de Bolea,
que por muerte de su padre era ya Marqués de Torres, pareciéndole que era para
él poca cosa el ser Capitan de infantería,
opinion bien necia, pues los puestos que
se adquieren por méritos son de mucho
mayor honor que los que se heredan, hizo
dejacion de su compañía en su Alférez, y
S. A. la proveyó en el capitan D. Jorge
de Albarado, del mismo tercio de Don
Jerónimo de Aragon. Al capitan D. Pedro
de Heredia hizo merced S. A. del gobierno de Liau y Superintendencia del

Demer, que habia vacado por el conde
de Salazar; y su compañía, que era pagada por finanças, á D. Alonso de Avila,
cuya compañía de caballos se dió á Don
Diego de Bohorques, caballerizo de S. A.
y Capitan del tercio de Saavedra, cuya
compañía se dió al alférez Martin de Urquicia, ayudante de Teniente de Maestro
de campo general.

En este ínterin llegó de España Don
Juan de Borja, hijo del Duque de Villahermosa, por Gentil-hombre de la cámara
de S. A., y traia hecha merced de dos
compañías de caballos, y hasta ahora no
se le ha dado ninguna.

· S. A. vino de Gante á la ribera de
Brujas, y al puesto donde el enemigo habia
querido echar los pontones, y el mismo dia
se volvió á Gante, donde halló un Ayudante de Teniente de Maestro de campo
general, inviado de los Cabos del ejército
de la frontera de Francia, en que avisaban
como el Mariscal de Chatillon y el de La
Meliore habian tomado los puestos á la
villa de Arras, y que comenzaban á fortificar la campaña con más de 8.000 villanos
que habian traido de Francia. Visto por
S. A. el aprieto en que estaban las cosas
de Arras, y la necesidad que allí habia de
su persona, y que tan gloriosamente de-

jaba so· idas las dos riberas de Brujas y de ᴅama, resolvió de partir á ᴅuay;
y llevó consigo seis compañías de caballos á órden de D. Antonio de la Cueva, y á D. Alonso Estroci con su tercio
de italianos. No sintió poco el Conde
de La Fontaine el que S. A. tomase esta
resolucion, porque esta·lo el Príncipe de
Orange con tan grandes fuerzas, y quedando el nuestro sin la persona del Infante y sin la gente que llevó consigo,
quedaba con notable peligro de algun mal
suceso; mas no bastaron sus réplicas para
que S. A. mudase de parecer. D. José de
Saavedra hacia grandes instancias para
que le llevase consigo, diciendo que su
tercio habia ido siempre donde estaba el
Infante, y que cuando el Marqués de Velada fué á la embajada, se le habia dado
la palabra á D. José de hacer lo mismo
que con el Marqués, y juntamente por las
dos campañas antecedentes, habia militado en la frontera de Francia; mas no le
bastaron sus diligencias, aunque fueron
muchas, para conseguir el ir con S. A.;
escribiéndole D. Miguel de Salamanca
que S. A. estimaba más cualquiera fuerte
que se podia perder en Flandes que todas
las villas del país de Artois. D. José sintió
á gran disfavor el que S. A. no le llevase

consigo, pensando perdia hallarse en una gran ocasion como prometia la de Arras; mas bien presto se conoció cuán ventajosos fueron los de nuestro pequeño ejército á los del grande de la dicha frontera de Francia. Tuvimos luégo nuevas de la llegada de S. A. á Duay y de como habia hecho una junta en Pontarras con el Duque de Lorena, D. Felipe de Silva, D. Andrea Cantelmo, el Conde de Fuensaldaña, el Presidente Rosa, el Padre confesor Fray Juan de San Agustin, el Conde de Isemburg y el Secretario Don Miguel de Salamanca, y no acabaron de resolver lo que se debia hacer sobre el socorro de Arras.

El Conde de La Fontaine tuvo nuevas de como el Príncipe de Orange queria intentar pasar la ribera más abajo de Gante, con que resolvió mejorar alguna gente hácia aquella parte, para lo cual invió órden á D. José de Saavedra para que marchase con su tercio al villaje de Alteren, donde tambien fué la persona del Conde; donde, habiendo estado ocho dias, tuvo nuevas que el de Orange habia llegado con parte de su tercio á la Filipina y se empezaba á embarcar; con que mandó á D. José de Saavedra que inviase á Bernabé de Vargas, su Sargento mayor, con

eis compañías al país de Vas, á órden del
Marqués Sfrondato, Teniente general de
la caballería, el cual tenia tambien consigo seis del tercio de D. Jerónimo de
Aragon con su Sargento mayor D. Juan
de Capila, y algunas compañías de valones; y en este tiempo invió á decir el capitan D. Francisco de Rada que gobernaba
en ínterin á Hulst, como el enemigo habia
atacado el fuerte de Nasao, y que aunque
le habia inviado dos compañías de socorro se habia rendido, habiendo hecho primero alguna resistencia el Capitan valon
que la gobernaba; y Sfrondato, habiendo
conocido que el designio del enemigo era
de tomar los puestos á Hulst, invió á dar
cuenta de ello al de La Fontaine con Don
Alvaro de Caravajal, Sargento mayor reformado; y al punto que llegó, que fué el
dia dichoso de la Visitacion de Nuestra
Señora, mandó á D. José de Saavedra que
con las 14 compañías que tenia consigo
se adelantase á los burgos de Gante, y que
con ellas se embarcase hasta Hestequen.
Hízolo así, y llegó á la punta del dia,
donde el Conde le mandó le acompañase
á la villa de Hulst, porque habia de tener
consejo sobre lo que se habia de hacer en
casa del Conde de Sástago, que se hallaba

juntáronse allí á la cabecera de la cama
del dicho Sástago, con el de La Fontaine,
el Maestro de campo Saavedra, el Comisario general D. Pedro de Villamor y los dos
Tenientes de Maestro de campo general
D. Baltasar Mercader y el Conde de Rebolledo, y D. Francisco de Rada; y estando
discurriendo sobre los avisos que se tenian del enemigo, oyeron tocar arma en
el reducto de Santa Ana; con que á toda
diligencia mandó el Conde de La Fontaine
á D. José de Saavedra que marchase con
su tercio á defender el dicho reducto, y
que dejase una compañía en Morbal, que
fuera de Jusepe Rico; y D. José invió al alférez Erbalexo á Estequen para que dijese
al capitan D. Rodrigo Ladron le siguiese
con las 14 compañías; y él, por no perder
tiempo, marchó con las cinco que tenia
en San Juan de Estien su Sargento mayor,
y con ellas llegó á toda priesa á Santa Ana,
y mudó al capitan Tartarini del tercio del
Duque de Oria que estaba allí con 200 soldados de su tercio y del de D. Estéban Gamarra, y invió al capitan D. Bartolomé
Ruiz del Rio al Conde de La Fontaine á
pedirle municiones, el cual las trajo, pero
muy pocas; y el dicho Conde fué á ver el
reducto, y llevó consigo á un ingeniero,
el cual fué de opinion que se rompiesen

las exclusas, para inundar el país, con
que se aseguraba Hulst; lo cual contradijo
D. José, pareciéndole que era desaire para
él hacer esto; y así, pidió al Conde que le
diese çapas y palas, que él haria una cortadura en el dique y un trincheron prolon-
gado por el as de la marina; pidió tambien
al Conde le inviase 500 caballos, el cual
prometió inviar de lo uno y lo otro, y á
las seis de la tarde llegaron 50 villanos
con çapas y palas|, con que apénas se pudo
hacer con perfeccion la cortadura del dique
por ser tan pocos los instrumentos y ser
tan tarde; invióle tambien una compañía
de caballos del Teniente general Lúcas
Cairo, con que con la compañía de Martin
de Villa, que ántes estaba allí, apénas
eran 100 caballos. Metió Saavedra en la
cortadura tres compañías, la de Juan Perez de Peralta, la de D. Juan Leonés y la
de D. Miguel de Villaroel; y en el reducto
la de D. Diego de Bohorques, gobernada
por su Alférez, que estaba proveida en
Martin de Urquicia, y toda la demas gente
con las banderas puso detras del reducto.
Habia una pequeña falsa braga que habia
dejado trabajada el Capitan italiano delante del reducto, y no estaba aún en perfeccion porque no tenia empalizada, y
mandó al Maestro de campo poner allí

al capitan D. Bartolomé Ruiz del Rió con su compañía; y habiendo dado órden que la caballería estuviese á punto á caballo, y pusiese centinelas y rondas, se fué á cenar á su carroza que acababa de llegar de Estequen con la mayor parte de sus Oficiales.

Mártes, 3 de Julio, entre diez y once de la noche, tocaron arma las centinelas de la caballería, con que se adelantaron las compañías de caballos del capitan Martin de Vila y del Teniente general, habiendo hecho toda la resistencia que le fué posible, fueron forzados á tomar la carga y entrar por su surtida que tenia nuestra cortadura; lo cual, aunque los Capitanes que estaban en ella del tercio hicieron todo lo posible para defenderla, con todo eso causó mucha confusion en los soldados; y el enemigo, por la baja marea, los cogió las espaldas, con que fué causa que la resistencia que hacian los Capitanes saliese en balde, quedando atropellado y prisionero el capitan Juan Perez de Peralta, y dejado entre los muertos D. Miguel de Villarroel, caballero del hábito de Santiago; y D. Juan Leonés, que tuvo mayor dicha, se retiró al reducto. El Maestro de campo, habiéndose avanzado en el mayor peligro, y hallándose ya mezclado entre los enemigos y atropellado de su caballería, con el ayuda del alférez Francisco Fernandez, soldado de la compañía del capitan D. Juan Leonés, llegó á la empalizada del reducto, adonde tambien llegó con harta dificultad su Sargento mayor; y en los primeros mosquetazos que tiró el enemigo al reducto, pasado el muslo de dos, le retiraron muy mal herido; y habiendo embestido con toda su fuerza el enemigo á la compañía del capitan D. Bartolomé del Rio, habiendo hecho toda la resistencia que se puede imaginar, quedando el Capitan en el puesto muy mal herido, de que murió luégo; y el capitan D. Alonso de Vaamonde y los alféreces Porras y Bermudez, y el capitan D. Diego de Rojas, entretenido en la compañía del Maestro de campo, que quiso hallarse en el mayor peligro, quedó muy mal herido con dos de la compañía muertos, y la mayor parte de los demas prisioneros; con que ocupó el enemigo la falsa braga, y acometiendo con toda su fuerza la empalizada del reducto, la cual, defendiéndose con todo valor, quedó herido el Maestro de campo de un picazo en la oreja, y mandó al capitan D. García de Herrera que con su compañía entrase en el reducto, y al capitan Martin de Valencia que hiciese salida con su compañía y entrase en el reducto.

digo al enemigo, el cual, habiendo hecho todo lo posible, quedó muerto en la plaza; y despues salió el capitan D. Rodrigo Ladron, que peleando pica á pica, haciendo toda la resistencia posible, quedó muy mal herido, de que murió el dia siguiente; murió tambien allí el alférez Don Juan de Cardano, y quedó herido el capitan D. Juan Manuel de la Cuadra, y otros desta compañía. Viendo esto, se resolvió el Maestro de campo, conociendo que la fuerza del enemigo era demasiada y el valor con que embestía infinito, á no hacer más salida, sino sólo tratar de defender el puesto, para lo cual metió refuerzo en el reducto al capitan Francisco de Casteluí, el cual, habiendo resistido algunos asaltos, la retiraron muy mal herido; entró luégo el capitan D. Juan de Calancha con su compañía y las piezas de las del Maestro de campo, que son las mejores del ejército, las cuales hicieron tan grande resistencia, que fué causa de rechazar al enemigo su mayor ímpetu; y de su compañía mataron al alférez Alejo Sanchez, y hirieron á D. Cárlos de San Vitores y á otros; y de la del Maestro de campo, mataron al alférez D. Antonio Porcel, y hirieron al alférez Francisco de Benavente; con que viendo el Maestro de campo la fuerza con que el enemigo trataba de atacar y arrancar las estacas, mandó al capitan Ochoa Gomez de la Torre que entrase con su compañía en el reducto, y todos juntos pelearon poniéndose en descubierto encima del parapeto, que fué causa de que el enemigo, desesperado, empezase á aflojar; con que, visto por el Maestro de campo, mandó que por el lado derecho hiciesen salida los capitanes Jacinto Lopez y D. Rodrigo de Rojas, á los cuales seguia D. Juan Leonés, y pelearon tan fuertemente con el enemigo que ocuparon la cortadura que, como he dicho, habíamos hecho sobre el dique, y por el lado izquierdo, á orilla de la marina, salieron los capitanes D. José Escallar y D. Juan de Leon, los cuales embistieron con el último escuadron del enemigo, y le metieron en confusion; con que se dejaron una pieza de artillería y dos carros de municiones.

A este tiempo el enemigo habia empezado á retirarse del reducto, desesperado de poderle ganar por la mucha resistencia que halló en él. Llegó el socorro que inviaba el Conde de La Fontaine desde San Juan de Estien, habiendo más de cuatro horas que estábamos peleando; trájole á su cargo el Comisario general D. Pedro

de Villamor, y consistia en tres compañías
de caballos: la suya, la de Luis Cairo y la
de Moron, y 400 infantes, los 200 del tercio de D. Estéban Gamarra, á cargo del
capitan Galarde, y los 200 del tercio del
Duque de Abellano, á cargo del capitan
Laporta, con el cual socorro embistió Don
Pedro de villamor al enemigo de flanco
y le hizo grande daño, obligándole á que
la retirada la hiciese con notable desórden;
y de nuestra gente mataron al capitan
Ferrara, del tercio del Duque de Oria;
y llevaron preso y herido al capitan Luis
Cairo y 20 hombres entre muertos y
heridos, y un Teniente reformado de la
compañía de D. Pedro hizo prisionero á
un Capitan de caballos de los de más reputacion de su ejército; y otro reformado
prendió un Teniente. Este socorro fué muy
bueno, mas si hubiera venido cuando estaba el enemigo atacando el reducto, hubiera hecho mayor efecto; mas como se
habia empezado á retirar, lo pudo hacer,
aunque fué con el desórden que he dicho.
De nuestro tercio, inclusos los que he con-
tado, perdimos 40 bombres muertos y 166
heridos, entre los cuales entra el Maestro
de campo, el Sargento mayor, el capitan
Casteluí y el capitan Masdobellas; y los
alféreces D. Juan de Osorio, Juan Alonso

[...] Co[...] [...] D. [...], Don [...] de [...], Maestre de [...] de Valencia y el [...] Rey del Maestre de campo presentó en [...] refiere de la compañía de Juan Perez de [...], una banda que había quitado á un Oficial [...], y él la invió á Bruselas á su [...] piezas de artillería y carros de [...] cogió el Maestre de campo al Teniente general de la artillería, Lucas [...]; y [...] esta, [...] el Marqués [...] con cuatro compañías de caballos y un soldado de la caballería le presentó una muy linda banda bordada, que la había quitado al Conde Enrique Casimiro y la invió á Bruselas á la Marquesa, su mujer, y él se volvió bien informado de lo que habia sucedido. De nuestro tercio se señalaron tambien los capitanes D. Juan de Santander, D. Andrés de la Torre y Francisco de Segou.

Venia gobernando este ataque el Conde Enrique Casimiro de Nasao, Gobernador de Frisa; y traia 8.000 infantes en tres tercios, de frisones, y cuatro soldados que habian escogido de cada compañía del ejército, que hacian este número, y 2.000 caballos escogidos. Súpose despues que habian perdido 25 Capitanes, los dos de caballos y los 23 de infantería, y más de 2.000 hombres entre muertos y heridos, y casi todos de la gènte más particular. Al Conde Enrique le retiraron muy mal herido, de que murió despues, con gran sentimiento de los Estados rebeldes, porque tenian puestos los ojos en él para que sucediese en el cargo al Príncipe de Orange. Nuestro tercio hizo 25 prisioneros, y el capitan D. Rodrigo de Rojas, caballero del hábito de Alcántara y Señor de Macintes hizo prisionero á un Capitan de caballos, escocés, persona de gran cuenta y estimacion, el cual, estando herido y quedádose entre cuerpos muertos, daba voces para que no le acabasen de matar, y oyéndolo el Maestro de campo, se llegó á él, y por otros prisioneros se supo quién era; y como D. Rodrigo de Rojas estaba tan pobre y empeñado, le dió el Maestro de campo este prisionero para que con lo que pagase por su rescate tuviese con que ayudarse á socorrer su necesidad el dicho capitan D. Rodrigo.

A medio dia y en crecida de la marea, y habiendo puesto ya en defensa el trincheron de la marina, le llegó órden á Don José de Saavedra del Conde de La Fontaine, que trajo el Conde de Rebolledo, ramunda, Amberes y todo el país de Vas. La gloria principal desto se debe al Maestro de campo D. José de Saavedra por la prudente disposicion con que le gobernó, siendo de edad de veinticinco años, y aventurando siempre su persona á los mayores peligros, haciendo á un mismo tiempo los dos oficios de Maestro de campo y de Sargento mayor con gran valor y destreza, aunque le costó el desbalijarle su carroza el enemigo, que entre ropa y plata se le perdieron á D. José más de 1.500 ducados.

A 10 de éste, por la noche, se retiró el enemigo del cuartel que tenia en Nasao,

estando de guardia en Santa Ana D. Jerónimo de Aragon con su tercio, el cual
ocupó luégo el fuerte de Nasao con cinco
compañías, las tres de su tercio y dos del
de Gamarra; con que á nuestro tercio se
debe el haber recuperado el fuerte de Nasao, porque si no se hubiera derrotado al
enemigo en Santa Ana nunca le hubiera
desamparado.

A 11 del dicho mes, por la mañana,
llegó el alférez Herbalejo y trajo una
carta de D. Miguel de Salamanca para el
Maestro de campo D. José de Saavedra,
en que le daba en nombre de S. A. muchas gracias por este suceso y le prometia
escribir á S. M. para que le hiciese merced: trajo tambien las provisiones de las
cuatro compañías en esta forma: la de
D. Rodrigo Ladron, en el capitan Francisco de Masdonellas; la de D. Bartolomé
del Rio, en el ayudante D. Luis de Mancilla;
la de D. Miguel de Villarroel, en el alférez
Pedro Cardiles; la de Martin de Valencia,
en el alférez Francisco de Benavente, y
las banderas en cuatro Sargentos de reformados, los de más servicios del tercio;
la Ayudantía que vacó por D. Luis de
Mancilla, se dió al alférez Herbalejo; provisiones tan justificadas, que han servido
de premio á los que las han conseguido,

y de aliento á los que están mereciendo.

Dicho dia, por la tarde, llegó el capitan Juan Perez de Peralta con 63 prisioneros del cuartel del Príncipe de Orange. Los que acá hemos tenido los han llevado tambien; con que he dado cuenta de este suceso, que es uno de los más dignos de memoria que han sucedido en la disciplina militar, y gobernándolo un Maestro de campo sólo, no le ha igualado ninguno.

Y este tiempo en San Juan de Estien habia frente de banderas, con gran ruina del país de Vas; y habiendo tenido nuevas el Conde de Fontaine que el Príncipe de Orange se habia embarcado en la Filipina y se encaminaba la vuelta de Bergas Olzon, llamó á consejo á los Cabos del ejército, y salió resuelto que importaba mejorarse hácia Amberes; para lo cual mandó el Conde al Teniente de Maestro de campo general, D. Baltasar Mercader, que viniese á San Juan de Estien con la gente que tenia á su cargo en Morbal; y á los Maestros de campo Don José de Saavedra y D. Jerónimo de Aragon, que cada uno señalase dos compañías para que quedasen en Hulst. Del tercio de Saavedra fueron D. José Escallar y Jusepe Rico, que el uno quedó dentro de Morbal, y el otro dentro de Santa Ana: del tercio de Aragon, la compañía de D. Francisco Rada, que quedó con él en la villa de Hulst, y la compañía de Jusepe Salvador, que quedó dentro del fuerte de Nasao.

Despues de dispuesto esto, marchamos á los villajes que estaban de esta parte de Amberes, que son: Mees, Beber y Sondret; de donde, habiendo entendido el Conde de La Fontaine que el Conde Guillermo de Nasao quedaba con alguna gente en Flandes, dió órden al Marqués de Torlom que marchase con su tercio á ocupar los puestos de Cersate, á órden de Ribacourt, que quedaba gobernando la gente que quedaba en Flandes. Y el dia siguiente marchó el Conde y pasó la gran villa de Amberes en esta forma: primero pasó el tren de la artillería, municiones y bagaje, y ántes habia madrugado á la plaza de armas el Comisario general de la caballería con parte de los arcabuceros de ella; á la artillería seguia, de vanguardia de todo el ejército, el Marqués D. José de Saavedra, con su tercio, y toda la villa de Amberes salió á verle por admiracion, habiendo sabido que él con su tercio sólo habia hecho retirar al enemigo de Santa Ana; con lo cual decian haber sido restaurador de estas provincias; y no se engañaban, pues es cierto que en perdiéndose el Saso y Hulst, todo quedaba más fácilmente del enemigo que nuestro. Seguíale D. Jerónimo de Aragon con su tercio, al cual seguia D. Juan de Espinosa, Sargento mayor de D. Estéban Gamarra con el suyo, cuyo Maestro de campo se me ha olvidado de decir como un mes ántes de salir á campaña le llevaron preso al castillo de Gante, por quejas que tenia el país dél de cuando era Teniente de Maestro de campo general, acerca de los alojamientos. A éste seguia el Sargento mayor del Duque de Oria con su tercio; á éste seguia con el suyo el Conde de Vasini, incorporado con las compañías de la Febre; con este ejército alojó el Conde de La Fontaine en Vilse y demas anejos que le pertenecen; y sabiendo que el de Orange estaba refrescando su gente en Langhestrate, hizo alto aquí por más de ocho dias, donde llegó merced de S. A. de la ayudantía del Teniente de Maestro de camdo general que tenia Martin de Urquicia, á D. Antonio Megía, Alférez reformado del tercio de Saavedra. Tambien llegó órden de S. A. para que los Maestros de campo Saavedra y Aragon diesen cuatro compañías de sus tercios al de D. Estéban Gamarra. Del de Saavedra fueron los capitanes Jacinto Lopez y Martin de Urquicia, y dieron en trueque las compañías de D. Juan de Gayoso y D. Nicolás de Isasi; del tercio de Aragon fueron Don Francisco de Medinilla y D. Pedro de Suescon. Vinieron en su lugar D. Jacinto Paez y el capitan Vaamonde. Los tercios del Conde de Salazar y Pedro de Leon dieron tambien otras cuatro compañías al tercio de D. Gabriel de la Torre, que por no saber los nombres de los Capitanes no los especifico. El Conde de La Fontaine tuvo nuevas de Pedro de la Cotera, Gobernador de Güeldres, como el enemigo tenia designio de sitiar aquella plaza, con que el Conde se resolvió inviarle gente, que era lo que le faltaba. Mandó nombrar diez compañías de españoles del tercio de Saavedra, tres del de Aragon, cuatro del de Gamarra, á órden del Capitan más antiguo, y al Sargento mayor del Duque de Oria con su tercio. Todo este socorro iba á cargo del Comisario general D. Pedro de Villamor, con parte de la caballería, y llegó sin perder un hombre. Despues se fueron continuando las nuevas que el enemigo queria sitiar á Güeldres, por cartas del Marqués de Lede, Gobernador y Capitan general de aquella provincia, y de Pedro de la Cotera, Gobernador de la

dicha villa; con que resolvió el Conde de
La Fontaine á entrar más adentro en la
campaña; y pasando por la villa de Liera,
se acuarteló en el Casar alto, adonde
llegó un correo de S. A. en que avisaba
al Conde del reencuentro que habia tenido
el Conde de Buque con los hombres de
armas, y los corvatos con los franceses,
en que se portó nuestra gente con grandísimo valor; y esta caballería, siendo la
que ménos estimábamos, se mostró valen-
tísima, hasta que á los franceses les vino
la resta de su caballería; con que al Conde
de Buque le fué fuerza retirarse á Bapama á toda prisa, habiendo muerto de
nuestra parte el Conde de Bosu, Capitan
de hombres de armas; y el Marqués de
Barambon, tambien Capitan de hombres
de armas, quedó preso y muy mal herido,
de que murió en la prision en breves dias.
Tambien tuvimos nuevas de un desafío que
hubo en el ejército de S. A., que por cosa
de poca importancia D. Tomás de Avalos
desafió á Dionisio de Guzman, Teniente
de Maestro de campo general, y D. Tomás quedó muerto en la plaza, y Dionisio
algo herido, y se fué á retraer á un convento á Bruselas; y despues S. A., viendo
que no tenia culpa, aunque no le quiso
dar licencia, dióle una carta muy favo-

recida para S. M., y la compañía de Don Tomás proveyó S. A. en un Capitan del tercio de Juan de Liponti, llamado Bufalini, sobrino del Cardenal Masarini.

Estando en estó, tuvo aviso el Conde de La Fontaine del Marqués de Lede como el Príncipe de Orange llegaba ya con su ejército á los Casares dorados; y de Pedro de la Cotera como su caballería daba vista á Güeldres; y así, el Conde llamó á consejo al Conde de Sástago y á los Maestros de campo que he nombrado, entre los cuales hubo diversos pareceres, por ser nuestro ejército tan poco para atravesar la campiña y embestir á un ejército tan ventajoso; mas el nuestro, victorioso con los buenos sucesos pasados, no esperaba tener ménos bueno el presente; y así, el Conde se resolvió á marchar el dia siguiente á la punta del dia, y á grandes jornadas, aunque las lluvias y tempestades eran grandísimas, tanto que los soldados iban hasta la rodilla en el agua; y á los vivanderos y carniceros se les murieron todos los animales y aves que llevaban; y fué grande el ejemplo que dió Don José de Saavedra, pues viendo á la pobre infantería desalentada con tan terrible tempestad, cual jamás se ha visto mayor, se apeó de su caballo y marchó delante

de su gente, viéndose en algunos pantanos
á peligro de ahogarse; con que sus soldados se animaron marchando siempre
muy recogidos y contentos, aunque con
tanto trabajo, con la imitacion y ejemplo
de su Maestro de campo, y de ir á esta
ocasion. Esta accion de Saavedra fué
muy alabada de todos, y la hizo más lucida el saber que D. Jerónimo de Aragon
habia ido en esta marcha siempre muy
guardado en su carroza, llevando consigo
á su Sargento mayor D. Juan de Lapila.
Con dicho trabajo llegamos á la vista de la
Mosa con gran diligencia; y al llegar al
puente de la villa de Venló, le llegaron
nuevas al Conde del Gobernador de Obstral, como el Príncipe de Orange habia
levantado el sitio por no osar pelear con
un ejército tan determinado y victorioso
como el nuestro, estando ya sus cuarteles
muy fortificados, porque habia traido
muchos villanos que llaman gastadores
para este intento. Las compañías que estaban en Obstral le cargaron la retaguardia
é hicieron prisioneros á dos Capitanes de
caballos, y si nuestra caballería hubiera
madrugado más aquella mañana le hubieran roto muchísima gente, porque hacian su retirada con algun desórden; y
Pedro de la Cotera sacó dos piezas mans-

feltinas, con que le hizo grandísimo daño;
y la caballería de Güeldres tambien esca-
ramuzó con la del enemigo, en que quedamos ventajosos. El Príncipe de Orange
hizo alto con su ejército junto á Rimber-
que, por tener allí puente sobre el Rin:
era puesto cómodo para sus víveres. El
dia que el enemigo levantó su ejército de
sobre Güeldres, llevaba la vanguardia del
nuestro D. José de Saavedra; y es de no-
tar que el de La Fontaine, habiendo
mandado que el tercio que cada dia llegase primero á la plaza de armas llevaria
la vanguardia, D. José fué tan bizarro,
que siempre la ganó y la llevó á ida y
vuelta, y de todos fué muy alabada su vi-
gilancia; con que ganó mucha honra y
fama este tercio en poco tiempo, por tener tal Maestro de campo, lo que no le
habia sucedido con el antecesor el Marqués
de Velada, pues le llamaban el tercio de
los *asadores* de la cocina de S. A., que por
pretensiones de su Maestro de campo, era
más cortesano que militar, no yendo á
ninguna ocasión sino dividido, cuando
ahora unido, por tener tal superior, era el
de más reputacion de los Estados. El
Conde de La Fontaine acuarteló su ejército en Burique, donde hizo alto quince
dias, donde tuvimos nuevas que por haber

muerto de la herida el capitan Francisco de Casteluí, hizo S. A. merced de su compañía al ayudante Agustin Muñoz, del tercío de Saavedra, y su Ayudantía se dió al alférez Antonio de Ayala, soldado del mismo tercio; y por haber muerto de la herida el capitan Francisco de Benavente, hizo merced S. A. de su compañía al alférez D. Jerónimo de Harce, soldado de Don Jerónimo de Aragon. Llegó tambien aviso como habiendo pensado el Infante quitar los víveres á los sitiadores de Arras, los quitó tambien á su ejército, porque al puesto donde estaba era dificultosísimo el llegar; con que se encareció muchísimo el pan de municion, y á podrirse de modo que vinieron á enfermar y á morirse muchos soldados; con que nuestro ejército iba en disminucion y menoscabo. Habia salido D. Andrea Cantelmo con parte de la caballería y infantería á romper un comboy que esperaba el ejército francés de Dorlans, y nuestros corvatos tomaron algunas carretas que comenzaban á marchar, y la resta del comboy se favoreció de las murallas de la dicha villa, y D. Andrea se volvió á incorporar con nuestro ejército.

Tambien llegó nueva de la pérdida de Arras, que fué en la forma siguiente: S. A.

el Señor Infante tenia muy á menudo Consejo con los Cabos que he dicho, sobre el
socorró que se habia de hacer á la villa de
Arras; y siempre los Cabos estuvieron con
grande discordia entre sí por los varios
pareceres que al principio habian tenido:
los unos habian sido de opinion que se le
embarazasen los víveres, que era la peor,
y la que eligió S. A., como ya he dicho
atras: particularmente D. Felipe de Silva y D. Andrea Cantelmo andaban tan
desavenidos, que llégó á tanto su impru-
dencia, que llegaron á decirse pesadum-
bres muy pesadas delante del Infante:
mas no podemos negar que la opinion que
siempre tuvo Cantelmo fué la mejor, que
era la de pelear con tiempo; mas ya con
las nuevas que se tuvieron, la villa estaba
agonizando, y los burgueses eran superiores á la guarnicion, y el Maestro de
campo D. Eugenio Onel, que gobernaba
dentro, habia hecho de su parte todo
cuanto le habia sido posible, y los villanos del contorno que estaban retirados
dentro, se habian formado dos tercios,
que S. A. los proveyó y les dió patentes
al Conde de Fucan Berghe, hermano del
Príncipe de Ligni, y al Conde de Boho-
mon, hermano del Príncipe de Simay, y
sus compañías de caballos dió S. A. á sus

Tenientes; y D. Eugenio y el **Magistrado**. inviaron un hombre á S. A. á **decirle** como no era posible de tenerse **más** la villa, porque los franceses habian ya llegado con las trincheras á desembocar el foso, y con una mina habian volado un lienzo de la muralla, y que el rigor de un asalto no era razon que S. A. permitiese que le aguardasen, pues se vé que no hay cosa más dura que ver un hombre forzada su mujer y matar á sus hijos, y pillarles y quemarles su hacienda y casas; y que así S. A. les socorriese por la parte del cuartel de La Millore, y que ellos harian una salida muy fuerte por la misma parte. Habiendo visto S. A. que las razones que representaban los cercados eran tan fuertes, se resolvió á intentar el último remedio por la misma parte y en la forma que ellos pedian, para lo que se habia ofrecido una buena coyuntura, que era haber tenido nuevas que el Mariscal de La Millore habia salido con 6.000 infantes y 2.000 caballos escogidos á recibir un comboy que venia de Dorlans, con que su campo venia á estar menoscabado de gente, y facilitaba más nuestra empresa. Resolvióse la ejecucion en esta forma: mandóse á Cárlos, Duque de Lorena, que llevase á su cargo el principal ataque, lle-

vando á su órden á D. Andrea Cantelmo,
Maestro de campo general de la frontera
de Francia; diéronsele cuatro tercios y
gran parte de la caballería y algunas piezas de artillería: los tercios eran de Pedro
de Leon, de españoles; Juan de Liponti y
D. Alonso Estroci, de italianos; Geraldin,
de loreneses: era la órden que llevaba
de atacar el fuerte principal del cuartel de
La Millore, que era el que habian señalado los de la villa: el ataque del otro reducto más abajo, para hacer diversion, llevaba á su cargo el Conde de Vilerual con
su tercio de valones y 10 compañías de
españoles del tercio del Conde de Salazar,
á cargo del capitan D. Pedro Zavala; el
embestir á otro reducto llevaba á su cargo el Conde de Grovendone, que en vida
de su padre llamábamos Baron de Vesmal; llevaba dos tercios de valones, el
suyo y el del Príncipe de Ligni con su
Sargento mayor, por estar el Príncipe
malo. El campo del enemigo estaba acuartelado, segun he entendido, en esta forma:
al cuerno derecho, cerca de la abadía de
Monte de San Teloy, estaba el cuartel de
Monsieur de La Millore, gran Metre de la
artillería de Francia y principal Cabo de
este ejército, por ser sobrino del Cardenal
de Richelieu y por el gran crédito que

habia ganado con haber tomado el año pasado la villa de Hesdin, y en cuya brecha le hizo el Rey cristianísimo Mariscal de Francia: el otro cuartel hácia el lado del camino de Bapama, estaba á cargo del Mariscal de Chatillon, que llamaban el cuartel del Rey, que es donde asiste siempre el más antiguo Mariscal; y el cuartel que estaba hácia el camino de Cambray y Buxain, estaba á cargo de Monsieur de la Fretue, Mariscal de campo; y el cuartel que estaba á cargo de Monsieur Gacion, Mariscal de campo y Coronel de dos regimientos de caballería de suecos: otros cuarteles habia que no me acuerdo; pienso que gobernaban el Conde de Guix, hijo del Conde de Agramonte, Gobernador de Bayona, y el Marqués de Coallin, Teniente general de la caballería de Francia. En estos cuarteles principales habia fuertes reales, y de trecho á trecho otros fuertes ordinarios en forma de reductos y estrellas, y cordones que los ceñian á todos; y ántes de llegar á las trincheras que tenian abiertas á la villa, otra fortificacion en la misma forma; y todo estaba hecho con la perfeccion que se puede pensar, pues siempre estuvieron temiendo que les habíamos de atacar por diferentes partes, como cualquier hombre de buen discurso pudiera pensar que una villa, capital de una provincia, como era Artois, no se habia de perder por falta de diligencias; mas parece que los Ministros de S. M. en esta ocasion estuvieron ciegos, como parece por los efectos. El Duque de Lorena llegó á boca de noche al puesto señalado; lo mismo hicieron los Condes de Vilerual y Grovendone, y de ninguna manera fueron sentidos del enemigo; mas el embestir fué tan tarde, que nos hizo el daño que despues se verá. La culpa de todo la echan á D. Andrea Cantelmo que quiso dilatar el ataque del fuerte hasta la mañana, y mandó embestir de vanguardia á los dos tercios de italianos, sólo por quitársela á Pedro de Leon, á quien tocaba como Maestro de campo español, y sin saberlo tampoco el coronel Geraldin. Los Maestros de campo italianos embistieron con gran valor, mas no les bastó, porque dos veces fueron rechazados; justo castigo que dió Dios á la malicia de Cantelmo, pues quitó la precedencia que tocaba á nuestra nacion, como aquella que ha conquistado á las demas. Pedro de Leon, luégo que oyó los primeros mosquetazos, sin aguardar órden, viendo el agravio que se le habia hecho, embistió al fuerte y se le llevó de calle, con el valor que de tal caudillo

y de tal tercio se pudo esperar, porque
cuando nuestra nacion ataca, más es
rayo que no asalto: el coronel Geraldin al
▸o izquierdo de Pedro de Leon no es-
⸱ ocioso de entrar á la parte del buen
⸱o, pues tambien subió al fuerte sin
⸱na dilacion; los dos tercios de ita-
no siguiendo al de
⸱r el puesto por los
⸱uesͳ ͳ ni Cantelmo no
trataron de entrar tro para ver en la
forma que se habia ͷ mantener ó se habia de proseguir el ⸱ ͳorro, ni tampoco
dispusieron ningun batería nuestra de
importancia; çapas y ͷ palas tampoco las
tuvo nuestra gente para haber hecho portillo en el cordon para que entrase nuestra caballería; con que nuestros descuidos
y mala disposicion fueron causa del mal
suceso. El Conde de Grovendone embistió donde se le habia señalado, y un Capitan del Príncipe de Ligni, que iba delante, cayó muerto encima de él, y con el
peso de las armas que llevaba, fuertes, fué
tan grande el golpe, que quedó el Conde
sin sentido; y así, fué fuerza retirarle, y
estuvo muy malo de este golpe. El Conde
de Vilerual, yendo á embestir, mataron de
un cañonazo á un Capitan de su tercio, y á
él le dió con un brazo del mismo Capitan

y un pedazo de las armas, que le aturdió y murió de ello dentro de dos dias. Sintióse mucho su muerte porque era un caballero de muy buenas partes y valor, con que fué pérdida para el Rey bien considerable. De dos astillas de las armas de este Capitan tuvo tambien dos heridas el capitan D. Gil Valentin de Sotomayor; es uno de los 10 que estaban con el Conde de Vilerual, del tercio del Conde de Salazar. Nuestra caballería estaba en batallones, siempre firme á los cañonazos que el enemigo la tiraba, que fueron infinitos, por tener toda su artillería asestada á nosotros; y fué tanto el valor de los Capitanes de caballos, que llevando cuatro ó cinco soldados y caballos de sus compañías de un cañonazo, volvian á cerrar tropa y quedar siempre firmes: fué cosa lastimosa que hubiese tan mala disposicion en este dia, porque era grandísimo el valor con que los soldados estaban. S. A. habia ya llegado á la vista con la resta del ejército, y pareciéndole que era imposible el socorrer la villa, invió á mandar al Duque de Lorena y á los demas que se retirasen á incorporarse con el ejército; y al ayudante Nieto, que llevó la órden, le mataron de un cañonazo. Bien quisieran los Maestros de campo que estaban dentro del fuerte hallar

modo como poderle mantener, mas los
soldados andaban divertidos en el pillaje
del cuartel de La Millore, que hasta su
misma cama le tomaron; con que no les
fué posible rehacerse ni comenzar su retirada con la buena órden que era justo; y
á este mismo tiempo entró el Mariscal
de La Millore con la gente que habia
salido al comboy, como he dicho, y viendo
su cuartel dado al pillaje, embistió al
fuerte, el cual estaba, como he dicho, metido en confusion por el desórden de los
soldados; que es lance que suele causar
muchas veces el ir á pillar, y que no es
permitido en la guerra hasta acabar la
faccion que se comienza. No les fué posible á los Maestros de campo hacer su retirada con buen órden, porque los franceses los atacaron con mucha fuerza, y
algunos que les quisieron hacer cara quedaron prisioneros, como el Maestro de
campo Pedro de Leon y el coronel Geraldin, que ambos estuvieron heridos, y cuatro Capitanes italianos, cuyos nombres
no pongo por no saberlos, y algunos soldados, que no sé cuánto fué el número.
Mataron á D. Martin de Sarria, Maestro
de campo reformado, y á D. Manuel de
Salcedo, Capitan del tercio de Pedro de
Leon, y tres Capitanes italianos y un

renés y, segun he oido, perdimos en aquel
dia, entre muertos y heridos, 500 hombres.
Capitanes de caballos mataron aquel dia
á D. Marco Antonio de Capua, de italianos, y uno de los 10 Comisarios generales que habian salido esta campaña,
cuya compañía se dió á un Capitan del
tercio de Juan de Liponti, que quedó en
esta ocasion preso y herido; y de valones,
el Vizconde de Rulers, cuya compañía se
dió á un Capitan del tercio de Juan de
Liponti; y la compañía de D. Manuel de
Salcedo al alférez Pedro de San Payo, del
tercio de Salazar, por haber entrado en
la villa y salido muchas veces con notable peligro de su persona y en este último socorro habia quedado herido. Los
burgueses de la villa habian cumplido
muy bien lo que ofrecieron, haciendo la
salida á la misma parte donde habian señalado; mas nuestra desdicha quiso que
todo se dispusiese de modo que no apro-
vechase ninguna diligencia, porque el
dia siguiente se rindió la villa con muy
buenas condiciones; con que salió D. Eugenio Onel á besar la mano á S. A., y con
él iban 1.200 hombres que habia dentro,
españoles, irlandeses y valones. Al hijo
de D. Eugenio hizo merced S. A. de una
compañía de caballos por lo bien que su

padre se·habia señalado en procurar defender la. villa, que no se puede negar
hizo de su parte todo cuanto le fué posible, porque ningun Cabo puede defender
una plaza sin tener lo necesario para ello:
al Baron de Ambis, que estaba por Cabo
de la caballería, hizo S. A. merced del
regimiento de alemanes bajos, que vacó
por muerte del coronel Brion, y se le dió
con patentes y pié de valones; con que no
queda ya en el ejército ninguno con pié
de alemanes bajos: al Conde de Mega, que
tambien estaba dentro, hizo merced S. A.
del tercio del Conde de Vilerual, y las dos
compañías de caballos del Baron de Ambis y del Conde de Mega dió S. A. á sus
Tenientes. No sabré encarecer el sentimiento tan grande que hubo de la pérdida de la villa de Arras, que fué la antigua Atrebato que tanto trabajo costó al
César tomarla, como parece por sus Co-
mentarios..... capital del país de Artois, y
que otra vez ella sola se defendió de la
estratagema de Enrique IV, que tuvo ya
dentro de la villa algunos franceses, y los
rechazaron; quedando este hecho nombrado con gloria eterna para los moradores de esta villa. El Conde de Isembur-
ghe, Gobernador y Capitan general de
Artois, se quejaba á voces de S. A. y

demas Ministros, diciendo que por no haber tomado su consejo se habia perdido la mejor joya hoy de su gobierno. Grande daño hace al servicio de S. M. las discordias y puntillos de los que mandan, pues por mantener sus opiniones, dejan perder el real servicio. Muchos hubo de parecer en el Consejo de S. A. que se volviese á sitiar la villa, por estar el campo del enemigo lleno de enfermos y falto de bastimentos: mas no se podrá ejecutar esta opinion porque nuestro ejército no era bastante, ¡ni nuestros Cabos capaces para sitiar á una villa y á un ejército al mismo tiempo; y así, S. A. se retiró al villaje de Oñoz, donde estuvo mucho tiempo; y pocos dias despues que se hubo acuartelado en él, llegó de Lucemburgue el Baron de Beque con 3.000 hombres, y se incorporó con el ejército: mas no por tener este refuerzo intentamos nada, ni hubo más que unas escaramuzas de una parte y de otra sobre el romper comboyes de forrajes y víveres, en que las armas anduvieron jornaleras.

El Conde de La Fontaine sintió mucho esta nueva, porque si Arras se socorriera, era uno de los años más felices que habia habido en estos Estados, pues el ejército de Brabante, siendo tan demasiado inferior, habia hecho oposicion y mantenido

tera de Francia, siendo de los más escogidos y lucidos que jamás se han visto en estos Estados, y donde asistia la persona Real y tantos y tan conocidos Cabos, no hizo ningun efecto por falta de disposicion. Supo el Conde como el Príncipe de Orange se volvia á embarcar y volvia á Flandes con algun designio, mas aguardó para marchar saber de cierto la partida del de Orange, por no hallarse engañado de alguna estratagema suya; con que, en asegurándose de ello, marchó, habiéndosele juntado de Güeldres las 10 compañías de españoles y el tercio del Duque de Oria; y en habiendo hecho dos jornadas, mandó adelantar á D. José de Saavedra con su tercio al país de Vas, por si el enemigo intentaba algo por aquella parte, y así lo hizo. Estando en esto llegó al Conde nueva de Amberes, del Conde de Sástago, que se habia ido malo desde Venló dias habia, como habia salido en balde la interpresa que habia mucho estaba tratada de hacer al fuerte de la Cruz; y para dar noticia de ella, pondré lo que he oido decir á los que en ella se hallaron. D. Alvaro de Luna, Gobernador del fuerte de Santa María, supo por sus espías la poca gente que guardaba el fuerte de la Cruz, situado en la ribera de Amberes, y avisó de ello á S. A.; con que se le dió cargo de tratar el modo que se habia de tener para hacer esta interpresa; el cual lo ajustó á su opinion lo mejor que pudo, mas no se vió en los efectos, pues cuando habia de ir á intentarlo se halló falto de algunas cosas de las precisas; con que cuando lo supo S. A. se énfadó de ello, y mandó al Conde de Sástago, que lo más del verano habia asistido en Amberes á curarse, que tomase por su cuenta la ejecucion de esta interpresa: él hizo de su parte las diligencias posibles, previniendo lo necesario, y señaló por Cabo de la ejecucion della al capitan D. Eugenio de Rojas, Gobernador del fuerte de Estribel, en la ribera de Amberes. La gente que se nombró para esto, fué: dos compañías de españoles de las que estaban á órden del que gobernaba á Hulst, del tercio de Aragon, que iba de vanguardia; iba el capitan Jusepe Salvador, natural de Mairena, y le seguia el capitan Jusepe Rico, natural de Valencia, del tercio de Saavedra, y ocho compañías de valones fuera de tercio, y la gente que invió el capitan Cobos, Teniente del castillo de Amberes, á cargo del alférez Mateo

moran, Sargento mayor de la villa; y gran
cantidad de marineros que llevaban á su
cargo los pontones, y tambien iban dispuestos para pelear, que todos pasarian
de 1,400 hombres; con que partió de Amberes D. Eugenio al anochecer, y llegó á
desembarcar cerca del fuerte por dos partes, cogiendo por en medio; y hasta que
habia desembarcado la mayor parte de la
gente, no fueron sentidos; en siéndolo,
dispararon muchos mosquetazos, y de
uno de ellos quedó muy mal herido el
capitan Jusepe Salvador, que le retiraron
á Amberes. Estando ya puestas las escalas,
mataron dos Capitanes de valones y uno
de marineros; con que rechazado este primer asalto, por el gran daño que el enemigo hacia con las piezas de artillería, que
las tiraba cargadas de balas de mosquete;
y queriendo volver á dar segundo asalto
el capitan Jusepe Rico, no lo consintió
D. Eugenio, si no ántes mandó que se retirasen todos; lo cual sintió mucho Jusepe
Rico, porque estaba muy picado de ver
que le habian muerto á su camarada el
alférez Francisco de Ibarra y herido á un
hijo del pagador Antonio Vedel, y esperaba tener buen suceso en el asalto; mas
D. Eugenio, habiendo reconocido que las
escalas venian algo cortas, y que no po-

dia dilatarse el socorro al enemigo de los fuertes de Lilo y Canton de Amor, ejecutó su retirada; habiendo perdido de nuestra parte en este asalto más de 100 hombres, entre muertos y heridos. El Conde de Sástago, miéntras esto pasaba, estaba con el Pagador general D. Juan de Lira en el fuerte de Santa María, y sintió mucho este mal suceso por haber sido encaminado por su mano; y escribió á S. A. echando la culpa de todo á D. Eugenio; mas él debió de dar buenos descargos, pues no se le castigó. Despues supimos que si se hubiera vuelto á asaltar el fuerte se hubieran rendido, porque estaban los de dentro con esta resolucion, por no ser más de 100 hombres, y muchos de ellos heridos, y no tener más qué tirar, con que fué causa de mayor sentimiento.

El Conde de La Fontaine, habiendo tenido algunos avisos de que el enemigo se encaminaba al país del Norte, entró con todo el ejército en el país de Vas, y sabiendo que no era cierto, se volvió con el ejército á la parte de la campiña por no gastarle, y se acuarteló en Dufel, Vabalte y demas villajes y ameos de aquel contorno.

A este tiempo llegó un correo de España en que se avisó del levantamiento de

Cataluña y muerte del Virey, el Conde de Santa Coloma. Otro correo vino de Italia en que se avisaba lo apretado que estaba el Príncipe Tomás en Turin, y la poca esperanza que habia de poderle socorrer, por estar ya el de Arcurt muy fortificado.

Tambien llegaron de España el Duque de Alburquerque, que traia hecha merced del primer tercio que vacase, y traia ochocientos escudos de sueldo al mes; y por Gentiles-hombres de la cámara de S. A. los Condes de Villalba y de Garcies, con doscientos escudos de sueldo al mes cada uno: vino tambien D. Juan de Cárdenas, hermano del Duque de Peñaranda, que habia sido Capitan de infantería en estos Estados: volvió D. José de Salinas, Ayuda de cámara de S. A., con un hábito de Calatrava. Trajeron nuevas de Inglaterra como habia salido por Embajador ordinario D. Alonso de Cárdenas y Peralta, y como los dos Extraordinarios, los Marqueses de Velada y Virgilio Malbesi, juntamente con D. Alonso, visitaban amenudo al Rey, dándole quejas del poco abrigo que hallaban las armadas de España en sus puertos, y en particular cuando la ocasion de D. Antonio de Oquendo, y las respuestas que tenian eran palabras de cumplimiento, mas nó ninguna satisfaccion.

En este ínterin llegó nueva de la pérdida de Turin, que fué muy sentida de todos, y no la pongo por extenso.por no estar bien informado de cómo sucedió.

De Arras supimos como la habian muy bien abastecido los franceses de víveres y municiones, y que habian fortificado todo lo que estaba deshecho de la muralla, y habian sacado la planta para comenzar una ciudadela, y habian quitado las armas á los burgueses, y que estaban con esperanzas de en breve tiempo ser señores del país de Artois, para lo cual decian que tenian un derecho antiguo que tocaba á la corona de Francia; mas de mi opinion, el derecho más cierto de los Príncipes es el de las armas; y así nos lo demuestra la experiencia de las cosas pasadas.

Fray Juan de San Juan, confesor de S. A., se fué á España, de cuyo viaje se discurrió largamente en este país: los unos decian que iba inviado de S. A. á pedir nuevos socorros, por el mal estado de las cosas presentes; otros decian que siempre (*) este religioso, tan mal quisto, y á cuyo consejo echaba el vulgo la culpa de

_____

(*) Deben faltar algunas palabras en el original.

En ambos ejércitos comenzaba á haber gran falta de forrajes, mas no hay que espantar, que los caballos eran muchos y el tiempo estaba ya muy adelante; con que todos deseaban que se hiciese la retirada, pues no se podia hacer faccion de importancia, así por lo dicho, como por la cantidad que habia de enfermos en ambos ejércitos; mal que sucede tambien igualmente á los del enemigo. El Conde de La Fontaine, para excusar que los soldados no hiciesen desórdenes en los villajes de su contorno, mandó que fuesen Capitanes de caballos y de infantería por forraje; y habiendo inviado D. Juan de

Espinosa, Sargento mayor de D. Estéban Gamarra, á una legua de su cuartel, al capitan Acebedo con los Cabos de su tercio, tuvo nuevas que los villanos estaban con las armas en la mano para defender el que se forrajease; invió de refuerzo, al capitan Jacinto Lopez con 100 hombres con bocas de fuego; el cual, hallando comenzado el desórden, dijo que viniese el Burgomaestre á hablar con él, que no venian á hacerle ningun mal, sino solamente á tomar el forraje preciso para sus caballos. El Burgomaestre le respondió que no se atrevia á venir, porque nuestra gente habia ya muerto un villano, y que así se llegase un Capitan á hablar con ellos, que se ajustarian muy bien. Jacinto Lopez lo imaginó así, y confiado á que su discurso era bastante á persuadirles á evitar cualquier desórden, se fué á ellos, y estando discurriendo en la materia con el Burgomaestre y los esclavines, muy descuidado de ningun lance, un villano, por detras, alzó un mocho de un arcabuz y le dió con él en la cabeza, de que quedó aturdido, y los villanos se retiraron á su fuerte, y nuestros soldados le retiraron en un carro; y túvose á mal que el capitan Acevedo no hubiera hecho alguna demostracion; mas no quedó sin venganza una traicion como esta, como adelante se dirá. Llegó el Sargento mayor D. Juan de Espinosa al Conde de La Fontaine á darle la queja de esto, pidiéndole que hiciese una gran demostracion; y le respondió que los soldados tenian la culpa, que daban la ocasion; con que conociendo que no mostraba sentimiento el Conde, como extranjero, de que hubiesen asesinado á un Capitan español, fué ocasion para lo que despues sucedió.

Este año, todo el país se rescató de alojamientos; con que S. A. metió el ejército de la frontera de Francia en las villas de Artois, Henaut, Lila y Anamur; y al ejército de la frontera de Holanda en Malinas, Lovaina, Liera, castillo de Amberes y Gante. Y haciendo su marcha el Conde de La Fontaine para la retirada, por falta de providencia, hizo marchar de vanguardia al tercio de Gamarra; y pasando por el lugar donde habian muerto á Jacinto Lopez, y ántes que el tercio comenzase á pasar, ya el lugar estaba ardiendo y saqueado el fuerte; con que todo quedó abrasado y saqueado; castigo bien merecido á su insolencia. El Conde de La Fontaine pensó remediarlo con su autoridad y no pudo, porque los soldados estaban indignados de que no habia hecho ninguna demostracion.

La compañía de Jacinto Lopez dió S. A. al alférez D. Juan de Osorio, del tercio de Saavedra, el cual Maestro de campo alcanzó licencia para irse á España, quejoso de que no se le daba mayor puesto como se le habia ofrecido, y más siendo el Maestro de campo más antiguo de todas las naciones. Escribió S. A. á S. M. por él con todo encarecimiento, diciendo que era á propósito para pelear y para mandar, como en todas ocasiones se habia experimentado. Fuéronse con D. José de Saavedra el capitan D. Luis de Rojas, hermano del Conde de la Gomera, y un hijo suyo; y el Sargento mayor D. Alvaro de Caravajal, y el capitan D. Juan Daça, y su Capellan mayor D. Cristóbal de Ólea, y los alféreces D. Suero García de Valdés, D. Lorenzo de Cevallos y Harce y Francisco Fernandez; con que este caballero, hasta en su partida á España, mostró el lucimiento que ha tenido siempre, saliendo de Bruselas sin deber á nadie un real, ni en los alojamientos ni en ninguna parte dejó á nadie quejoso; y lo que otros llevan en tapicerías y otras alhajas, llevó él en honra y reputacion para esperar grandes premios. Hizo por Inglaterra su jornada, para hacerse más capaz de las cosas de

RELACION DEL VIAJE

QUE EL

Sr. D. JUAN DE AUSTRIA

HIZO DESDE CATALUÑA Á FLANDES,

EN QUE SE REFIERE EL FELIZ SUCESO QUE TUVO PELEANDO CON UNAS GALERAS DE CORSARIOS TURCOS.

———

(B. N., sala de *Ms.*—H. 28, folios 137-152.)

RELACION DEL VIAJE

QUE EL

Sr. D. JUAN DE AUSTRIA

HIZO DESDE CATALUÑA Á FLANDES.

———

SALIÓ S. A. de Barcelona para venir á estos dichos Estados de Flandes, sábado, cuarto dia de Marzo, á las seis de la tarde, con tan corta familia como requeria el secreto de su jornada, y llevar aquellos que pudiesen seguille corriendo la posta, que así era la órden de S. M., no pasando el número de nueve personas, con las cuales, tomando dos galeras que en aquella sazon se hallaban en el puerto, de la escuadra de Nápoles, gobernadas de D. Francisco Carrillo, su cuatralboi, Gentil-hombre de la cámara de S. A., embarcándose juntamente en la galera de *San Juan* que era la que llevaba la persona de S. A. además de la familia dicha, el

Marqués de Sierra, Gobernador de las armas de Cataluña, y que á la sazon iba á ejercer el mismo oficio en el de Milán; Luis Podrico, Maestro de campo general del ejército de Cataluña, y el Baron de Amatta, General de la artillería que pasaba á Nápoles; y en la galera de *Santa Agata*, que juntamente seguia á S. A., iban diferentes pasajeros de porte.

De esta manera se hizo al mar en demanda de la isla de Mallorca, adonde el dia siguiente, 5 del dicho, tomando el puerto de Alcudia, aunque con trabajo grande, por ser el tiempo borrascoso y estar muy gruesa la mar, no dió lugar el tiempo de poder seguir el viaje hasta el dia 8 por la mañana, que, habiéndose mejorado el tiempo, se puso en ejecucion, poniendo la proa á la Menorca, enderezada de Puerto Mahon. Apénas hubimos largado las velas, cuando se descubrieron tres bajeles en medio de la canal. Pareció que sin peligro conocido se podria seguir la derrota, aunque fuera de mal hacer; pero en breves términos se conoció ser corsarios; y poco despues hácenos pensar en otra resolucion, porque su ligereza prometia malas esperanzas á nuestra seguridad.

grueso y fresco, que impedia totalmente
el uso de los remos, no prometia otra cosa
sino que, tomando la costa por la mano
y arrimándonos á tierra todo lo posible,
procurásemos, pescando poca agua, apar-
tarlos de ellas y de nosotros. Ejecutóse en
esta forma, pero impidió el que sucediese
como pensaba el ser la costa profunda, y
salir el viento de ella; con que por cualquiera de las dos razones, ni nos arrimá-
bamos á tierra, ni arrimados conseguía-
mos el que los enemigos hicieran lo mismo,
que tomando nuestra proa y sirviéndose
de todas las velas, por tener el viento por
el costado, hizo que con más facilidad
nos alcanzaran: á ménos de una hora de
dar la caza, estábamos debajo de la artillería, molestados de sus contínuas cargas.
Conocido el evidente riesgo, los criados y
personas que podian tener alguna autoridad suplicaron con repetidas instancias á
S. A. que, pues las fuerzas eran tan desiguales, no se pusiese su persona al miserable
estado que prometia la materia, sino que
tomando una falúa que venia por la popa de
la galera saltase en tierra, adonde estábamos entónces cerca, que con cuatro paladas
y sin ningun riesgo lo podia conseguir.
Nunca quiso venir en ello S. A.; y no
dando lugar el peligro á que se tardase en

ias resoluciones, por estar ya debajo del mosquete del enemigo, y haberse conocido ser bajeles de Berbería, fué menester dejar la costa y poner la proa á la mar, tomando el viento por la popa. Salió bien esta resolucion, pues, dejando la tierra, faltó el viento y consecutivamente la mar, y á los bajeles el uso de todas las velas por ir la popa; con que pudiéndonos valer de los remos, y siendo ventajosos en las velas, nos apartamos algun poco de ellas, que junto con otras de la misma consenta que se descubrió despues por la parte de Poniente, rindieron el bordo poniendo las proas la vuelta de Menorca, ó por desesperarse de conseguir su intento, ó por esperar de aquella parte el viento, procurándole ganar de aquel modo.

No tardó mucho en declararse la fortuna, porque tomando nuevas fuerzas el viento de la parte de Levante, que era donde le esperaban los enemigos, le dió lugar á que, rindiendo el bordo de nuestra vuelta, nos cayesen encima con tanta presteza y con tan numerosa y cercana carga de mosquetería, que, sin duda, á no hallarse allí la persona de S. A., la confusion que causó en la chusma y marinería fuera bastante causa para que sin más resistencia se entregaran á los enemigos.

Murieron de esta carga, además de los forzados y marineros, algunas personas particulares, como fueron: el Marqués Sierra, que de un balazo en el estómago vivió pocas horas; D. Francisco Carrillo le sacaron un ojo de un mosquetazo; el Cómitre real fué muerto; el Maestre de campo Luis Podrico herido en un brazo, y otras personas de ménos porte. La chusma, nuevamente alborotada, empezó á pedir libertad y quererse desherrar, animados de los moros que desde las proas de los bajeles se la prometian, y de otros que servian en la galera sin prisiones, y gozando de la ocasion de la cercanía, se hicieron á la mar, y desde ella tomaron sus bajeles, cosa que sirvió de grande inconveniente, porque, dando cuenta del personaje que iba en la galera, las diligencias que igualmente hacian por ambas, mudadas sólo por lo que conducia á la persona de S. A.; dificultaban mal el poder conseguir la libertad; pero la autoridad de S. A. y su brío pudo hacer que la chusma sosegase; pues su misma persona sobre la crugía los alentó de modo que, cobrando algun ánimo, por debajo de sus mismos baupreses pudimos salir de entre ellos; que sin perder en nada las esperanzas, divididos por uno y dos por otro costado, logrando las ocasiones de los vientos de todas las velas, cuya inconstancia les daba lugar á que unos á otros, valiéndose de todas las velas, no sólo nos alcanzasen, pero áun los bordos tenian ocasion de conseguirlo; y así, sin mucha dilacion, nos hallamos en peor paraje que las otras veces. Obstaba tanto á nuestra seguridad las diligencias de nuestros enemigos como el desaliento de la chusma, pues escarmentados de lo sucedido, y temerosos de lo que esperaban, abandonando los remos, contentándose con escapar las vidas, se arrojaban debajo de los bancos y por los escotillones, de donde á cuchilladas no los podian sacar. Ni esta diligencia se consiguiera si S. A., prometiéndoles la libertad si por su medio la tenia, no los hubiera animado; que, contra toda razon al parecer, no obstante que la contínua lluvia de balazos, por cuya causa iban muchos remos desarmados, y la chusma mal regida, por ser muertos los que la gobernaban, salimos con más felicidad que la segunda vez de riesgo tanto mayor. Fué grande dicha la mucha confianza de los enemigos, pues asegurados de la presa, muchas veces nos disparaban las armas, no dudando conseguir su intento. Hallándonos á las cuatro de la tarde fuera de la mosquetería, y empezando á faltar el viento y á sosegarse la mar, nos alejamos de modo, que al anochecer estábamos fuera del cañon; mas la chusma (*) daba lugar á los enemigos á que pudiesen seguirnos, por ser tan clara, que á no sobrevenir á las diez de la noche un temporal, pudiera ser no perderlos de vista en toda ella; pero cubierto el aire de la parte de Levante, nos obligó el temor de los enemigos atendiésemos sólo á el del mar; y así, amainando las velas, se dió lugar á que el tiempo dijera lo que se habia de hacer. La galera *Santa Agata*, en esto, hizo tres ahumadas, cosa en que se conocia bien su riesgo; pero no pudiéndola socorrer, pusimos la proa á la costa de Berbería, que era donde nos llevaba el viento; y navegando toda aquella noche, sin que pudiésemos tomar otra derrota, aunque sin velas, el dia 9 por la mañana nos hallamos muy apartados de las islas, y con el riesgo que prometia la vecindad de la costa de Berbería, adonde caminábamos tan apriesa que, sin embargo de ir al árbol seco y con dos ferros por la popa, hacíamos siete millas por hora. Navegóse todo el dia en esta forma, y tambien la noche, y durando la pertinencia del tiempo,

---

(*) *Noche?*

amaneció el dia del mismo semblante. Hallámonos tan cerca de Berbería y con tan mala forma de mejorarse el tiempo tan presto como era menester, por andar en tierra, que á pocas horas que prosiguiera fuera preciso; pero no habiendo otro partido que tomar, por no dar la mar lugar á que se le pusiese el costado, habia poco en que discurrir; pero aquella tarde, hecha la quinta, décima de la luna, diferente totalmente pasó que se esperaba de la crudeza de el tiempo; de improviso se mudó, hallándose el aire y mudándose el viento de el Mediodía, dió lugár á que pusiésemos la proa á los Levantes, que era la vuelta de Cerdeña. Esta proa llevamos toda la noche, y el dia 11 descubrimos por la siniestra á Menorca, y, marcado el terreno, se siguió el Golfo de Leon, la proa á los Grixales; á la tarde se movió gran mar, y al anochecer quedamos sin velas y con mar tan gruesa, que toda la noche pudimos hacer camino, lastimando las obras muertas de la galera, rompiendo el espolon y el tajamar, y quitando las escalas.

El dia 12 amanecimos con buen tiempo, y con la popa á los griegos levan-

ciudad de Alguer, donde dimos fondo á
medio dia, y reconocida la sanidad de la
galera, nos dieron práctica, de que nece-
sitábamos sumamente, por haber dos dias
que totalmente faltaba agua. S. A. no se
quiso dar á conocer; mezclado entre sus
criados saltó en tierra y vió la ciudad y
fortificacion; y al anochecer zarpamos de
vuelta de Puerta Conde, y dentro de dos
horas á la Sinceria, que es en la misma isla;
y hecha agua y lana, aquella noche nos hicimos á la mar en demanda de la Córcega;
y al amanecer el dia 14 se movieron unos
Levantes tan frescos, que nos obligaron
á volver á la misma cala, donde estuvi-
mos hasta el dia 19, en el cual, por pasar
muy adelante la herida de D. Fernando
Carrillo, determinó S. A. dejarle en Sar-
ser, ciudad principal en Cerdeña, y aquella noche zarpamos la vuelta del Aya-
ça, ciudad de la Córcega, donde llegamos la tarde del dia 21. Queriendo dar
práctica, pasamos aquella noche la vuelta
del Cavi, donde, llegando el dia 21,
pareció á S. A. no entrar por no perder tiempo; y así, puesta la proa al
Gincusado, amanecimos el dia 22 á la
vista de la costa, y á la tarde tomamos á
Puerto Pin, donde, sin ser S. A. conocido,
se trató tener práctica de Luis Poderico,

con pretexto de que á negocios de importancia pasaba á Milán. No se pudo conseguir órden de no darla, sin ir á Génova; y así, mandó S. A. zarpar ántes de amanecer, por no distar más de veinte millas. Amanecimos el dia 23 á vista de Génova; y así, mandó S. A. zarpar ántes de amanecer, como llevo dicho. Descubrimos tres galeras por nuestras proas, que, áunque al principio dió algun cuidado, muy presto se reconoció ser del Papa. No era tan secreta la jornada de S. A., que así como llegamos á Puerto Pin, un caballero que venia de Génova no se informara de cuándo seria su arribo á Génova, donde por puntos le esperaban; respondiéronle que S. A., estando para embarcarse, le habia venido órden de S. M. para que pasase á Madrid, y de allí á San Sebastian, por donde nuevamente se habia determinado su jornada, no haciéndole saber ni la muerte del Marqués Sierra ni demas accidentes del camino, sólo que en la borrasca del Golfo de Leon nos habíamos con aquella galera dividido de la Capitana del Duque de Tursis, en la cual venia embarcado el Marqués, y de la galera *Santa Agata*. Entramos en el puerto de Génova á las nueve del dia, y despues de tenida práctica, se desembarcó el Maestro de campo general Luis Poderico con casi todos los criados de S. A., con órden de prevenir caballos para hallarse al amanecer del siguiente dia con ellos en San Pedro de Arenas, donde determinó S. A. desembarcarse aquella noche con sólo dos criados. Esperaban en Génova por puntos la persona de S. A., y la República tenia prevenido con toda pompa su alojamiento, y en toda su ribera con Embajadores para recibirle, y las galeras para ir en su busca cuando se tuviera el aviso. Sabido esto por S. A., defendió de que en la galera no hablase nadie en lo de fuera, aunque solicitasen tan vivamente como lo procuraron; pero el ir la galera sola, deslumbró casi de todo punto la verdad, hasta que el Duque de Tursis y la República, apretando las diligencias, tomaron más luz, aunque siempre paliada la verdad con las prevenciones de parte de S. A. ejecutadas.

Entre estas dudas, miéntras se hacia hora para ir á San Pedro de Arenas, S. A. no quiso excusar ver una ciudad como aquella; y así, fiado juntamente con la seguridad que para no ser conocido le daba el ser cosa que dificultosamente se podian persuadir, mezclado entre dos que le acompañaban, pudo ver algunas

cosas de las insignes de ella; y volv
á tomar con toda presteza la falúa,
ella el camino de San Pedro de A
se fué á una hostería, donde, así
cerró la noche, tomando unos ca
con dos criados y el Baron de Ar
que entónces le seguia, marchó has
gar á Ponde décimo, ocho millas d
tancia de San Pedro de Arenas, por
de haber hallado en el camino algun
con solicitud procuraban conocerl
dia siguiente, 24, pasó por allí el l
de Tursis que con toda diligencia
busca de S. A., aunque ignorando
le hallaría; y dejándole pasar adelar
mando el camino de Atacho, que e:
Milán; y porque las diligencias
Duque no ocasionasen mayor publi
á medio dia, deteniéndose á comer
hostales, le invió á decir el Duqu
sólo se esperase en Atacho; y aunc
habia ya pasado por la posta, volvi
anochecer se vió con S. A., dándol
embajada de parte de la República, o
duda de si seria verdad su arribo, se
han. El dia 25, despues de haberse
dido el de Tursis, se fué á comer á J
va, primer lugar del Estado de Milá
donde siguiendo el camino de To
se adelantó para ver la fortificacio

despues hicimos noche en Bouera. Allí
llegó por la posta el Conde Hércules
Vizconde, con nuevas dudas de que S. A.
se habia desembarcado, y en su busca, por
órden del Marqués de Caracena, de quien
trujo carta; y la mañana siguiente, con
respuesta, volvió á tomar la posta S. A. con
la forma acostumbrada el camino de la
Chertosa de Pavía, donde determinó hacer noche y esperar respuesta de el Marqués; y al pasar de Pavía, adelantando la
mayor parte de sus criados, dió vuelta á
la ciudad y fortificaciones, y juntamente
los ataquíos del enemigo, cuyos vestigios
todavía permitian comprenderlos. A la
noche durmió en la Chertosa de Pavía,
donde vino á besar á S. A. la mano el
Obispo de Vejeuen, trayendo tambien
cartas del Marqués, el cual llegó á media
noche, dejando su casa fuera de Milán y
en marcha para estos Estados; y despues
de haber estado algunas horas con S. A.,
se volvió á Milán á disponer el alojamiento; y el dia 27 por la tarde, despues
de haber permitido á algunos de los Cabos
del ejército que le besasen la mano, puesto
en un coche, fué á dormir á una casa un
tiro de mosquete de Milán, adonde con-
currió toda la noche, asistiendo con el debido obsequio, y el Marqués de Caracena

con particular fineza. La tarde del dia 28,
puesto en un coche D. Juan de Borja, General de la caballería, Duque de Vergavas,
y D. Juan Vazquez, Maestro de campo
general y Gobernador del castillo, y fué
á ver algo de la ciudad; y á la tarde de
los 29 al castillo, donde le esperaba el
Marqués y D. Juan, su Gobernador. En
entrando se puso á caballo y vió todas
las fortificaciones; y el dia 30 por la tarde
fué á casa del canónigo Setara, que es
muy digna de ser vista; y la tarde del 31
vió la iglesia de el Domo, y bajaron el
Santo Chodo, siendo siempre el concurso
tan grande, que no se podia ir abrir primero por ninguna calle. El 1.º de Abril
vió la satisfaccion de la ciudad; y á la
noche, por haber crecido las instancias del
Cardenal Tiburcio, que vivamente deseaba que S. A. honrase su casa, fué á
dormir á ella, siendo recibido con toda
veneracion.

El dia 2 fué á ver el monasterio de San
Ambrosio, y dispuesto el viaje para el
siguiente, despues de haber comido é ido
al cuarto de la Princesa, nieta del Cardenal, se puso en un coche y fué á tomar los
que fuera de el lugar estaban prevenidos
para la jornada; la cual, aunque estaba
dispuesta por el camino real, el haber sa-

lido de Milán toda la nobleza á acompa-
ñarle, hizo que le dejase; y tomando el
de Brina, despues de haberse despedido
de el Cardenal, que, habiéndole ordenado
S. A. por su indisposicion que se quedara
en su casa, sin que lo supiera, se fué á esperar donde se habia de mudar de coche.
Aquella noche pasó en casa de Alonso
Vizconde; un caballero, dueño de el lugar de Brina, deudo de el Conde Hércules
Vizconde, que desde Milán, por órden de
S. A., le venia sirviendo hasta Flandes.
El dia 4, de marcha, en la forma antecedente, acompañado juntamente de
Alonso Vizconde y el Marqués D. Jerónimo Estampa; este caballero, desde que
S. A. entró en el Estado de Milán, por
disposicion de el Marqués de Caracena, le
asistió contínuamente y, cuidando de su regalo, le acompañó hasta dejarle (*) de venecianos. Aquella noche la pasó en Ospita-
lite, seis millas distante de Ureza; y la
mañana siguiente, á 5, inviando por caballos, y puestos en ellos, habiéndose despedido del Vizconde y Marqués de Estampa, y ya en tierra de venecianos, fué
á dormir á Basajan. Hallábase en este paraje de San Antonio de Padua, y S. A.,

---

(*) Acompañado?

ansioso de ver tal santuario, ajustando el
tiempo que habia menester para llegar á
Trento, y el que tenia para ir y volver por
la posta, viendo que le sobraba, no quiso
perder la ocasion; y así, apeándose de los
caballos y tomando las postas con sólo
dos criados, que seguido el camino de
Dulsnobre fuesen á esperar á Trento; lo
cual ejecutado, se hallaron la noche de
los 8 en él; y S. A., sin detencion alguna, corriendo toda la noche por el camino de Pesquera, Perona y Vicenza, se
halló el dia 6 por la tarde en Pádua, la
cual gastada en aquel Santuario, sabiendo
que de allí no distaba Venecia más de
veinte millas, y asegurado segunda vez de
que tenia lugar de llegar á Trento á el
mismo que la familia, embarcándose aquella noche en la Brenta, fué á amanecer el
dia 7 á Venecia; el cual ocupado todo,
despues de haber tomado una posada, de
poco trabajó en ver la extraordinaria grandeza de aquella Corte, que pudo ejecu-
tarla con toda virtud de ánimo por la gran
seguridad que podia tener de no ser conocido. Llegando la noche, tomando embarcacion para proseguir el viaje, salió de la
posada en ella, y no queriendo excusar
dejarse ver del Marqués de la Fuente, Embajador de España, desembarcando cerca

de su casa, le invió á avisar como le esperaba en la calle; el cual salió al punto á
besarle la mano; y gastada la parte de la
noche en la conversacion, dejarse de sus
súplicas, dirigidas á que se detuviese algun
dia más; acompañado de él hasta la barca,
siguió el camino de Mestres, primer lugar
de la tierra firme; y desembarcando al
amanecer, tomó los caballos con intento
de llegar aquella noche, que era la del
dia 8, á Trento; aunque la distancia era
larga, por tener más de cien millas, lo
hubiera conseguido si las grandes lluvias
que sobrevinieron no lo estorbaran; pero
su continuacion fué de modo que, quitando
el uso de las postas y de los caminos, y
haber crecido la Ursenta, cuya ribera se
sigue más de cuarenta millas, de modo
que además de la incomodidad causaba
grande peligro, no obstante ninguno (*)
á que dejase S. A. de proseguir su jornada en la forma que permitió los accidentes; y seguida por Maestre, Treviso y
Vazan, último lugar de los venecianos,
llegando el dia 10 á Trento, primero de
el Condado de Tirol; el dia 11 camino de
Igua, y durmió en Bulcan; á 12 durmió
en Clausan; y el siguiente, 13, habiendo

(*)   ¿Fué parte?

comido en Beiser, durmió en Stercen;
á 14 caminó en Mattren, habiendo aquella
mañana desde éste ser escrito al Serenísimo Ferdinando Cárlos, Archiduque de
Inspruec, donde determinaba ir aquella
noche á dormir, para saber el modo con
que habia de verse con S. A., solicitando
juntamente que fuese sin ser conocido. Llevó la carta el Conde Hércules, y órden de
volver con la respuesta una legua más acá
de Inspruch; y habiendo sabido que le
esperaban, tomando la posta, llegó á aquella ciudad despues de anochecido, en cuya
puerta le esperaba el Archiduque; donde,
puesto en su coche, fueron á Palacio.
Llevó el Serenísimo Archiduque á S. A.,
dejándole en él despues de larga visita; y,
no habiendo podido vencer que se detuviese en aquella Corte algun dia, vino
consecutivamente á ver á S. A. el Serenísimo Segismundo, hermano del Señor
Archiduque; y, acabada la visita, fué S. A.
á ver la Serenísima Archiduquesa, acompañado de toda la corte, siendo necesario
quitarse el rebozo por aquel poco tiempo.
Las instancias de la Serenísima Archiduquesa fueron de un modo que no pudo
S. A. ejecutar su jornada. El dia siguiente,
diferida hasta el de los 17, segundo de
Páscua, volvió S. A. á su cuarto, y pre-

venida la cena, vinieron tres Gentiles-
hombres de la Señora Archiduquesa á servir la vianda y copa, y otro á estar allí
con continua asistencia; pero S. A. cenó
en la cama, servido sólo de sus criados; y
el dia de los 15, por la mañana, que fué
S. A. á ver á los señores Archiduques, á
cada uno en su cuarto; y á medio dia vinieron ambos al de S. A. á comer con él.

Estaba la mesa debajo de un dosel, y
en la cabecera tres sillas; tomó S. A. la
de en medio, y las de sus lados los Serenísimos Archiduques. Acabada la comida,
fueron todos tres Príncipes á ver las caba-
llerizas y hacer mal á los caballos; en
esto se pasó la tarde: á la noche fué S. A.
á ver á la Serenísima Archiduquesa, donde
estuvo muy despacio, y despues cenó en
su cuarto en la forma que en la noche
antecedente. El dia 16 por la mañana la pasaron jugando á la pelota, y á medio dia
convidó á comer S. A. á la Serenísima
Archiduquesa. Fué á su cuarto, estaba la
mesa con cuatro sillas, las dos á la cabecera, las otras dos......; sentáronse en las
precedentes la Serenísima y S. A. Acabada
la comida, que fué muy tarde, el poco
intervalo que hubo entre ella y una comedia de música que estaba prevenida,
lo pasaron en la pelota; y, venida la no-

che, se hallaron todos en el-teatro, en el cual estaban cuatro sillas en una tarima en hilera, las cuales ocupadas en la forma que al medio dia, una comedia la vieron, que fué cosa insigne, mudándose todo el teatro en cinco diferentes formas, ejecutado con la grandeza que se deja entender. Acabóse á media noche, y por ser en el cuarto de S. A., procuró ir acompañando á la Serenísima al suyo, aunque en vano, y no pudiéndolo conseguir, se retiró con los Señores Archiduques que le acompañaron hasta su aposento. El dia 17 por la mañana fué S. A. á despedirse de la Serenísima, y despues á los cuartos de los Señores Archiduques, y despues de haber comido en el suyo, que fué retirado, en la forma que las noches antecedentes. A la hora de la jornada vinieron los Señores Archiduques al cuarto y llevaron á S. A. al coche, sin quererse retirar hasta haber empezado á caminar, y fuera de el lugar, puesto á caballo, en la forma acostumbrada. Cuando S. A. se quiso ir, no quiso dejar de hacer algunas señas de magnificencia, y así mandó á un Gentil-hombre de su cámara, que en los que le habian servido ó estaban para ello, repartiese algunas memorias, como fué al asistente que habia siempre estado,

una joya de diamantes; á dos Gentiles-
hombres de la cámara que habian venido
á servir la noche que llegó, dos sortijas
de diamantes; al Caballerizo mayor, que
en las dos veces que comió en público con
los Serenísimos, habia servido la copa,
un ramo de diamantes; á un Ayuda de
cámara que habia mandado fuese á que
le tocase el violin, una sortija de diamantes, todas de harta estimacion; y tambien
mandó repartir entre la familia 2.000 escudos de oro. Despedidos de S. A., fué á
dormir aquella noche á Zefelti, y la mañana de el dia 18, despues de haber respondido á dos Embajadores de los Señores
Archiduques, inviados con dos Gentiles-
hombres de la cámara, fué á comer á Por-
taleche, primer lugar del Estado de Babiera;
y habiendo todo el dia marchado con ri-
gurosísimas nieves, durmió en Murna;
el 19 comió en Baisholm, y durmió en
Laspach, distante treinta millas de Au-
gusta, donde fué á dormir á la noche
del 20, donde habia llegado el Marqués
con toda su familia; y despues de haberse
visitado despacio con S. A., quedó deter-
minada la jornada; y el dia 21 marchó el
Marqués, y S. A. hubo de detenerse para
buscar nuevo carruaje, y así le ocupó en
ver las casas insignes de aquella ciudad.

Tomadas las calesas, por ser este car-

en Norburque. En la marcha de este dia le encontró un correo que venia en busca de S. A., con respuesta de otro que desde Milán habia despachado el Conde de Fuensaldaña. El dia 23 comió en Fruin, ciudad de la Francia, y durmió en Tengelinspil. A 24 comió en Miquelbaque, y durmió

chó un correo por Milán para España, y

en Mitelburg, y allí se embarcó en el

el dia 28 esperando el Marqués de Cara-

convoy para el dia siguiente, que era de

qués 50 mosqueteros, se determinó ir con

dose por la mañana, marchó la vuelta de Maguncia, donde llegó al anochecer, siguiendo el camino del Fe. Allí se hizo alto, por no permitir el Rin que le naveguen de noche, y vino un Embajador de parte del Elector á ver el Marqués, y procurar besar á S. A. la mano; no lo pudo conseguir por no darse á conocer á nadie. El dia 30 se navegó todo, y á la noche se llegó á Coblens, ciudad del Elector de Tréveris. La casa de el Marqués desembarcó, y S. A., por estar allí el Elector, se quedó en el rio; y el primer dia de Mayo, al anochecer, fueron á desembarcar á Colonia; esperando en aquella ciudad de Isenghien á S. A. el Príncipe de Isenghien, Gobernador de la provincia de Güeldres, que por ser aquella la primera que se topa de S. M., confinando con los Estados de Colonia y Ducado de Nienburg, y la ménos segura, por órden del Marqués de Fuensaldaña, y con carta suya para S. A., le esperaba para convoyarle con 800 caballos, mitad de el Señor Príncipe de Condé y mitad de S. M., que para aquel efecto habia venido. Estaban tambien los Condes de Colinó y Casusa, Tenientes generales de el Señor Príncipe de Condé, de quien trajeron carta para S. A. y órden de convoyarle. Tambien tuvo carta del Serenísimo Archiduque Leopoldo, en órden á que le esperaba en Nuestra Señora de

montagudo, nueve leguas de Bruselas.
El dia 2 no se marchó por esperar el convoy; y el de 3, por la mañana, salió
en la forma ordinaria, aunque acompañado de infinitos particulares que, mo-
vidos de la curiosidad, habian venido,
además del Marqués de Carazena y los
demas ya dichos. Fué á comer á Castro,
lugar de el Duque de Nieoubourg, en el
país de Juliers, donde fué hospedado por
órden del Duque; á cuyos criados mandó
repartir 300 escudos. A la noche fué á
dormir á Horchelem, primero lugar de el
país de Güeldres; y el dia 4, el Marqués de
Carazena volvió á Colonia á traer su casa,
que la habia dejado por venir acompañando á S. A., que tomó la marea para Rube-
monda, donde llegó temprano. Apeóse en
la casa de el Príncipe de Isenghien; y el
dia siguiente, 5, el Conde de Fuensaldaña
vino á Bruselas, trayendo consigo los más
Oficiales del ejército, y algunos de los
criados de la casa Real, por si S. A., de
que desde luégo le sirvieron, hizo venir
juntamente algunos coches y un sastre
con todos aderezos para hacer unos vestidos. Esperaba S. A. al Marqués de Carazena, el cual, llegando el dia 6, por la
tarde, se resolvió la marcha para el dia 7;
y despues de haber comido, se puso en el

coche y fué á ver á mi Señora la Marquesa
de Carazena, á su casa. Acabada la visita,
seguido de todos, fué á dormir aquella
noche á Ubert; y el dia 8 fué á dormir á
Peer, lugar en el país de Lieja. Desde aquí
el Conde de Fuensaldaña se adelantó á
Bruselas á acomodar algunas cosas para
la llegada de S. A. El dia 9 marchó como
el antecedente, acompañado ya del Marqués de Carazena, y durmió en Diste,
media legua de Nuestra Señora de Montagudo. En este convento esperaba el Señor
Archiduque, y el dia 10, saliendo S. A. de
Diste, á las diez de el dia, le encontró con
toda su familia, que era tan lucida como
grande, en medio camino. Apeáronse á
un mismo tiempo de los coches los dos
Príncipes, y entrando S. A. en el de el
Archiduque, y un Gentil-hombre de su
cámara, volvió acompañándole á Nuestra
Señora de Montagudo. Entraron juntos
en la iglesia y oyeron misa, oficiada de
la música de su cámara de S. A. el Señor
Archiduque, que es grande por todos caminos. Acabada, acompañó el Señor Archiduque á S. A. hasta su cuarto, y vuelto
al suyo, y llegada la hora de comer, bajaron ambos donde estaba la mesa, entrando, ántes de llegar, á la sala; comieron
juntos, y acabada la comida se fueron cada

uno á un cuarto hasta que vino la hora de
ponerse cada uno en la marcha; y S. A.,
remunerando al Señor Archiduque en el
coche, S. A. y un Gentil-hombre de la
cámara de S. A. sólo, y mandó tomar el
camino que habia traido. Acompañó al
Señor Duque hasta donde habia salido á
recibir á S. A., poco más ó ménos; é ins-
tando el Señor Archiduque en que se volveria por haber de ir aquella noche á
Lovaina, distante de allí cinco leguas, lo
hubo de hacer; y así, apeados ambos,
despues de los cumplimientos ordinarios,
tomaron á un tiempo sus coches, y cada
uno su camino. Al Señor Archiduque
siguieron sus domésticos, que eran dos
Gentiles-hombres de su cámara, La-
munca y otros inferiores; y todos los caballeros del país que le servian, despues
de haberle besado la mano, siguieron á
S. A. Tambien hicieron lo mismo las
guardas, pero no queriendo pasar por
ello S. A., fueron acompañando al Señor
Archiduque hasta dejarle fuera de los
Estados. Siguió S. A. el camino de Lovaina, y ántes de llegar á la ciudad, el
Señor Príncipe de Condé, que habia venido de Bruselas á recibirle, le encontró.
Venia acompañado de toda su corte, teniendo en plaza de armas gran parte de la

caballería de su ejército; cuando le encontraron, en la forma que con el Señor
Archiduque, se desmontaron ambos de
sus carrozas, y S. A. entró en la de el
Señor Príncipe de Condé, y de aquel modo
llegaron á Lovaina, habiendo la ciudad
salido á ofrecerle las llaves. Apeóse en
casa del Señor Príncipe, y, despues de una
breve visita, se entraron á cenar en la
misma forma que habian comido con el
Señor Archiduque. Fué espléndido el ban-
quete, y acabado, que fué tarde, S. A.,
acompañado de todos, se fué á la casa que
estaba prevenida, que era enfrente de la
del Señor Príncipe; y pasada la noche, el
dia 11, despues de haberse vuelto á Bruselas el Señor Príncipe de Condé, á medio
dia se puso S. A. en el coche con intento
de llegar despues de anochecido á Bruselas. En el camino topó un correo del
Conde de Fuensaldaña, con el cual signi-
ficaba el ánsia que todos tenian de verle;
y por dar esta satisfaccion, concedió S. A.
entrar de dia; y apresurando el paso, siguió el camino, el cual estaba tan po-
blado de todos los moradores de los lugares vecinos, y de otros bien distantes, que
era cosa de admiracion; siendo seguido
de tantos, que no pareció despues grande
el concurso de la ciudad. Desde ántes de

llegar allí, los burgueses, en cinco nume-
rosos escuadrones, divididos en número
de 7.000, S. A. pasó por su frente de
banderas, aplaudido con tan universal
regocijo como no se puede ponderar. A la
entrada de la ciudad le esperaban los Bur-
gueses-maestros, ofreciéndole las llaves.
S. A. les respondió en francés. Rodeado
de infinitos coches entró en la ciudad, y
por la puerta que va al parque, en Palacio. Era ya tarde para ir en público á
Santa Gudula, que es la Catedral; y así,
en coche, fué á hacer oracion de secreto,
habiendo venido primero á verle el Señor
Príncipe de Condé; y el dia siguiente dióse
á todos los tribunales, y despues jurando
de Gentiles-hombres de su cámara muchos de los que eran del Señor Archiduque, y de los demas particulares de el
país, como fueron el Conde de Salazar,
Gobernador y Capitan general de Cambray y Cambresi, y el Conde de San
Mour, Gobernador de el Condado de Namur; el Marqués de Trangni, Gobernador
de Tornay, y el Marqués de Tirlon, Capitan de los archeros y General de los
hombres de armas de estos Estados; Don
Melchor Puertocarrero, hermano de el
Conde de la Monclur; el Príncipe de
Isenghien, caballero del órden del Toison

y Gobernador del país de Güeldres. Juró
de Caballerizo mayor el Marqués de Cer-
ralbo; de Mayordomos juraron el Baron
de Tramble, el Conde de Urs y el Conde
de la Motterie. A esta proporcion la demas
familia, siendo ilustrísimo en todo. Acabadas estas y otros cosas y facciones públicas, se empezó á tratar las cosas per-
tenecientes á la campaña.

RELACION

DE LA

CAMPAÑA DEL AÑO 1656

EN LOS ESTADOS DE FLANDES

GOBERNÁNDOLOS

EL SEÑOR DON JUAN DE AUSTRIA.

(B. N.—*H.* 86 , fólios 344 á 349.)

RELACION

DE LA

CAMPAÑA EN LOS ESTADOS DE FLANDES.

Por Mayo del año de 1656 llegó S. A. á Ramunda, plaza de los Países-Bajos, del gobierno de Güeldres, donde estaba el Conde de Fuensaldaña, Gobernador de las armas que era de aquel ejército, y pasaba á serlo del Estado de Milán; y le comunicó el deseo que el Señor Archiduque Leopoldo tenia de verle en Montagudo, templo de Nuestra Señora, de mucha devocion, donde concurrieron sus Altezas, oyeron misa, y despues de comer discurrieron algun tiempo en las cosas de dichos países; despues se dividieron cada uno por su camino, y llegó S. A. á Lovaina, adonde le salió á recibir el Príncipe de Condé, llevándole á cenar á su casa y haciéndole muchos festejos; y á tt del dicho entró en Bruselas, donde fué acogido de los pueblos con especiales

muestras de alegría, aunque ent
nito. El Conde de Fuensaldaña
formando del estado del país y
ejército que habia para la de
aquellas provincias, que se veia
zadas de dos potencias tan cons
como son la Francia y Inglaterr
y del aprieto en que se hallaban,
á los franceses en el corazon
ocupando los puestos de San (
Condé, dió cuenta á S. M. y D
Haro, y de la prisa con que los
se iban juntando en las plazas,
atrasado se hallaba en el tiempo
por ajustar y pagar los carruaje
bos trenes. Con ocasion de los
avisos del movimiento de los e
mandó juntar los Cabos para ve
seria bien hacer, y oir el estad
del ejército. Concurrieron en la
Príncipe de Condé; Marqués de (
que sucedió al Conde de Fuens
el gobierno de las armas; Conde
saldaña; Príncipe de Ligne, G
la caballería; D. Alonso de (
Embajador de Ingalaterra, y Ma

Condé; y en cuanto al número (
pas, conforman todos, que si
verdad habia de muestra en las

(no quedando áun las plazas libres totalmente de subpresa) 20.788 infantes y 13.943
caballos para la campaña, no habria efectivos más que 8.500 infantes y 5.800 caballos, ambas partidas sin Oficiales, y la
última sin incluir en ella la gente de armas del país, que se propuso serian. 600;
que las del Príncipe de Condé, con los reclutas y remontas de aquel año, no llega-
rian á 2.000 infantes, 300 dragones y 3,500
caballos, y que, juntando las levas nuevas y reclutas, vendrian á quedar en toda
la infantería de S. M. y del Príncipe de
Condé en 14.500, y la caballería en 10.900,
poco más ó ménos, discurriéndose por
mayor: que las fuerzas del enemigo lle-
garían á 18 ó 20.000 infantes, y la caballería igual ó con poca diferencia de la
nuestra; y con estos presupuestos, se
acordó de que las tropas marchasen á la
plaza de armas que se habia señalado, separando un cuerpo de 2.000 infantes
y 1.500 caballos para la defensa de la
provincia de Flandes por el recelo con que
se estaba de que aguardaban 4.000 infantes de Ingalaterra para aquella operacion.
En este tiempo se tuvo noticia que los
enemigos íban introduciendo gruesos convoyes en las plazas de la frontera, y se
hallaban en disposicion de marchar. A 15

de Junio se tuvo noticia que hab
punta hasta cerca de Tornay, de
trocedió repasando las riberas, y
puestos de Valencianas; que en la
ciones que se hallaba el ejército
taban las dificultades; por lo que
recelar que los enemigos obra
ménos que á su arbitrio: con qu
pusó á juntar las tropas con l
brevedad posible. En 19, recibió S
del Conde de Henim, Gobernad
lencianas, en que avisaba estaba
líneas en total defensa, y empaliz
por todo; pero que estaba c
ánimo, aunque con ménos guar
la que convenia. Los más concord
las fuerzas de los enemigos
de 30.000 hombres; con que no
una tercia parte de ventaja.

Habiendo S. A., con el Prí
Condé y Marqués de Carazena,
las últimas resoluciones, en 1.º
se acampó S. A. con el ejércit
puesto eminente, á tiro de mo
de las líneas, sobre la Esquelda
mandó echar puentes para tene
didos y dudosos; y los rendidos·
dia concordaron haberles ent
nuevo cuerpo de ejército de 3.0
bres, y que los ataques llegaban

de la estrada encubierta; y, sin embargo, no se dejaba de incomodar sus cuarteles con la artillería, adelantando cuanto permitian las disposiciones para librar aquella plaza, sin embargo de la necesidad y empeño en que estaba todo por la falta de medios; y aunque los de dentro de la plaza se defendian con mucho valor, y muy bien dispuestas salidas, no dejaba de tener á S. A. con cuidado: en el ínterin que intentaba comunicarse con la plaza, aguardando respuesta de dentro sobre diferentes puntos que se preguntaron para resolver el socorro, para cuya 'resolucion propuso á los Cabos en una junta que se tuvo para este efecto, en primer lugar la gran importancia de la plaza, la cual, por su situacion y por el buen estado de sus fortificaciones, aseguraba de todo punto á los enemigos las nuevas conquistas con que nos molestaba tan en lo interior, quitándonos las esperanzas de su recuperacion, ó á lo ménos de hacerlo sin aquellas mismas dificultades que se podrian hallar para Arras ú otra plaza de semejante calidad, y (lo que se debia temer más) la suma aprension de los pueblos en la pérdida de Valencianas; que el estado de la plaza era el más peligroso á que se podia llegar, por la falta de pólvora y no

tener más de 1.000 infantes y 200 caballos
de guarnicion. Estas mismas consideraciones, de suma importancia, juntas con
la inferioridad de nuestras fuerzas y los
muchos adherentes que faltaban para em-
prender operacion considerable, atajaban
el discurso de pensar en el medio de la
diversion, por no haber disposicion de
intentarla, sin prenda que pudiese valer
la pérdida de Valencianas; y el estar el
enemigo rodeado de sus plazas, donde
habia introducido mucha cantidad de
víveres (demás de lo que encerró en
las líneas), hacia del todo imposible el
camino de necesitarle en ellas; con que
sólo quedaba el de acercársele ó intentar
la fuerza con los mayores resguardos posibles, por no aventurar el todo en la pérdida del ejército. Estos se fundaron en la
dificultosa comunicacion de los enemigos; en el empeño que tenian hecho en los
ataques, donde habian perdido mucha y
buena gente y Oficiales; en poder llegar
nuestro ejército doblado por todas partes,
á sus líneas, y en atacarlas (como se
hizo) por la del Mariscal de la Ferté, uno
de los Generales de Francia, á que ayu-
daba la comodidad de un gran bosque
sobre el costado izquierdo, en cuyo abrigo, aunque fuera rechazado, era muy di-

ficultoso el ser roto. Todo esto, y las noticias que el enemigo esperaba en breve un muy considerable refuerzo de tropas de Alemania y Francia, propuso S. A. y se discurrió en dicha junta, en que intervinieron el Príncipe de Condé, Marqués de Carazena, Príncipe de Ligne, Conde de Marsin y D. Fernando de Solis, General de la artillería; y todos concurrieron uniformes en que se debia intentar sin perder ningun tiempo, pues no podia haberle hallándose ya el enemigo dueño de la estrada cubierta de la villa, y haber escrito el Gobernador que no le quedaba pólvora para tirar seis dias; y así se pasó á disponer la ejecucion, y se fueron haciendo puentes y pasajes en la mayor cantidad que fué posible, para tener al enemigo en duda de nuestros designios; con que estaban igualmente amenazados por todos lados, encaminando los ataques por las líneas de la Ferté, que tenian (como todas las demas restantes) doble foso, tres palizadas, y dentro, de trecho en trecho, unas espaldas para poder tener formados detras de ellas los escuadrones de caballería que, sin recibir el daño de nuestras primeras cargas, pudiese salir á recibir nuestra gente ántes de formar. Dispusiéronse cuatro ataques; el primero de la infantería española é irlandesa, donde asistió S. A. con el Marqués de Carazena; el segundo de las naciones, á cargo del Príncipe de Ligni, General de la caballería; el tercero de las tropas del Príncipe de Condé, gobernado por su persona y Dúque de Witemberg, que entónces, con alguna gente que tenia, servia con sueldo de S. M., y las de sus Tenientes generales; y el cuarto, de un grueso que se formó en San Amand de algunas tropas nuevas, y otras sacadas de las plazas, á la órden del Conde de Marsin. Cada uno de estos cuerpos sostenidos de iguales trozos de caballería; y habiendo elegido S. A. la noche del sábado, víspera del Santísimo Sacramento del Milagro, que se contaron 15 de Julio (que es una de las mayores y más dignas celebridades de los Países-Bajos), para poner por obra esta resolucion, dió anticipado aviso al Conde de Henin, Gobernador de la plaza, con advertencia de que, proporcionando el tiempo en que comenzarian nuestros ataques, con el que habrian menester las aguas detenidas de la parte alta de la villa para colar é inundar la de abajo (donde el enemigo tenia sus puentes), los dejase correr para dificultarles esta comunicacion; y que á la misma hora procurase hacer su salida hácia el paraje por donde se habia de atacar, tocando arma por otras partes; y para estar más desembarazados, se invió dos dias ántes todo el bagaje á Buchain; con que la misma noche, habiendo reconocido los caminos por donde se habia de atacar, y dadas todas las órdenes, se comenzó á marchar al mismo punto del anochecer, dejando sólo en el cuartel un escuadron de infantería, seis de caballería y dos de dragones del Príncipe de Condé; estos y dos de los de caballería con el de infantería, para que tocasen el arma por la frente; y los cuatro restantes por el costado derecho, pasando una riberilla; y para deslumbrar más nuestro movimiento, quedaron hechos todos los fuegos ordinarios, con órden de que se mantuviesen así; y tambien dos piezas de las que habia en la batería, las cuales, disparando de tiempo en tiempo todo el discurso de la noche, sin diferencia de lo que habian hecho las pasadas, podian justamente tener en duda á los enemigos de que se hubiese movido el todo. Los puentes se pasaron feliz y brevemente; y, aunque se rompió uno, que causó alguna detencion más del presupuesto, se llegó á tiro de cañon de las líneas á muy buena sazon de la noche. Allí se dividie-

ron y doblaron, encaminándose cada uno
á su ataque, que se seguían unos á otros,
prolongándose siempre el costado izquierdo de los españoles, el cual le hizo más
inmediato, hallando á los enemigos tan
prevenidos y asegurados, que llamaban á
los nuestros, aguardando á que se acercasen, sin tirar un sólo mosquetazo hasta
que, arrimándose á las primeras estacadas
los que estaban destinados para cortarlas,
y los granaderos y tiradores que los sos-
tenían, se comenzaron las descargas; pero
las nuestras fueron tan ventajosas y con
tanta cantidad de granadas, que en un
brevísimo espacio·ganaron los españoles
una barrera, por la cual comenzó á entrar
alguna caballería nuestra; y prosiguiendo
siempre en quitar las estacas y cegar los
fosos, hicieron otros pasajes cómodos,
por donde pasó toda nuestra caballería é
infantería; con lo cual, rotos y puestos
en confusa fuga los enemigos que los de-
fendían, doblaron dentro á tiempo que
venia ya el dia. En los otros ataques sucedió lo mismo, con poca más ó ménos
resistencia; de suerte que, cuando amaneció, estaban todos en buena postura y
deshecho totalmente el ejército del Mariscal de la Ferté, con la presa de estandar-
tes, banderas y timbales, quedando él

mismo prisionero con el Teniente general Grampré, y otro gran número de Oficiales de cuenta y soldados, demás de los muchos que murieron en la campaña y ahogados en las inundaciones; las cuales, como embarazaban el pasaje por ambas partes de la villa, fué forzoso desfilar por dentro de ella para ir sobre el cuartel de Turena, otro General de Francia; con que tuvo tiempo de retirarse con solas cuatro piezas pequeñas, aunque no sin confusion, abandonando la gente que guarnecia los ataques de la plaza, que quedó prisionera, dejando en las líneas 31 piezas de artillería, cuatro morteros, todas las municiones de boca y de guerra, y el bagaje; y entre otras cosas que se cogieron de mucha consideracion, fueron unas listas del número de regimientos y compañías de su ejército, y la forma de batalla, que contenian 115 escuadrones de caballería y 31 de infantería, cuando nuestro ejército no consistia en más de 81 y 27. De nuestra parte se tuvo poca pérdida, y de Ostes de consideracion, sólo dos Maestros de campo, habiendo obrado todos los Cabos, Oficiales y soldados con mucho valor y acierto. De aquí pasó S. A. á poner sitio á Condé, que se rindió á los 18, habiendo salido de la guar-

nición 2.772 infantes y 536 caballos, 90
carros y carretas, 69 machos y caballos
de carga y 503 carreteros, mujeres y niños y criados. Despues se trató de refrescar y socorrer el ejército y prevenir las
municiones y otras cosas necesarias, y se
juzgó seria de reputacion y conveniencia
adelantarse (por ſ   lias que en esto
se habia de gasta   la frontera de
Francia, para que c   crédito que se
habia adquirido, ….   …asen las que
hubiesen de llega   …anos, dejando
de buscarlas en l   …os que dictase
la prudencia (no sien   esta resolucion
opuesta al designio que S. A. tenia sobre
San Guilayn); yendo pro iguiendo S. A.
la de ver si se podía encor trar al enemigo
en puesto que se pudiese lograr algun
buen lance; y no habiendo tenido efecto,
pareció conveniente reconocer ántes á
San Guilayn, para elegir el modo de sitiarle, para lo cual fué S. A. al castillo
de Bossu (que es á tiro de cañon de San
Guilayn), con el Príncipe de Condé y el
Marqués de Carazena con las prevenciones
necesarias. El dia 16 de Setiembre se
gastó en reconocer muy particularmente
todos los puestos; y despues de considera-
das todas las dificultades con el peso que
requeria la materia, teniendo presente la

diversion que el enemigo podia hacer á
otra parte, y teniendo por impraticable el
camino de la Sambre, por los muchos inconvenientes que se ofrecieron, se trató
luégo de hacer la línea de circunvalacion,
y en el ínterin se fuese acabando de doblar
en las plazas vecinas todo lo necesario
para intentar la fuerza, teniendo en secreto el designio de abrir ataques, y que
cuando todo esto estuviese ejecutado, y re-
forzadas con alguna más gente las plazas
que podian dar mayor cuidado (si otro
nuevo accidente no lo impidiese ó estorbase), se acudiese de golpe con todo el
ejército y se comenzasen los aproches, en
cuya conformidad se dieron las órdenes
para su ejecucion. El Mariscal de Turena,
no bien hubo sabido que nuestras tropas
babian llegado á la vecindad de San
Guislan, cuando á marchas apresuradísi-
mas se puso sobre la Capela, plaza del
Príncipe de Condé, que se hallaba con
solos 200 hombres, cuando se presuponia
que se hubiese metido en las plazas del
Príncipe la que habia destinado para ella,
á cargo del Teniente general, Conde de
Souse, que avisó al Príncipe que, habiéndole advertido el Gobernador de la Capela
no tenia necesidad de la gente que se le
inviaba, por no haber nuevas del enemigo,

RELACION

DE LA

CAMPAÑA DEL AÑO 1658

EN LOS ESTADOS DE FLANDES

GOBERNÁNDOLOS

EL SEÑOR DON JUAN DE AUSTRIA.

(B. N.—*H.* 88, fólios 47 á 56.)

RELACION

DE LA

CAMPAÑA EN LOS ESTADOS DE FLANDES.

A mediado Enero de 1658, S. A. dispuso que entrasen las tropas en cuarteles, y luégo trató, con los pocos medios que hubo, de ajustar la remonta de la caballería en número de 3.000 caballos; se dió dinero á los Maestros de campo y Coroneles de naciones para los reclutas de sus regimientos, y tambien para que se hiciese una leva de dragones. Despachóse á Nápoles á solicitar la que se hacia en aquel Reino para aquellos Estados, y se continuaban al mismo tiempo las instancias para que se inviasen españoles. Los avisos que se fueron recibiendo en el discurso del mes de Mayo de las prevenciones que hacian los enemigos para salir en campaña, confirmaban los recelos de sus grandes

ι   ι   y de haber mandado detener
algunos igimientos de caballería que
habían d pasar á Italia y Cataluña; y
últimamente se declararon, separando sus
fuerzas en dos ejércitos; el uno á cargo
del Mariscal de la Ferté, y el otro al de
Turena, con 14.000 hombres, y con ellos
pasaron el Rey Cristianísimo con el Cardenal Mazarini, á dar vista á Hesdin, é
intentaron el ajustamiento con el Gobernador y Mariscal de Hoq iincourt, lo cual
no pudieron conseguir. De allí marcharon
delante de Bergas, y el Rey y el Cardenal
se retiraron de Cales á tratar de nuevos
refuerzos y disposiciones con los ingleses,
para lo que habian de obrar. Estas noticias, que se recibieron á 24 de Mayo, hallaron á S. A. en la cama, muy postrado
de unos corrimientos que le habian inco-
modado todo el invierno, y le habian
repetido con accidéntes que daban cuidado.

En 13 del mismo mes se dió fin á un
designio que algunos meses habia se estaba fomentando, que pudo ser de mucha
conveniencia, para cuyo fin, se conoció
despues haberse adelantado tanto los
enemigos, que es en ésta manera. Hallándose bandido de las provincias de Flandes,
de años atras, un Coronel flamenco, lla-

mado Spinselit, y deseando volver á ellas
perdonado de su delito y del que despues
habia cometido sirviendo á la Francia
contra la fidelidad de vasallo de S. M., se
pasó á Holanda, desde donde, apartado
ya del servicio de aquella Corona, habria
nueve ó diez meses que declaró á S. A. éste
su arrepentimiento por medio de ciertos
amigos suyos, á que le fué respondido
que, si tenia disposicion para hacer algun servicio particular que mereciese la
gracia de sus culpas, se le daria; pero sin
que esto precediese, no debia esperarla; y
á esta sazon quiso la buena suerte ponerle
en la mano una favorable ocasion para
ello, porque por parte de la Francia y
Inglaterra se le propuso á un mismo
tiempo la subpresa de Ostende, inducién-
dole á que quisiese tomarle por su cuenta,
así por juzgarle por hombre de bríos y
resolucion, y considerarle en un estado
irreconciliable con nosotros, como por el
número de amigos y confidentes que su-
ponian los tratadores de Francia é Inglaterra tenia dentro de la plaza y en algunos lugares de la vecindad, de donde era
natural el mismo Spinselit; el cual, mos-
trándose muy dispuesto á abrazar y em-
peñarse en el negocio, dió noticia á S. A.
de todo; y habiéndolo aprobado y en-

cargádole siguiese el tratado por los caminos y en la forma que se le sugirió,
se gastaron nueve ó diez meses en prepa-
rar el cebo á los enemigos con lances
harto particulares; pero habiendo ido los
ingleses más cautos en acercarse á él, resolvió S. A. romper la plática con ellos y
seguirla sólo con el Cardenal Mazarini,
con el cual se fué tratando bien ocho meses con todas aquellas astucias que más
pudieran hacerla creible; con que pasaron
cartas y papeles muy graciosos, así de
parte de los fingidos confidentes de Spinselit, como de los que el Cardenal em-
pleaba en el negocio, y del Rey y del
mismo Cardenal. Finalmente, el designio
llegó á términos de perfeccion, y el Mariscal de Aumont, á quien el Rey encargó
el ajustarle, se puso delante de Ostende,
á los principios de Mayo, con 15 fragati-
llas, llenas de la más lucida infantería de
Francia, compuesta de gente mandada de
las guardias de el Rey, Reina y Cardenal,
y de otros cuerpos de la mejor calidad; y
habiéndose señalado por último término
la noche del dia 13 para poner por obra
la revuelta que Spinselit y sus confidentes
supuestos habian hecho creer al Mariscal
estaba dispuesta en la villa, donde tenian
á su voluntad la mayor parte de la guar-

nicion, que S. A. hizo reforzar con la gente
necesaria para no poner en duda el lance,.
quiso Dios que se ,obrase en él con tanto
acierto, que se logró cuanto se pudo desear; habiendo quedado en el puerto y en
nuestras manos el Mariscal con su gente,
prisionera ó muerta, que en todo pasó
de 1.300 hombres. Lo menudo de los lances de esta farsa es bien graciosa, y tanto,
que pocas pueden haber sido tan sazona-
das; pues habiendo de concurrir al engaño
y al disimulo el Gobernador, Oficiales,
soldados, Magistrado y burgueses, todos
jugaron sus personajes tan al vivo, con
haber de ser tan diferentes, que se pudieron
engañar las propias personas que el Mariscal de Aumont habia inviado dentro de
la plaza para testigos oculares del caso,
juzgándola á la obediencia de su Rey tan
fijamente, que en esta fe, uno de ellos mismos le trajo al puerto con su gente, donde
sin ningun trabajo, ni costarnos un solo
descalabrado, fueron todos cogidos en el
lazo que tanto tiempo habia se les tenia
echado; en cuya ejecucion obró muy bien
Bernabé de Vargas Machuca, Gobernador
de la plaza, siendo así que no debe ser
culpado el Mariscal de Aumont de inad-
vertido ni demasiado ardiente en el lance,
porque sin duda ninguna, en la apariencia

natural, es ivo la plaza siete horas por el
Rey de Francia, como lo podian estar
cualquiera de las suyas, siendo un caso
tan extraño por sus circunstancias, que no
debe de haber memorias en las historias
de otro semejante. Sólo le faltó la sazon
de habernos puesto en las manos 400.000
florines que ~~ ~~~~~~ ~~~~~~ al Cardenal
de parte de   le la conjura,
de los cuales   y ofrecidos y
asegurados por   cartas, nunca
pudo S. A. pe   lo) no se halló
rastro de nac.   rcaciones que
se tomaron.

A los últimos d~   egaron avisos
de que los enemig   ian declarado
sobre Dunquerque   dél. Hallábase
S. A. todavía hart.   mal convale-
cido del mal que habia padecido; y considerando la importancia de conservar
aquella plaza, por ser el golpe más mortal
que podian recibir estas Provincias, que
no tenia dentro lo que habia menester de
gente y de municiones, porque, además de
no haber habido lo necesario para guarne-
cerla y abastecerla en tiempo, la celeridad
y anticipacion de los enemigos descom-
puso parte de nuestras disposiciones (que
éste es el fruto de madrugar y las ventajas
que lleva quien lo hace), que la vez pasada,

teniendo más guarnicion y defendiéndola
el Marqués de Lede (que tambien se hallaba dentro) con increible valor, no duró
más de quince dias de ataque. Resolvió
S. A. salir á los 4 de Junio con ocho ó diez
criados, por lo que importaba no perder
tiempo en lo que se habia de disponer;
convocó en su presencia á los Señores
Príncipe de Condé, Marqués de Carazena,
Mariscal de Hoquinçourt, D. Estéban de
Gamarra y el Príncipe de Ligni. El caso
que propuso S. A. fué, si segun el estado
del sitio de Dunquerque, el de nuestras
fuerzas, que no pasarian de 14.000 hombres, y de las de los enemigos, que los más
fundados avisos les hacian fuertes de 20.000,
aunque otros decian más, se debian encaminar al socorro de la plaza, ó apli-
carse á cierta diversion que el Mariscal
de Hoquincourt habia maquinado y declarado allí. Tuviéronse sobre esto largos
discursos la mañana 6 del dicho mes de
Junio, y de ellos se reconoció que todos
estaban de acuerdo en que no habia más
que uno de los dos partidos que seguir; y
que tambien el de la diversion no tenia
todos aquellos fundamentos que convenia.
Pero con todo esto, por ser el punto tan
grave y no tomar en él una resolucion
apresurada, determinó S. A. que cada uno

ue por sí considerase despacio, ántes
de decir decisivamente su sentir, y que se
volviesen á juntar para ello aquella tarde,
como se hizo; y despues de nuevos discursos en que se contrapesaron las utilidades é inconvenientes de ambos partidos,
se hallaron tantos y tan grandes en el de
la diversion, que tod— —niformemente
(hasta el mismo Haquil rt que la habia
propuesto, y fundaba duda, en ella el
mayor interes y logra as designios),
votaron que convenia p rir la salud de
Dunquerque á todo lo las, y que se
debia arriesgar por ella anto no fuese
una temeridad conocida, ercándose á las
líneas enemigas por el la de las Dunas
de Levante, para intentar desde allí el socorro de la plaza, haciendo (como dicen)
la guerra al ojo, segun dictase la prudencia y los accidentes. S. A. adhirió tambien
á esta resolucion; y se dispuso inmedia-
tamente la marcha hácia Furnes, donde
llegó á las diez con las tropas y bagaje; y
aunque (segun lo resuelto) no hubiera sido
contra ello el pasar adelante, juzgó S. A.
que cuantos más resguardos se diesen á la
consideracion de tan gran negocio, seria
más acertado; y así por esto como porque
avisaba el Conde de Salazar, General de
la artillería del ejército y Superintendente

de la gente de guerra de la provincia de
Flandes, desde Bruselas, que se habian
ofrecido algunos embarazos en la salida de
la artillería, los cuales se podia dudar que
la retardasen tres ó cuatro dias, pareció
conveniente á S. A. que se volviesen á
juntar. Intervinieron en este mismo consejo los mismos que en el primero, ex-
cepto el Príncipe de Ligni, que por. alguna ocupacion faltó entónces. Tratóse
sobre la novedad del artillería, discurriéndose sobre si el aprieto y brevedad con
que el Marqués de Lede pedia ser socorrido, y en la necesidad que habia de dar
aliento á los sitiados con nuestra vista y
de ajustar y reconocer, todo lo que de
léjos era imposible, y si convenia ó nó
portarse desde luégo cerca de las líneas,
en que concurrieron todos en lo votado,
y que no habia tiempo que perder, y que
convenia disponer que se sacase la pólvora y municiones necesarias de Furnes y
Nieuport con algunos intrumentos de gastadores, con designio de reemplazarlos
cuando llegase la artillería; la cual se
juzgó asimismo que era de poca ó ninguna utilidad por la naturaleza del terreno de las Dunas. En este estado estaban
los dictámenes de esta segunda junta,
dispuestos todos á que se marchase el dia

len   S. A. del mismo parecer; pero
juzgando que no seria pérdida considerable la de veinticuatro horas, y que se podia
suspender la marcha un dia se votó unifor-
memente que el siguiente fuesen SS. AA.
y los demas Generales á reconocer los puestos de los enemigos y el que se habia de
ocupar el otro dia con el ejército; en cuya
conformidad, á   nio, por la mañana, salieron c.   —   on 4.000 caballos y 1.000 infante   biéndose acercado á los cuartel   as de los enemigos, y avanzác   riscal de Hoquincourt con so,   o impropia de
sus años, y no necesa   para nada, le
dieron un mosquetazo   de las mismas
líneas, de que murió   á dos horas,
y en aquella sazon fu   rdida muy considerable, habiéndose malogrado dos ó tres
negocios que se iban fomentando por su
medio, de que se esperaba sacar gran beneficio. Hecho el reconocimiento, y vueltos al cuartel, dispusieron los señores Generales la marcha del ejército para el
dia 13, segun lo resuelto, sin que ninguno
de ellos hubiese puesto nueva dificultad ú
obstáculo; con que se ejecutó, dejando sólo
el bagaje cerca de Furnes, que es sólo en
lo que S. A. se apartó de su opinion, porque querian que se llevase. El mismo

dia 13, por la tarde, se llegó al puesto que juzgaron todos á propósito; y pareciendo á S. A. que era demasiado léjos de las líneas, y que desde él no seria posible, en caso de resolverse á atacarlas, que se pudiesen formar nuestras tropas y llegar á ellas (en solas cuatro horas de oscuro que tenia la noche en aquel tiempo), porque, como las Dunas son tan desiguales y de arena, se tarda más en marchar por ellas cien pasos que por otro terreno quinientos, lo comunicó S. A. con el Marqués de Carazena, y se avanzaron los dos solos á ver si habia algun puesto bueno; y habiéndolo examinado personalmente, se reconoció no le habia, y el Marqués insinuó tambien á S. A. que juzgaba seria acercarse demasiado á los enemigos, á que S. A. se ajustó luégo; y así quedaron donde se habia hecho alto, con aprobacion y concurrencia comun de los Señores Príncipe de Condé, Marqués de Carazena y todos los demas. Tomóse, pues, cuartel el dia 13 á una legua de las líneas enemigas, y á disponer las cosas necesarias para comenzar á fortificarnos; pero ellos, reconociendo por partido más ventajoso el de atacarnos en nuestro puesto que de esperarnos en los suyos, donde se habrian de dividir, salieron á encontrarnos la mañana siguiente con todas sus fuerza aumentadas de un crecido número de ingleses que habian desembarcado aquella noche, y de un cuerpo de la caballería del ejército del Mariscal de la Ferté que (á lo que dijeron los prisioneros) habia entrado en su campo el dia ántes. Púsose el ejército en batalla sobre la misma frente que teniu; pero la gran superioridad del enemigo, que (con haber dejado los ataques de la plaza reforzados con 6.000 hombres) pasaria, á lo que se vió, de 10.000 infantes, cuando los nuestros no llegaban á 5.000, y la incomodidad del terreno de las Dunas, muy impropio para pelear la caballería; en que consistia nuestra mayor fuerza, les dió tales ventajas que, despues de haber sostenido el primer choque, fué preciso cederles la campaña; y aunque todos estuvieron con harto peligro de perderse, quiso Nuestro Señor que ninguno de los Generales quedase herido ni en manos de los enemigos, siendo así que todos estuvieron mezclados en la batalla, y obraron con gran constancia y valor, y S. A. tuvo herido su caballo de un mosquetazo, que le obligó á mudarle con harto riesgo de perderse.

Este suceso hicieron pasar los enemigos en voz comun por una rota absoluta, aunque en sustancia no mereció tal nombre, pues, demás de que en la pérdida de la gente no hubo sino muy poca, no pudieron decir haber tomado nada de artillería y bagaje, como atras queda dicho.

Habiendo S. A. tenido noticia que no faltaba que tomar más sino el foso y la muralla de la villa, oido los Cabos sobre el contenido de una carta que se recibió del Marqués de Lede, y los Oficiales mayores que se hallaban en aquella plaza, y concurrido todos en la imposibilidad de darla socorro por mar ni por tierra, se dió por abandonado Dunquerque, y se puso á pensar aquello que más pudiese dificultar á los enemigos sus ulteriores designios, á cuyo fin se invió á las plazas más importantes y más amenazadas; pero tan poca, que no llegaria áun á 1.000 hombres; y áun con esto no quedaban en el ejército arriba de 3.000 infantes. A 26 recibió S. A. aviso de la rendicion de Dunquerque, despues de una defensa mayor de la que nunca se esperó, debida principalmente al valor y buena disposicion del Marqués de Lede, el cual dió un fin muy glorioso á sus muchos servicios, perdiendo la vida por el servicio de Dios y de S. M. de una herida que recibió. Esta importante plaza fué entregada enteramente á los ingleses, que luégo comenzaron á hacer abominables insolencias y menosprecios de nuestra Santa religion.

Despues de esta noticia pareció inviar un cuerpo de 2.000 hombres, caballería é infantería, cerca de Ipre, para entrar en la villa en caso de necesidad; con lo cual, y otro poco que se dejó en Furnes para que pudiesen capitular los burgueses acercándoseles el enemigo, no quedaban en el ejército arriba de 8.000 hombres, compuestos de ménos de 2.500 infantes y algo más de 5.000 caballos.

En esta sazon llegó de Alemania con 3.000 hombres nuevos el Duque de Witemberg (que habia un año que se pasó al servicio de Francia), y se agregó al ejército del Mariscal de la Ferté, que con este refuerzo pasaba de 11.000 hombres; el cual, dejando las fronteras de Lucemburg, empezó á marchar hácia la ribera de Loyse, enfrente de Cambray.

Despues de la rendicion de Dunquerque, pasó luégo el Mariscal de Turena á sitiar á Bergas, la cual se les rindió al quinto dia, no habiendo sido posible socorrerla, así por la mala calidad del país, como por nuestra flaqueza. Y los enemigos estaban tan en cuenta de ambas cosas, que no recelándose de nada de nuestra rendirse prisioneros de guerra, que fué golpe de harto daño por la gran falta de infantería.

A 1.º de Julio se resolvió á retirarnos detras del canal que hay entre Nieuport y Dixmude. A 3, pasó sobre Furnes, que se rindió luégo, y despues Dixmude, en cuyo campo se conservó despues de su rendicion.

Habiendo discurrido y confirmado todos los Cabos lo que convenia dividirse los Generales, ofreciéndose para esto con gran prontitud el Marqués de Carazena á quedar en Nieuport, en ocasion de hallarse tan amenazada de los enemigos, siendo un empleo tan desusado y poco conforme á sus grados, quedó asimismo en dicha plaza (por haberlo pedido con grande instancia) el Duque de Yorch, y el Príncipe de Condé se encargó de la defensa de Ostende.

El Mariscal de la Ferté se movió de los cuarteles donde estaba, hácia Perona; y despues de la suspension de ambos ejércitos, causado de la enfermedad peligrosa que el Rey de Francia padeció en Cales, donde asistió la Reina y toda la Corte, habiendo mejorado, pasó el Cardenal á Bergas á avocarse con Turena, el cual, á los 12 de Julio, dió vista á Brujas (donde se hallaba S. A.) con toda su caballería y un pedazo de infantería; y pareció ser sólo su intento el de probar si aquel numeroso pueblo entraria en alguna inquietud con la presencia de sus tropas, no pudiendo ignorar la voz que habia corrido de su general turbacion.

A los últimos de Julio se declaró la Ferté sobre Gravelingas, y trató luégo de abrir trinchera sin detenerse en hacer líneas, de que no necesitaba, áun cuando no hubiese quedado el de Turena con sus tropas á hacernos frente entre Dixmude y Nieuport, habiendo inviado de refuerzo al sitio 2.000 infantes sin caballería, porque el de la Ferté tenia demasiada para la operacion, así por la calidad de los puestos como por no recelarse nada de la campaña. S. A. pasó luégo á Plasquendal, que está á tres leguas de Brujas y una de Ostende, adonde tenia avisado se hallasen los Cabos. Discurrióse en lo que se debia hacer, y concurrieron todos en que se fuesen juntando luégo las pocas tropas del ejército que habian quedado en Lucemburg, Haynault, Lile y Artois, y que conforme su número efettivo, y la gente del país que se habia mandado levantar para ver el estado en que se estaba para obrar. En este intermedio el de la Ferté

iba prosiguiendo el sitio de Gravelingas
con todo calor, y aunque los de dentro
(segun los avisos que llegaban) se defendian bien, y los enemigos habian perdido
ya tres Tenientes generales, y otros Oficiales muertos en los ataques, el ser pocos
y ver tan remota la esperanza del socorro,
obligaba á dudar que la plaza no durase
todo lo que conviniera.

Ultimamente, se resolvió de comun
acuerdo, que, dejando en Ostende y Nieuport todo lo que habia, ó poco ménos,
nos juntásemos con lo demas hácia Ipre,
y que se obrase segun la continencia de
Turena, que continuaba su estancia en los
mismos puestos; y aunque todos concurrieron en esta resolucion, nadie dejó de
conocer que, así por el corto número de
nuestras tropas como por lo adelantado
que estaba el sitio de Gravelingas, era
poca ó ninguna la esperanza de poder
hacer nada de consideracion, ni en el
socorro de aquella plaza ni en daño del
ejército de Turena. Las levas que (segun
atras se dice) se quedaban haciendo de la
gente del país, no pasarian de 2.000 infantes, porque nadie queria faltar de sus
casas en la sazon del Agosto.

Habiéndose juntado cerca de Ipre los
Cabos y las tropas que pareció sacar de

las plazas, se resolvió adelantarnos algo por el camino que se habria de tomar en caso de querer acercarnos á Gravelingas, aunque con pocas ó ningunas esperanzas de que el de Turena, que observaba nuestro movimiento, errase la fácil disposicion que tenia de embarazar estos designios, que sucedió así, porque, dejando un campo volante cerca de Dixmude, se acercó á Dunquerque con el resto de su ejército, de suerte que ni pudimos pensar en ganarle la delantera para llegar ántes que él al sitio de Gravelingas, ni en empeñarnos sobre Dixmude; con lo cual pareció á todos de ir á Warneton, que es sobre la ribera de la Lisa; y habiendo tenido allí una larga conferencia sobre la resolucion que se habia de tomar, el dia siguiente, que fué á 29 de Agosto, en la marcha, llegó un Oficial que habia salido de Gravelingas con pasaporte de la Ferté y una breve carta del Gobernador, en que avisaba haberle ya pasado el foso y hecho en tres diferentes bastiones tres minas; y que si bien estaban en resolucion los Oficiales de guardar el efecto de las brechas y el asalto, los soldados dejaron las armas en forma de motin; con que le fué forzoso oir y responder á la llamada de

que era salir con las condiciones ordinarias,
á 30, á las diez del dia, si hasta aquel término la plaza no fuese socorrida. La guarnicion de aquella plaza se encaminó á
Nieuport en cumplimiento de lo capitulado, con cuya noticia se resolvió volver á
guarnecer á Ipre y las demas plazas que
lo requerian, quedándonos con un pequeño cuerpo de tropas, con el cual marchamos cerca de Menin, por estar más á
la mano para cubrir las plazas de la Lisa,
y observar los movimientos del enemigo;
el cual, al saber Turena que con su ejército
habia penetrado el país, llegando á acam-
par á Thielt, que es á tres leguas de
Gante, cinco de Brujas y ménos de Cortray, con esta novedad se movió alguna
caballería y dragones para cubrir á Audenarda, y otra parte para entrar en Brujas
y Gante con Jefes de suposicion para asegurar de algun espanto á aquellos grandes
pueblos, si el enemigo se les acercase. El
de la Ferté pasó á Francia con el Cardenal y su ejército, y se habia de juntar,
á 7 de Setiembre con el de Turena en el
cuartel de Thielt, de donde despues de
algunos dias fué sobre Audenarda, que se
rindió en veinticuatro horas.

Con estas noticias pareció conveniente
resolver que Marsin pasase con parte de

la gente que tenia en Nieuport y Ostende
á Gante á incorporarse con la que estaba allí á cargo del Marqués de Yennes,
Sargento general de batalla, y D. Antonio
de la Cueva, asimismo Sargento general
de batalla y Teniente general de la caballería; que el Señor Duque de Yorch
fuese á Brujas; el Señor Príncipe de
Condé quedase ei. con caballería
é infantería para aquella parte,
caso que intenta emigo encami-
narse á ella; qu pe de Ligni se
pusiese entre (Menin con las
tropas de su cargo pa mismo efecto,
y que S. A. pasase á B elas para alen-
tar los ánimos de aquel eblo, y el Marqués de Carazena á Gante para juntar allí
todas las tropas que habia en Nieuport,
Ostende y otras partes, y segun las opera-
ciones del enemigo, tratar de juntarnos;
todo lo cual pudo descomponer la impensada desgracia que tuvieron las tropas del
Príncipe de Ligni, por la equivocacion de
una palabra del Oficial que cifró la mi-
nuta de la órden del Marqués de Carazena,
siendo cargadas de 4.000 caballos y los
dragones de ambas armadas, tan de golpe,
que fué fuerza ceder á la superioridad;
con que todo se puso en desórden y confusion, y el Príncipe, herido ligeramente

en una pierna, pudo salvarse á Ipre con hasta 300 caballos, y otra parte á Lila con el Teniente general de la caballería, D. Francisco Pardo, y la infantería quedó toda prisionera; y habiendo con esta novedad inviado á Ipre el Sargento general Basecourt un tercio de 150 dragones, fueron tambien derrotados por los enemigos, los cuales á toda prisa tomaron los puestos á Ipre, sin que aprovechasen las diligencias con que el Príncipe de Condé procuró introducir algun socorro de infantería en la plaza, por la gran dificultad de los caminos, á que se añadió la desgracia de volarse por accidente uno de los almacenes de pólvora que estaba en un torreon de la muralla, adonde hizo gran brecha con muerte de algunas personas, que dió poca esperanza de la salud de la plaza, por no tener el Príncipe dentro más que 500 caballos, 200 infantes del ejército y 500 del país.

· Despues que con esta desgracia tan impensada se malogró todo lo que se habia procurado morigerar la pujanza de los enemigos y tenerla á raya, pareció que S. A. volviese luégo con el Marqués de Carazena á Tornay para conferir con el Príncipe de Condé lo que se podia obrar en beneficio del país; y habiendo tenido

una larga junta sobre el estado general de
las cosas, y discurrido en los·grandes daños que traia consigo la pérdida de una
villa tan capital é importante como Ipre,
y en lo que se deberia hacer por su socorro,
ó por alguna otra diversion fructuosa, se
hallaron del todo cerrados los‾pasos á
cuanto podia ser reparo de nuestros males,
y principalmente con el refuerzo que
llegó á Turena de 2.000 hombres, que
el Gobernador de Arras habia sacado
de aquella‾guarnicion y de las otras del
Artois.

En dos juntas que se tuvieron en órden
al socorro de la villa de Ipre, se concluyó,
de comun acuerdo y voto, que no convenia arriesgar la resta del país en él con tan
remotas esperanzas de conseguirla, y resolvió de avisar al Príncipe de Ligni de los
embarazos que se ofrecian para que no se
redujese á términos que con la plaza se
perdiese tambien su persona y las pocas
tropas que habia dentro, y que se repar-.
tiesen las demas, segun la constitucion de
lo que el tiempo pidiese, como se ejecutó:
y el Príncipe de Ligni y el de Barbanzon
que gobernaba la villa, fueron obligados á
capitular, á 25 de Setiembre, despues de
haber disputado y perdido con mucho valor

nas del lado de los ataques, concediéndole los capítulos ordinarios. En esta sazon llegaron otros 1.000 infantes y 300 caballos de las levas del Duque de Witemberg.

Despues de diferentes avisos que S. A. tuvo de que en Brujas y Gante corrian discursos muy perjudiciales al servicio de S. M., y que todo el estudio y diligencia del Cardenal Mazarini y Mariscal de Turena se aplicaban á dar á entender á aquellos pueblos que la guerra no se hacia contra ellos, y que estaba en su mano dar fin á las calamidades que padecian, declarándose neutrales y admitiendo la libertad de conciencia, cuya negociacion se confirmó tambien por cartas de Holanda y Francia, pareció conveniente al servicio de S. M. que S. A. se acercase luégo á aquellas grandes villas para asegurarles con su presencia y desvanecer en los principios unas máximas tan dañosas para su conservacion debajo de la obediencia de S. M. Partió de Tornay para aquella vuelta, quedando allí el Príncipe de Condé como de ántes, con tropas suficientes para cubrir aquella villa y acudir donde la necesidad pidiese; y aunque de Bruselas se tenian no menores recelos, y que por esta causa aquellos Ministros le desearian tambien, pareció que quizás seria de ménos utilidad que

...ente el que los enemigos viesen
...errarse S. A. en aquella villa con tanta
anticipacion; y que como se mantuviese
en paraje que no le pudiesen cortar fuera,
siempre que se acercasen á ella, seria mayor servicio de S. M. adelantarse entónces
á los pueblos grandes de Flandes que
tenian más inm........los temores, y
adonde los enem.......aban con más
eficacia sus emi.......n que llegó á
Terramunda (que di......almente, ó con
poco diferencia, de ....Amberes, Malinas y Bruselas) de.......la importancia
grande de aquel pues......el mal estado
de sus fortificacione......obligaron á
quedar en él algunos......para disponer
su reparo en la mejo......a que permitió
el tiempo. Desde allí......S. A. á Gante,
donde hizo la proposicion ordinaria á los
Estados de la provincia, y en el ínterin
que daban la respuesta, pasó á Cortray
para reconocer el estado de aquella plaza
y dar órden en lo que necesitaba, donde
no se detuvo más que un dia, por haber
tenido aviso que los enemigos se ponian en
marcha, pasando la ribera del Esquelda,
y encaminándose hácia Grammont, que es
el camino de Bruselas; con que sin perder
tiempo volvió á Gante, y de allí pasó á Bruselas para sosegar con su presencia y la ve-

cindad de algunas tropas que habian arri-
mado á ella, la alteracion que las noticias
del movimiento de los enemigos habia
causado en el pueblo. Ellos, siguiendo la
misma derrota, llegaron á Grammont, que
es una villeta del Duque de Lorena, sin defensa, á siete leguas de Bruselas ; saqueá-
ronla, maltratando mucho á los naturales,
y de allí destacaron algunas tropas para
ocupar á Alost, que es otra distante sólo
cinco leguas, algo mayor, pero poco ménos flaca, si bien pareció poner en ella
guarnicion; la cual y la burguesía, resis-
tieron el ataque y les hicieron retirar;
pero habiendo entendido que Turena queria volver sobre ella con todo el ejército
y artillería, se reforzó más la guarnicion y
metieron dos pequeñas piecezuelas. Entretanto, las partidas del enemigo corrian
por todo enviando billetes de contribucion
hasta á los burgos de Bruselas, donde se
fué trabajando en reparar sus fortificaciones, que eran harto ruines.

Habiéndose mantenido los enemigos
en el paraje de Grammont sin haber
vuelto á intentar nada sobre Alost, vino
últimamente el Duque de Witemberg
con 2.000 caballos cerca de los burgos de
Bruselas, y se retiró luégo con diligencia
hacia Grammont, de donde pasó á incorpo-

rarse con su ejército, llevándose consigo
las tropas que estaban en aquel punto; y
Turena repasó luégo con toda la armada
la ribera de la Esquelda, y se encaminó á
la Lisa, haciendo alto en la villa de Isen-
guhien, donde se detuvieron algun tiempo
para repartir las tropas que han de quedar en las plazas conquistadas, y inviar
las demas á cuarteles de invierno.

INDICE.

—

OBRAS PUBLICADAS.

I. DELICADO.—La Lozana Andaluza.

II. VERDUGO.—Guerra de Frisa.

III. MUÑON.—Tragicomedia de Lisandro y Roselia.

IV. CANCIONERO llamado de Stuñiga.

V. VILLEGAS SELVAGO.—Comedia Selvagia.

VI. LOPE DE VEGA.—Comedias inéditas. Tomo I.

VII. MILAN.—El Cortesano.

VIII. PEDRO TAFUR.—Andanças é viajes.

IX. SILVA.—La segunda Celestina.

X. LUCAS RODRIGUEZ.—Romancero historiado.

XI. HURTADO DE MENDOZA.—Obras poéticas.

XII. TIRSO Y GUILLEN DE CASTRO.—Comedias.

XIII. Varias Relaciones del Perú y Chile.

XIV. Varias Relaciones de las campañas de Flandes.

Lightning Source UK Ltd.
Milton Keynes UK
UKHW021329250219
337978UK00013B/1535/P